「台湾有事」は抑止できるか

日本がとるべき戦略とは

松田康博
福田円
河上康博
[編]

keiso shobo

目次

目　次

目　次

目　次

第Ⅲ部　ロシア・ウクライナ戦争の教訓

目次

第Ⅳ部　日本が取り組むべきこと

目　次

序章

なぜ中国は台湾を支配したいのか?

松田　康博

中国はなぜ台湾を支配したいのであろうか。中国にこれを問えば、「中国は一つであり、台湾は中国の一部であるからだ」という禅問答のような返事が返ってくるであろう。「台湾有事論」がかまびすしいなか、そもそも、中国が台湾を支配したい理由が何なのかをまず検討しなければ、われわれは議論の本質を見失ってしまうかもしれない。

つぎに、中国にとって台湾を併合して国家統一を求める優先順位が高ければ高いほど、中国がそのためにかけるコストは高くなるはずである。他方で、もしも中国にとって統一よりも高い優先事項があれば、台湾は後回しにされるはずである。

本章では、そもそも中国が台湾を支配したい理由を探究し、それにどれほどのコストをかける意図があるかについて初歩的に考察する。そのことにより、中国による対台湾武力行使の蓋然性の本質を理解することができ、また、台湾、アメリカ、日本などがどれほどのコストを中国に強いる（cost-imposing）ことで、中国の武力行使を抑止することができるかに関する示唆を得られるはずである。

もちろん、中国が台湾武力統一にどれほどのコストをかけ、どれほどのリスクをとることができるかを正確に計算することはきわめて困難である。それでもなお、こうした考察を通じて、「台湾有事」をめぐる議論のあるべき方向性を明らかにできると考えられる。その上で、最後に本書の構成と着想についての概要を示すこととする。

1　台湾に対する主権の正統性の主張

まず、中国が台湾に対するクレーム（主権の主張）を続けるのは、台湾に対して絶対に正しい領有権があると信じているからである。

それは、第二次世界大戦中のカイロ宣言（一九四三年）で、連合国の戦争目的の一つとして台湾および澎湖諸島の中華民国への返還が挙げられたこと、一九四五年に戦勝国であった中華民国が台湾地域を接収し、その後統治を継続したこと、そして台湾島と澎湖諸島、福建省沿岸の金門島、馬祖島、そして南シナ海のプラタス諸島（東沙群島）とイトゥ・アバ（太平島）等が、一九五〇年代までの国共内戦で「解放し損ねた（人民と）領土」である、という三つの要素からなっている。

つまり、中国にとって、台湾を併合し、国家の完全な統一を実現することは、中国共産党が一九四九年に全国政権を樹立した時以来の国是である。中国人民解放軍が、「中国人民」を「解放」するための内戦用軍隊として始まり、いまだに「国防軍」等に改名していないことからもわかるように、「解放し損ねた（人民と）領土」を併合してこそ、初めて中華人民共和国は完全な統一国家となるのである。

つまり、中華民国政府を承継したという認識を持つ中華人民共和国政府は、当然の権利として台湾を支配することができなければならない。以下、中華人民共和国政府が発表した法律と白書から、台湾を位置づける文言を抜き出してみよう(1)。

「反国家分裂法」

第一条「台湾独立」の分裂勢力に反対し、これを抑止し、祖国の平和的統一を促進し、台湾海峡地域の平和と安定を維持し、国家の主権と領土の一体性を守り、中華民族の根本的利益を守ることを目的として、憲法に基づきこの法律を制定する。

第二条　世界に中国は一つしかなく、大陸と台湾は同じ中国に属し、中国の主権と領土の一体性は不可分である。国家主権と領土の一体性を守ることは、台湾同胞を含む中華民族全体の共通の義務である。台湾は中国の一部である。国家は、いかなる名目であれ、いかなる手段であれ、「台湾独立」の分離主義勢力が台湾を中国から分裂させることを決して許さない。

第三条　台湾問題は中国の内戦が残した問題である。台湾問題を解決し、祖国の統一を実現することは、中国の内部事務であり、いかなる外国勢力の干渉も受けない。

「台湾問題與新時代中国統一事業（二〇二二年台湾白書）」

「台湾問題を解決し、祖国の完全な統一を達成することは、中華の子女たち全員の共通の願いであり、中華民族の偉大な復興のための必然的な要求であり、中国共産党の揺るぎない歴史的任務である。

これは、台湾は中国の一部であるから統一を目指すのであるという一種のトートロジーであり、統一は歴史的な趨勢であり、疑問を挟むことをいっさい許さないと言うに等しい。中国は、台湾問題が中国の内政であり、いかなる外国勢力の干渉も受けないという原則的な立場を堅持しているがゆえに、たとえ現状維持すべきだ、平和的解決をすべきだという国際社会の声も正面から拒絶するのが当然の対応となる。中国では台湾問題で「妥協」してしまうとその政権は正統性を失ってしまうからである。

中国はまた、台湾について一般的な意味と異なる「現状」の認識を持っている。それは、「一つの中国」という現状認識である。日本やアメリカでは、台湾海峡をめぐる現状とは、中国大陸に中華人民共和国政府があり、台湾には中華民国政府があり、分裂国家である両政府が、それぞれの領域や人民を統治しているというイメージである。

しかし、中国では、中国は一つ、すなわち中国は分裂していないというのが台湾海峡の現状認識である(2)。つまり、現状では台湾海峡の両側はいまだに統一していないだけの状態にすぎず、さらに言うと、統一に向けて歴史的な歩みを続けている。したがって、台湾が独立を宣言するどころか、現状の分裂状態を維持すること、たとえば統一交渉を拒絶することさえもが、「現状変更」行為となる。

中国において、台湾との統一プロセスを引き延ばすことができる論理とは、中国自身の平和と発展、最近の言い方で言うと、中華民族の偉大な復興が妨げられる場合のみであり、そのような場合には統一の歩みを一時的に緩めることが可能となる。つまり、中国のすべての個人にとって、台湾との統一を進めるのは義務であり、これを怠るのは、個々人の栄達のみならず安全にさえ関わる。これは体制内エリートにとってとくに重要である。

しかしながら、正統性は大きなコストをかけて現状を変更する要因になるとは必ずしも限らない。現状を維持し、自国の立場を主張し続けるだけであっても政治的に致命的な過ちになるとは限らない。中国が台湾問題について、高いコストをかけてでも現状変更を試みるには、それ相応の理由が必要となる。

2　安全保障戦略上の利益計算

その説明として最も有力なのは、中国にとっての安全保障戦略上の利益である。ただし、台湾に関して安全保障上の利益といっても、必ずしも併合に直結するとは限らない。たとえば、安全保障戦略上、ある係争地域が完全な自国領土ではなく、単なる緩衝地帯であればそれでよいという場合も、安全保障上の利益を意味する。他方で、係争地域を完全な自国領土として支配権を確保し、そこを橋頭堡として、さらに対外拡張をするために利用するという場合も、安全保障上の利益を意味する(3)。

中国がなぜ台湾を支配したいのかを研究したアラン・ワックマンによると、中国大陸の政権として初めて台湾を併合した清朝の康熙帝《こうきてい》でさえ、当初台湾の戦略的重要性に気づかなかった。実は、中国

心を示さなかった。(4)

国民党政権も、中国共産党も、日本が台湾を支配していた五〇年間のうち、ほとんどの期間台湾に関心を示さなかった。(4)

北方からの征服王朝だった清朝は、当初台湾の戦略的価値をよく理解していなかった。これに対して、台湾の戦略的価値を強調して併合を建言したのは、福建水師提督として清朝に仕えた漢人施琅《しろう》である。施琅は、台湾を経済的にも戦略的にも重要だと考えていた。彼はオランダと接触し、彼らが台湾再占領の選択肢に関心があるかもしれないことをすでに知っていた。そこで施琅は、皇帝がこの島を中国のものとしなかった場合、潜在的に敵対的な勢力に奪われる可能性があり、無秩序な海賊や犯罪者の根拠地として再び機能する可能性が残されていると主張した。島を清朝に編入するための費用を補うため、施琅は清朝が南東海岸の守備隊を縮小すれば、一部の兵力を台湾に移すことができると考えた。つまり、施琅は帝国の外縁を東南沿海地域から台湾まで拡大しようと考えた。ワックマンはこれを「施琅ドクトリン」と呼んでいる。(5)

後継の政権もまた、結局この「施琅ドクトリン」の信奉者となった。中国国民党政権の指導者蒋介石は、その著書『中国之命運』の中で「台湾・澎湖・東北四省・内外蒙古・新疆、西蔵、一処として民族生存保衛の要塞でないものはない」と指摘し、中国本土を守るための辺境の要塞としての役割、すなわち安全保障戦略上の重要性を台湾に見出していた。(6)

中国共産党の指導者として、鄧小平は一九八七年に「台湾の統一を実現しなければ、台湾の中国領土としての地位は保障されないのであって、そうしなければ、台湾はいつか誰か他の人（たとえばアメリカ、日本など）にとられてしまうかもしれない」と述べている。(7) 鄧小平の考え方は、「施琅ドクトリン」をさらに明確に表している。つまり、自分がとらなければ他人がそれをとるので自分が不利になる、したがって必ず自分がとるのだ、という論理である。

中国が実際に台湾を手に入れたとき、中国がそれを橋頭堡としてさらなる対外拡張の拠点とするのではないか（beyond Taiwan）という懸念が専門家の間に存在する。(8) 鄧小平は語らなかったが、台湾を支配すれば、それは中国にとって千載一遇のチャンスとなる。その後何をするかを決めるのは、中国次第なのである。

なお「施琅ドクトリン」は、台湾に住む約二三〇〇万人の台湾住民の意思、感情、権利を完全に無視した中華帝国の論理である。台湾出身者として初めて台湾の指導者となった李登輝総統が台湾の歴史を回想し、「場所の悲哀」や、台湾は「台湾人のものでなければならない(9)」と述べたことは、かつての日本帝国を含めた「台湾人不在の論理」に対する強い不満と反発の表明であったと言える。

3　中国が台湾問題を「後回し」にした歴史

中国で、「祖国統一」に正統性があり、戦略的な重要性があると認識しても、そのことが、中国がコストを度外視してでも統一を実現することを意味しない。中国の歴代政権は、武力行使による現状変更のコストを計算し、不利になれば引き延ばし戦略に切り替えてきた。

中国の対外行動を研究するマサチューセッツ工科大学のテイラー・フレイヴェルは、係争地域の価値、安全保障環境、「支配力（claim strength）」の強弱という概念を使って、領土や主権に関する中国の行動は、①協調、②エスカレーション、③引き延ばしに分けられると説明している。係争地域の価値が低く、支配力が強い場合は、交渉が有利になるので協調を選択する可能性が高まる。他方、中国が交渉を有利にする支配力が低下したときは、その状況を打破するために威嚇や武力行使などエスカレーションを選択しがちになる。そして、支配力がまだ弱い場合は、支配力が向上して交渉でより好ましい結果を得られる見込みを得るまで、引き延ばし、すなわち現状維持を選択すると分析している。[10]

一九四九年以来、中国は自らの支配力が低下し、このままでは立場がより不利になると認識した一九五〇年代と一九九〇年代に、あわせて三度の台湾海峡危機を引き起こした。[11] ただし、コストやリスクが高すぎるため、中国共産党政権は、無理に台湾併合に踏み切らず、基本的に引き延ばしを選択してきた。

米台が同盟関係にあった毛沢東政権期の中国にとって、軍事的に台湾を「解放」するのは事実上不可能であり、アメリカなど西側諸国を抱き込んで台湾を孤立させる外交闘争を主とする戦略に転換した。一九七三年一一月一二日に、アメリカのヘンリー・キッシンジャー国家安全保障担当大統領補佐官と面会した時、毛沢東はキッシンジャーに対して、米中関係と台湾問題を切り離して処理するという文脈で、「彼らは反革命分子の一団だ。彼らがわれわれと協力できるわけがない。われわれは当面、台湾なしでもやっていけるし、一〇〇年後にそれを取り扱おうではないかと言っている。（中略）そんなに大急ぎでやる必要がどこにあるのか」と発言した。[12]

その後、鄧小平は、毛沢東路線を事実上否定し、内政から対外関係にいたるまで、大きな転換を成し遂げた。そして、一九八〇年代の三大任務に、「祖国の統一」を掲げ、当時台湾の蔣経国政権に対して統一の呼びかけを行った[13]。しかし、蔣経国は、これを完全に拒絶した。このため話し合いを通じた平和統一の見込みは弱くなり、他方で一九九七年の香港返還が近づいてきた。鄧小平は一九八三年に「九〇年代にもやらなければならない」と発言し、一九九〇年代への先送りを示唆した[14]。

江沢民は鄧小平の発言を真に受けて自らの任期中に統一への道筋をつけようとした。しかし、李登輝政権はこれを受け入れず、一九九九年に中台間の交渉は決裂した。さらに二〇〇〇年には台湾独立派の陳水扁政権が成立したことで、交渉を通じた「平和統一」は当面見込めなくなった。江沢民は二〇〇〇年一〇月の中国共産党第一五期中央委員会全体会議で国家統一は「新世紀に入ってからの三大任務」と発言したが、実際に二一世紀になると二〇〇一年七月の中国共産党成立八〇周年大会で、「新世紀における三大任務」に言い換えた[15]。つまり、文言の操作により、台湾との統一はひそかに一〇〇年近く先送りにされたのである。

胡錦濤政権は「反国家分裂法」（既出）を制定して、陳水扁政権を牽制した。西側メディアは、これを「戦争法」であると批判したが、よく見ると、「非平和的手段」行使の条件を厳しくし、同時に行使条件における一定の「戦略的あいまいさ」を維持していた。たとえば「非平和的手段」を行使する条件は「『台湾独立』を掲げる分裂勢力がいかなる名目、いかなる形であれ台湾を中国から分裂させるという事実を引き起こした場合、または台湾の中国からの分裂を引き起こす可能性のある重大な事変が引き起こされた場合、または平和統一の可能性が完全に失われた場合」の三つに絞られ、従来の「外国勢力の干渉」、「台湾当局が無期限に交渉を引き延ばした場合」等は除外された。

つまり、胡錦濤政権においては「非平和的手段」行使のハードルは以前より高く設定された。「戦略的あいまいさ」の保持に関していえば、「平和統一の可能性」がなくなるかどうかの解釈は中国次第であるし、「台湾独立」への対応策が「即時武力行使」を意味するとは限らない可能性が生まれ、政策上のフリーハンドを残そうという努力の跡が見られる。同法では、自らが武力行使の選択肢をとらなくて済むように慎重な考慮がなされていたのである。

ところが、後継の習近平政権は「(二〇四九年または二〇三五年が期限とされる) 中華民族の偉大な復興」を掲げ、祖国の統一はその「必然的要求」であると謳っている。そして、武力行使の放棄を決して約束しないと発言し、胡錦濤政権の政策枠組みをいとも簡単に変更した(16)。すなわち、これまで歴代政権が先延ばしにしてきた台湾併合を、武力行使の示唆をしつつ明示的ではないものの、事実上タイムテーブルつきの目標に切り替えたのである。中国自身が大国となり、その一方で欧米の力が落ちる「東昇西降」が起こり、国家統一が実現可能になったという見方がその背景にある。

ところが、二〇一八年以降、米中間の対立が激化した。二〇一九年には香港への大規模弾圧があり、二〇二〇年には新型コロナウイルス感染症のパンデミックが始まり、二〇二一年以降は「台湾有事論」の国際社会への拡大により、アメリカがその同盟国や同志国との協力体制を強化した。他方で、中国は極端なゼロコロナ政策からの復活に苦労し、経済不振にあえぐようになった(17)。

このタイミングで、中国共産党の理論誌『求是』は劉結一国務院台湾事務辦公室主任名義で習近平政権の対台湾政策の解説論文を発表した(18)。この論文では、「中華民族の偉大な復興プロセスの中で祖国統一を推進することを堅持する」ことと、「祖国大陸の発展が進歩するという基礎の上で台湾問題を解決することを堅持する」こと、つまりあくまで中国の発展の上で「平和統一」を進めることが大前提であることが明記された。そして、武力行使については、（主にアメリカを念頭におく）外国勢力と台湾独立勢力の行動に対するヘッジ手段として説明した。

中国が、台湾併合を「中華民族の偉大な復興」に優先させない可能性、あるいは両者を戦術的に切り離す可能性は存在する。つまり、ここにこそ、台湾、アメリカ、日本にとっての「機会の窓」がある。中国に対台湾武力行使のコストを強いることで、中国が抑止される現状を維持する可能性が見出せるのである。中国が「東昇西降」の「幻想」を脇に置き、自らの生存や発展を優先すれば、たとえ消極的・一時的であったとしても、現状は維持されうる。

そのためには、おそらく、西側諸国・地域の総合的な国力を強化し、かつ武力を用いた現状変更を抑止するための一定の政策協調を進めることが必須となるだろう。

4　本書の構成と着想

本書は、大まかに言って以上のような問題関心のもとで執筆されており、その構成は以下の通りである。

第Ⅰ部（松田康博、福田円、石井正文）は、序章の問題関心に応える形で、アメリカや日本および国際社会、とくに西側諸国にとっての台湾の価値とは何かを議論している。そこで強調されるのは、台湾の戦略的価値の上昇が、米中戦略競争が激化する中で起きていることである。従来議論されたアメリカによる「戦略的あいまいさ」や「不介入論」が説得力を弱め、むしろ米中対立こそがアメリカの対台湾コミットメントを強化する要因であることが示唆されている。

第Ⅱ部（本松敬史、沈明室、黒﨑将広）は、現状で最も懸念される中国による対台湾武力行使が、もしも発生するとしたらどのような態様になるのか、アメリカが台湾支援をするとしたら、どのような形をとるのか、そして対中抑止における国際法上の留意点は何かなどが議論されている。すなわち、中国が武力行使をする際にかけるコストとリスクについて、そして台湾を守る側のコストとリスクについて、具体的な議論が展開される。

第Ⅲ部（尾上定正、小原凡司、河上康博）は、ロシア・ウクライナ戦争の台湾海峡へのインプリケーションを議論している。未来の戦争はつねに過去の戦争を参照して構想される。こうしたインプリケーションが、中国の行動にどのような影響を与えるかは、きわめて重要な意味を持つ。ウクライナと台湾の比較、戦場における旧領域と新領域の態様、戦争抑止のための国際枠組みなどが詳述される。

第Ⅳ部（武居智久、西山淳一、兼原信克）は、中台をめぐる日本の外交・安保政策の再検討を試みている。従来日本に対台湾政策は存在しなかったと言っても過言ではなかった。しかし、台湾海峡の平和と安定の重要性は、日本の安全保障にとって、もはや無視できないほど大きくなった。日本の防衛政策における台湾有事の位置づけと改善点、「ＩＴ先進国」である台湾との関係における経済安全保障上の留意点、そして万が一台湾海峡戦争が発生した場合の将来展望と必要な方向性などが、議論されている。台湾海峡の現状を維持するために、従来の枠組みを超えた大胆な議論が展開されている。

終章（福田円）では、台湾海峡の現状が維持できるかについて、中国の武力行使が果たして抑止されうるのか、本書全体の議論を通した暫定的な結論が提起されている。

本書の各章で書かれている内容については、執筆者間で読み合わせを行い、編者による編集を加えたが、基本的には各章の著者の責任による。本書は、各自の考察を総合し、台湾海峡の平和と安定を維持する上で、手堅い現状分析と政策提案を行っているが、これはハーマン・カーンがかつて提唱した、核戦争のような「考えられないことを考える（thinking about the unthinkable）」知的作業(19)の実践でもある。時代の変化が激しいなか、新たな挑戦に対応するためには、既存の枠組みを超えた発想が不可欠だからである。

注

（1）「反分裂国家法」（二〇〇五年三月一四日第十届全国人民代表大会第三次会議通過）、中共中央台湾工作辦公室・国務院台湾事務辦公室［http://www.gwytb.gov.cn/m/headline/202204/t20220413_12426227.htm］。中華人民共和国国務院台湾事務辦公室・国務院新聞辦公室「台湾問題與新時代中国統一事業」中共中央台湾工作辦公室・国務院台湾事務辦公室、二〇二二年八月一〇日［http://www.gwytb.gov.cn/zt/zylszl/baipishu/202208/t20220810_12459866.htm］。本章におけるウェブサイト最終閲覧日はすべて二〇二四年四月二五日。

（2）松田康博「中台関係における『現状維持』の逆説――2004年台湾立法委員選挙前後を中心に」『問題と研究』三四巻五号（通巻四〇一号）、二〇〇五年二月、三三―三九頁。

（3）Alan M. Wachman, *Why Taiwan? Geostrategic Rationales for China's Territorial Integrity*, Stanford University Press, 2007, pp. 33-38.

（4） Ibid, pp. 55-56, 69-76, 82-95. 台湾の価値に関する中国人以外の言説については、以下を参照のこと。若林正丈『台湾の政治——中華民国台湾化の戦後史（増補新装版）』東京大学出版会、二〇二一年、四五九—四六〇頁。

（5） Wachman, *Why Taiwan?*, p. 56.

（6） 蔣介石『中国之命運（改訂版）』華光社、一九四六年、三頁（蔣介石、波多野乾一訳『中国の命運』日本評論社、一九四六年、一二頁）。

（7） 鄧小平「会見香港特別行政区基本法起草委員会委員時的講話（一九八七年四月一六日）」『鄧小平文選』第三巻、北京、人民出版社、一九九三年、二二一九頁。このカッコ内は、現場にいた人が聞いているが、公式の記録からは削除されている。若林正丈『台湾の政治』、四六〇頁。

（8） Elbridge Colby, "China's Military Buildup Shows Its Ambitions Go Well beyond Taiwan: No One Should Believe That Beijing Would Be Sated with the Takeover of the Island," *NIKKEI Asia*, April 7, 2023 [https://asia.nikkei.com/Opinion/China-s-military-buildup-shows-its-ambitions-go-well-beyond-Taiwan].

（9） 李登輝・司馬遼太郎「場所の悲哀」司馬遼太郎『街道をゆく　第40巻——台湾紀行』朝日新聞社、一九九七年、三八七頁。

（10） M. Taylor Fravel, *Strong Borders, Secure Nation: Cooperation and Conflict in China's Territorial Disputes*, Princeton University Press, 2008, chapter 1（テイラー・フレイヴェル著、松田康博監訳『中国の領土紛争——武力行使と妥協の論理』勁草書房、二〇一九年、第1章）.

（11） Ibid, chapter 5（同右、第5章）.

（12） Henry L. Kissinger, *On China*, Penguin Press, 2011, pp. 279-280（ヘンリー・キッシンジャー著、塚越敏彦ほか訳『中国——キッシンジャー回想録（下）』岩波書店、二〇一二年、三〇四—三〇五頁）.

（13） 松田康博「中国の対台湾政策——一九七九～一九八七年」『国際政治』一一二号、一九九六年、一二六頁。

(14) 同右、一二七頁。
(15) 鞠鵬・馬占成「中共十五届五中全会在京挙行――中央政治局主持会議　中央委員会総書記江沢民同志作重要講話」『人民日報』二〇〇〇年一〇月一二日。江沢民「在慶祝中国共産党成立八十周年大会上的講和（二〇〇一年七月一日）」『人民日報』二〇〇一年七月二日。
(16) 松田康博「米中台関係の展開と蔡英文再選」佐藤幸人・小笠原欣幸・松田康博・川上桃子『蔡英文再選――2020年台湾総統選挙と第2期蔡政権の課題』日本貿易振興機構（ジェトロ）アジア経済研究所、二〇二〇年、六〇頁。
(17) 松田康博「コロナ禍後期の中台関係――拡大する硬軟両様手段の矛盾」国際経済交流財団編『国際経済政策シリーズ3　台湾危機をめぐる日本の外交・安全保障戦略、対外経済政策の在り方』国際経済交流財団、二〇二三年、九四―九五頁。
(18) 劉結一「堅持貫徹新時代党解決台湾問題的総体方略」『求是』総第八二八期、二〇二二年二三期、二〇二二年一二月一日。
(19) Herman Kahn, *Thinking about the Unthinkable*, Horizon Press, 1962, pp. 18-37（ハーマン・カーン著、桃井真・松本要訳『考えられないことを考える――現代文明と核戦争の可能性』ぺりかん社、一九六八年、一四―四二頁）.

第Ⅰ部　台湾の戦略的価値

第1章

アメリカにとっての台湾

松田　康博

はじめに

アメリカにとって、台湾の価値とは何か。その価値は、安全保障上のものなのか、経済的なものなのか、それともデモクラシーという政治的価値なのか。そして、その価値は、究極的には、アメリカが武力を行使し、核兵器国である中国との衝突のリスクをとるほど高いのであろうか。そうであるとしても、そうでないにしても、台湾の価値に見合った防衛策を、アメリカは準備しているのであろうか。

答えはおそらく論者によって異なり、アメリカの専門家でさえ複数の異なる意見があるはずである。

とくにこれは平時においては正しい。なぜなら実際に台湾をめぐる現状が維持されている状態、つまり中国の現状変更行動が抑止されている状態では、何を議論しても直接の影響を持たないからである。しかし、有事において、アメリカは瞬時に結論を出さなければならない。したがって、有事が近づいているという危機感がある時、この議論を詰めていく必要が高まる。二〇二一年以降、台湾有事に対する国際社会の警戒が急速に強まった結果、こうした検討の準備が必要になった。本章は、アメリカにとっての台湾の戦略的価値がどのようなものであるかについて検討を行う。

1　アメリカの対アジア戦略

アメリカに果たしてアジアに対する大戦略があるのか、あるならそれはどんな戦略なのかという議論は、本章の問題関心にも答えを見出す大きな助けとなる。

ジョージ・W・ブッシュ政権で、国家安全会議上級アジア部長を務めたマイケル・グリーンは、『アメリカのアジア戦略史』を執筆し、この課題に挑戦した(1)。グリーンは、一九世紀における「アメリカの台頭」、西欧諸国が衰退し、アメリカが単独でアジアの覇権国に対峙することになった二〇世紀前半の「日本の台頭」、対日戦争勝利後の冷戦期における「ソ連の台頭」、そして冷戦後の「中国の台頭」という四つの変動に、アメリカがどのように対峙し、アメリカとアジア地域を結びつけてアジア大戦略を形成していったのかを議論した(2)。グリーンは、アメリカのアジア大戦略を、アメリカがアジアに進出して西欧列強の勢力圏に風穴を開け、その後はアジアで閉鎖的な覇権システムを打ち立てようとした国家、すなわち日本、ソ連、中国と対峙した歴史として捉えている。グリーンは戦間期とヴェトナム戦争期を除き、アメリカの大戦略はおおむね成果を上げたと評価する。

グリーンは、①優先順位が「ヨーロッパか、あるいはアジアか」、②拠点とすべき国家が「大陸か、あるいは海洋か」（「中国か日本か」）、③沿岸島嶼連鎖と大陸との間の「どこに前方防衛線を確定するか」、④関与相手に対して重視する価値が「自決権か、あるいは普遍的価値か」、⑤アメリカが推進するのは「保護主義か、あるいは自由貿易か」、というアジアにおけるアメリカの大戦略の主要対立軸を指摘している(3)。

グリーンの枠組みを借りると、以下のようにまとめられる。まず、現在台湾はアメリカの防衛線上にあるが、アメリカのコミットメントは明確ではない。もしもアメリカが戦間期のような対外不関与の失敗を繰り返せば、台湾を失って防衛線が崩壊し、中国がアジアの地域覇権を確立するかもしれない。逆にもしもヴェトナム戦争のような失敗を繰り返せば、台湾問題への「過剰な」関与により米中紛争を引き起こし、アメリカとこの地域の衰退を招きかねない。他方でもしもアメリカがアジア重視を貫き、日本等の海洋国家を成功裏に協力させ、自由貿易を推進して地域の求心力を回復し、デモクラシーである台湾を見捨てないという防衛線を堅持して中国に対峙すれば、中国による台湾の武力統一を引き続き抑止し、現状を維持する高い期待を持つことができる。

2　アメリカにとっての台湾問題(4)

アメリカと中華民国は日中戦争以来同盟関係にあった。日本帝国を打ち倒して、台湾を日本から引き離したのは、中国ではなくアメリカである。言い換えるなら、台湾は、アメリカが多大な犠牲を払って得た「第二次世界大戦の戦利品」である。中華民国政府が台湾に撤退した後も、アメリカは朝鮮戦争と台湾海峡危機を経て、冷戦を戦う反共陣営の一員として台湾と同盟関係を構築した。米中が対立関係にあった時、台湾には「共産主義者の拡張主義」を抑えるための戦略的価値があった(5)。台湾が「共産主義中国」に「併合」されることはアメリカの利益に合致しなかった。

ところが、リチャード・ニクソン政権は対中接近を決断し、ジミー・カーター政権はついに米中国交正常化（＝米華断交）に踏み切った。ソ連との対抗を進めるアメリカにとっての台湾との関係は大国関係におけるいわば従属変数にすぎず、中国の抱き込みという戦略的利益を得るために犠牲にすることも可能な程度の存在にすぎなかったのである。

ただし、アメリカ国防省は一貫して台湾の戦略的地位を比較的高く評価しており、行政府も必ずしも一枚岩ではなかった。また、南ヴェトナムを失った苦い経験から、アメリカ議会は対華断交に際し、「台湾関係法」を制定し、台湾を完全に見捨てることを防いだ。対華断交に議会がするどく反応したことからわかるように、台湾とは、戦略的価値が下がればすぐに捨ててもよい地域ではなく、行政府が立法府との関係を軽視して扱うと、必ずその反動が発生する敏感な政治問題でもあった。

台湾を見捨てないようバランスをとる現象は、ロナルド・レーガン政権内でも発生した。一九八二年八月に、アメリカ政府は台湾向け兵器売却を抑制する台湾に不利な「米中共同コミュニケ」を中国との間で結んだが、その一方でレーガン政権は台湾当局に対して「六つの保証（The Six Assurances）」を与えた。

このバランス感覚を言い換えるなら中国と台湾は、アメリカにとって二者択一の問題ではなく、両方ともアメリカの影響下に置いておきたい存在であるといえる。ただし、一九八〇年代末から九〇年代初頭において進行した、天安門事件、冷戦の終結、台湾の民主化は、アメリカにおける台湾の価値を変えた。中国とは対照的に、民主化した台湾はイメージを劇的に好転させ、アメリカと価値の面で急接近をもたらした。民主化したことによって、アメリカにとって台湾の安全保障は「単なる過去のコミットメントの継続ではなく、国是に関わる問題となった」[6]のである。

台湾はアメリカが作り上げた戦後秩序の一部分である。最先端の半導体を製造する台湾セミコンダクター・マニュファクチャリング・カンパニー（TSMC）が例に挙げられることが多いが、台湾経済は、単に貿易や投資でアメリカに依存しているのみならず、人材育成から技術移転に至るまで、アメリカ勢力圏の一部であるといっても過言ではないほど緊密な関係にある。したがって、強く穏健な台湾はアメリカの国益に合致していると認識されている[7]。しかも、台湾はその政治的、経済的重要性をさまざまなロビイング活動を通じてアメリカのエスタブリッシュメントに認識させることに成功している[8]。ただし、冷戦期に同盟関係にあったときでさえ、アメリカは、台湾を防衛しつつ巧妙に中国との直接衝突のリスクを避け続けた[9]。アメリカにとって、台湾に中国と軍事衝突してでも守るべき価値があるかどうかは、歴史的経緯からは判断しにくい。

3　米台断交後アメリカ政府の対台湾政策の枠組み

ここで、現在のアメリカ政府の対台湾政策枠組みを確認する。通常それは「三つの米中共同コミュニケ」、「台湾関係法」および「六つの保証」と呼ばれる。これらは、冷戦後期、アメリカが中ソ対立を利用し、中国を抱き込みつつ、台湾を見捨てないというプロセスにおいて形成された。

まず、一九七二年、一九七九年、一九八二年のいわゆる「三つの米中共同コミュニケ」とは、中国に有利な枠組みである[10]。これらにおいて、中国が主張する「一つの中国」原則（中国は一つである。台湾は中国の一部である。中華人民共和国が中国を代表する唯一の合法政府である）に対して、アメリカは、台湾が中国の一部であるという中国の主張を承知（acknowledge）している。問題は、台湾への武器売却の漸減と最終的解決（終結）の約束である。ただし、アメリカは「台湾問題の平和的解決」がこの約束の根拠にあると考えている。つまり、中国が台湾に対して敵対的であり、軍拡を進めている場合、この約束の根拠が中国側によって守られていないという立場になる[11]。

この考えを明確に書き込み、台湾支援の根拠として制定されたのが「台湾関係法」であり、その主な内容は以下の通りである。

第一は、米中国交正常化は、あくまでも「台湾の将来が平和的手段によって決定されるとの期待」のもとでなされたことを再確認し、その後ろ盾として台湾への「防御的な性格の兵器」の売却と「防御的な物品および役務」の供与を定めたことである。これで、もしも中華人民共和国が将来「平和的解決」に背くような政策をとった場合、アメリカは中華人民共和国との間で交わした約束を何らかの形で再検討する余地を残したことになる。

第二は、中国の非平和的手段に抵抗するための「合衆国の能力を維持する」ことを行政府に義務づけたこと、しかも台湾の安全が脅かされ、それによってアメリカの利益が脅かされた場合、大統領および議会が、「適切な行動」を決定するとして、外交手段から武力行使に至るまでいかなる行動をとることも可能としたことである。この部分の条文は、アメリカの中台双方に対するいわゆる「戦略的あいまいさ」または「二重抑止」の直接的起源となった。つまり、アメリカは台湾の安全保障が脅かされたときに、介入するか介入しないかをあいまいにしておくことで、双方を不安な状態に置き、双方が現状を変更する動きに出ることを抑止することができる。

第三は、同法のいかなる条項も「台湾全住民の人権に対する合衆国の関心に反してはならない」と規定したことである。このことによって、台湾当局は、いわばアメリカに兵器を売ってもらうためには人権状況を改善しなければならない状況に追い込まれた。人権問題を根本的に改善する近道は民主化であり、これは一種の「民主化圧力」となり、後の台湾の民主化に貢献した。

「台湾関係法」以外にも「六つの保証」[12]があり、台湾を支援する政策枠組みを形成している。レーガン政権は、①台湾への武器売却中止の期限を設定しなかった、②台湾への武器売却に際し、事前に中国と相談することに同意しなかった、③台北と北京の間でいかなる仲介の役割も果たさない、④台湾関係法を修正することに同意しなかった、⑤中国の台湾に対する主権に関して立場を変えなかった、

⑥中国との交渉に入るよう台湾に圧力をかけることはしないこと等を台湾当局に伝えたとされる。ただし、「六つの保証」は中国との約束である「三つの米中共同コミュニケ」や、国内法の「台湾関係法」に比べれば弱いレベルにあることに留意すべきである。

こうした基礎的文献のほかに、アメリカの歴代政権は、その戦略文書の中に、各国・地域の位置づけを表記しており、台湾の地位はしだいに上がってきた。バイデン政権が二〇二二年に公表した『インド太平洋戦略』で、「私たちは、オーストラリア、日本、韓国、フィリピン、タイの五つの地域条約同盟を深化させ、インド、インドネシア、マレーシア、モンゴル、ニュージーランド、シンガポール、台湾、ヴェトナム、太平洋諸島を含む地域の主要パートナーとの関係を強化している[13]」と書かれている。ここで、台湾は同盟五か国には入らないが、その他の主要パートナー (leading partners) の八か国・地域の七番目に入っている。

『インド太平洋戦略』はまた、「われわれはまた、台湾の自衛能力を支援することを含め、台湾海峡の平和と安定を維持するために地域内外のパートナーと協力し、台湾の将来が台湾の人々の希望と最善の利益に従って平和的に決定される環境を確保する[14]」と表現しており、これは二〇二二年一〇月の「国家安全戦略」でも踏襲されている[15]。

4　アメリカ議会の対台湾支援

アメリカで行政府の対台湾姿勢が強化されていることを後押ししているのが、議会の対台湾支援が超党派のコンセンサスになっていることである。

アメリカにおいて外交は政府の専権事項であるが、議会の台湾支援の姿勢が強いことは、とくに政府と議会の多数派がねじれ状態にある場合、大きな影響力を発揮する。政府はその分だけ議会に配慮をしなければならないからである。

アメリカ議会には、とくに下院を中心にして、台湾支援を目的とした多くの決議案、法案が提出される。ただし、上下両院での可決を経て、実際に法律になるものは必ずしも多くない[16]。また、外交に関わる部分では、行政府への強制力がない場合が多い。それでもなお、こうした台湾支援立法は重要である。一一五期議会（二〇一七～二〇一八年）以降成立した重要な台湾支援法制は以下の通りである。

①二〇一八年「台湾旅行法（Taiwan Travel Act）[17]」：アメリカの閣僚級高官および将官級軍人の台湾訪問や総統を含む台湾高官のアメリカ訪問を許容したり奨励したりする法律である。

②二〇一八年「アジア再保証イニシアティブ法（ＡＲＩＡ）[18]」：アジア全体を対象とした法律であるが、台湾に関する部分では、武器売却を定期化することや、高官の台湾訪問を奨励するなどの内容となっている。

③二〇一九年「台湾友好国国際保護および強化イニシアティブ法（TAIPEI Act）[19]」：米台間の外交・経済貿易関係を促進し、台湾が国際組織に参与することを支持し、これらに関し国務長官に国会に報告をすることを求めている。

④二〇二〇年「台湾保証法[20]」：台湾が国際組織に参与することを支持し、台湾が非対称戦能力と国

防予算を引き上げることを求め、これらに関し国務長官に対し国会への報告を求めている。

このほか、台湾を名指しせずとも、多くの法律で台湾への支援が書き込まれるようになった。最も直接的に台湾の安全保障に関わるのが、国防授権法（NDAA）である。近年のNDAAは、台湾の国防力強化を定めており、その傾向は年々強まっている。[21] NDAA2023には、台湾との情報交換、軍事訓練協力など、主に台湾陸軍の訓練を支援することが書かれており、米軍要員の台湾「滞在」の事例が増えている。

アメリカの連邦議会議員による訪問も増加の傾向にある。そのピークは、二〇二二年八月のナンシー・ペロシ下院議長を長とする超党派の訪台団である。中国は議会の委員長以上が団長となる訪台団に対しては軍事的な対応を増やす傾向がある。それでもアメリカ議会の台湾重視姿勢はほとんど変わらない。

5　米中戦略的競争下アメリカ政府の対台湾支援政策の実態

一九七九年の断交以来低調であった米台関係は、一九九〇年代になって変わった。台湾の防衛に必要な防衛力は、中国の軍事力が向上するのにあわせて調整されてきた。中ソ対立と東西冷戦が終わり、中国がソ連崩壊後のロシアから新型兵器を導入したことにより、アメリカも台湾への武器輸出を再活性化させた。

ジョージ・ブッシュ政権が李登輝政権に対してF－16戦闘機の売却を決定したことが転換点となり、その後、台湾の海空軍とミサイル防衛関連の装備は一変した[22]。中国の軍拡にあわせて、アメリカの対台湾武器売却は進んでいったのである[23]。

台湾の国軍は、アメリカの支援によって軍事力の水準を維持している。台湾の一部軍人はアメリカで教育・訓練を受けているし、武器のメンテナンスもアメリカに依存している。装備全般に関して言えば、アメリカは台湾関係法により「防御的な性格の兵器」しか台湾に供与することができないが、「非NATO同盟国」と同等のスペックの武器を売ることができる。海軍の大型主力戦闘艦は米軍から供与された中古艦艇が多く、陸軍の主力戦車はアメリカ製であり、新型のM1A2エイブラムス戦車が一〇八両供与される予定である。

台湾空軍の主力戦闘機はF－16である。アジアでF－16を運用している国は、タイ、インドネシア、パキスタン、韓国、シンガポール、台湾の六か国・地域であり、台湾は取得予定も含めると二〇〇機以上に達し、アジアで最も多い。アメリカがこれほどの武器供与を続けている理由は、台湾が中国と統一する見込みがなく、台湾と中国が統一してもよいとも、アメリカ製兵器で重武装された台湾が敗北してもよいとも考えておらず、むしろ台湾の独立した状態を守るために必要だと考えているためであろう。

では、アメリカの台湾の安全保障に対するコミットメントは、どの程度変化しているのであろうか。二一世紀に入って見られる大きな変化は、米軍関係者の台湾滞在が増えていることである。二〇〇五年からは事実上の大使館に相当する米国在台協会（AIT）台北事務所に、警備のため海兵隊隊員が常駐しており、ＡＩＴは二〇一九年にそれを公表した[24]。また、二〇一三年以来早期警戒レーダーのペイブ・ポーズ（Pave Paws）が、台湾の新竹県楽山に設置されている[25]。これは中国が発射した弾道ミサイルの軌道を追跡できるため、アメリカの本土防衛にも必要な施設であり、アメリカの要員が常駐しているとされる。

二〇二一年一〇月、蔡英文総統はＣＮＮのインタビューで、台湾には少数ながら米軍要員が事実上「駐留」していることを公に認めた[26]。しかし、具体的な状況は、いまだはっきりしていない。ただ、『聯合報』の軍事専門記者の報道によると、それは以下の通りである[27]。米軍は以前から小規模の部隊を台湾に派遣し、軍備を換装する技術人員や、訓練を施す特種作戦部隊が用務に応じて台湾を訪問していた。数年前から第五安全保障部隊支援旅団（第五ＳＦＡＢ）が台湾陸軍の訓練にあたり、新竹県湖口にある陸軍部隊訓練北区聯合測考中心には第五ＳＦＡＢから派遣された軍人が二名常駐している。

ＮＤＡＡによると新装備が到着する前に、教官が派遣されて事前教育がなされる[28]。二〇二三年八月には国軍各部隊の要員が空軍のＣ－１３０輸送機でパラオに派遣され、米軍の小型無人機（ＰＤ－１００ Black Hornet Nano）やスティンガー携帯型対空ミサイルの操作訓練を受けた。国軍には米軍との協力を進める陸軍の「陸威専案」、海軍陸戦隊の「碧海専案」というコードネームのプロジェクトが存在する。空軍の「藍天専案」には今のところあまり目立った動きはないが、将来大型無人機の導入や長射程ミサイルの導入などが決まれば、活発化するだろうと言われている。

さらに、アメリカ政府は二〇二三年七月、三億四五〇〇万米ドル規模の台湾軍事支援計画を発表した。[29]今回は、初めて非常時に議会の承認なく大統領が直接執行できる大統領在庫引出し権限（PDA）を発動することとなった。このことは、アメリカがウクライナ戦争を経て、緊急時に台湾軍強化の必要があると考えた結果であろう。戦争への危機感が高まるにつれ、アメリカは、台湾の自衛能力を高める努力を強めている。

なお、米海軍艦艇は台湾海峡を年間一〇回程度通過している。[30]台湾海峡の大部分は慣習法における（領海を除き、接続水域、排他的経済水域および公海等を含む）「国際水域」であり、中国の内海ではない。したがって、これは台湾海峡の「権利」を主張する中国に対する一種の航行の自由作戦であると考えられる。このほか、中国が台湾に対して露骨な軍事的圧力をかけた一九九六年の台湾海峡危機の際、アメリカは空母機動部隊を二個台湾周辺に派遣した。同様に、二〇二二年八月のペロシ訪台の際にも、米軍を台湾周辺に集結させ、台湾社会の安定に寄与している。[31]

6　アメリカの世論

第二次世界大戦、朝鮮戦争、湾岸戦争など、当初の予想を覆してアメリカが参戦した例はあり、その後ろ盾は世論であった。したがって台湾が中国に攻撃された場合、一般市民がどのように考えるかが、大統領や議会の判断に影響を与えうる。

図１－１にあるが、シカゴグローバル問題評議会が一九九八年以来継続的に行っている世論調査によると、中国が台湾に侵攻した場合、米軍出動に賛成する市民は、二〇一三年に二三パーセントと底

図1－1　中国が台湾に侵攻したら米軍出動に賛成するアメリカ国民の割合

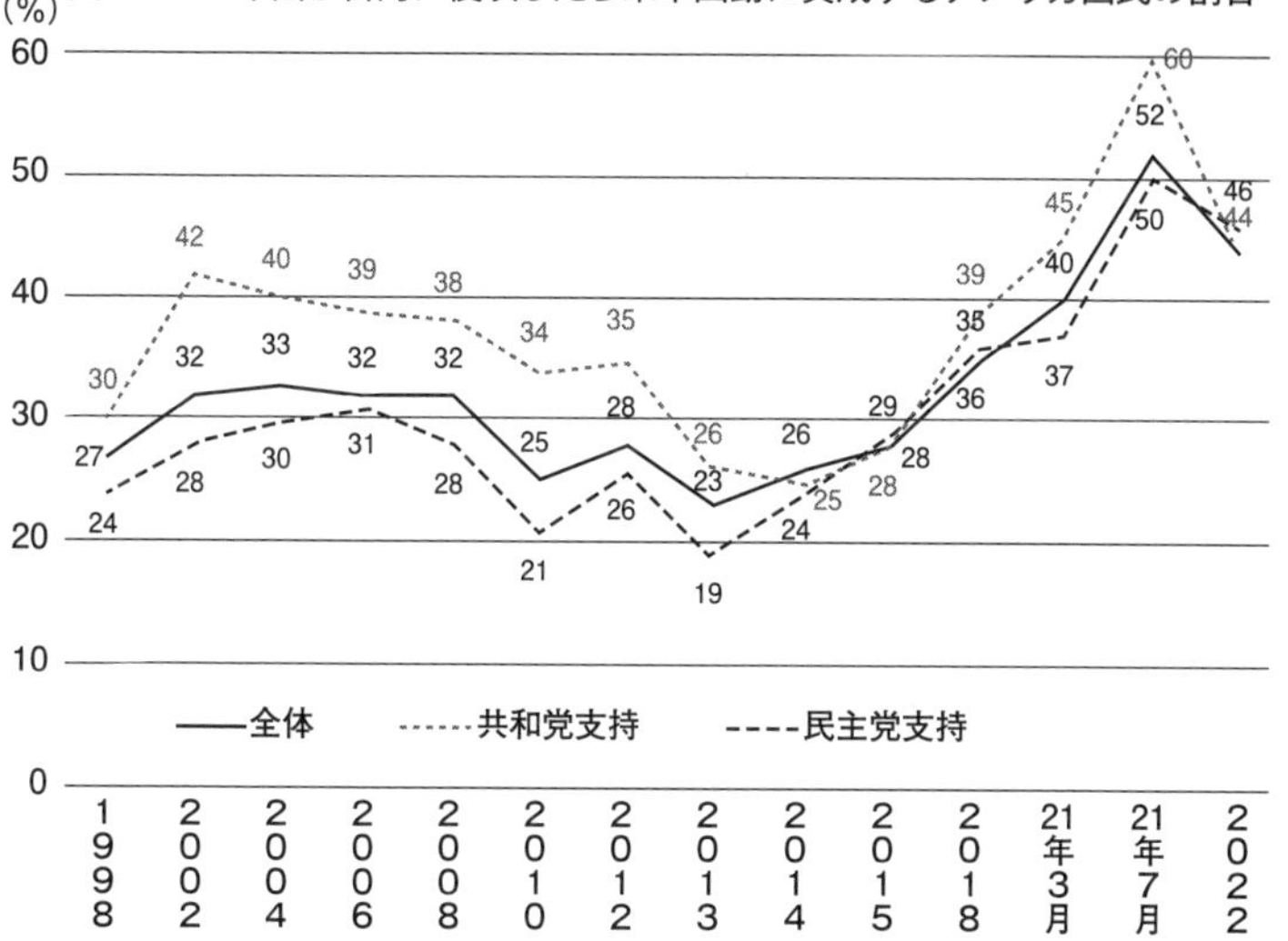

出所：Dina Smeltz and Craig Kafura, *American Favor Aiding Taiwan with Arms but Not Troops,* The Chicago Council on Global Affairs, August 2022, p. 4 [https://globalaffairs.org/sites/default/files/2022-08/2022%20CCS%20Taiwan%20Brief.pdf]. なお、無党派層の調査については完全なデータを入手できなかったため、共和、民主両党支持と、全体のみのデータを使用した。

を打ってから右肩上がりとなり、二〇二一年一月には過去最高の五二パーセントに達した。二〇二二年の低下は、ロシア・ウクライナ戦争の影響であると考えられる。このレポートの著者達は、米軍派遣よりも、武器支援などによる台湾の自衛力強化を多数の世論が選択していると見ている。

　アジアにおける同盟国が攻撃を受けた場合、米軍使用を支持するかという二〇一八年の調査では、北朝鮮が韓国を攻撃した場合六四パーセント、中国が日本の尖閣諸島を攻撃した場合四一パーセント、北朝鮮が日本本土を攻撃した場合六四パーセント、ロシアがバルト三国のような北大西洋条約機構（NATO）加盟国を攻撃した場合五四パーセントであり、中国が台湾を攻

図１－２　中国と台湾に暖かみ（親しみ）を感じるアメリカ国民の割合

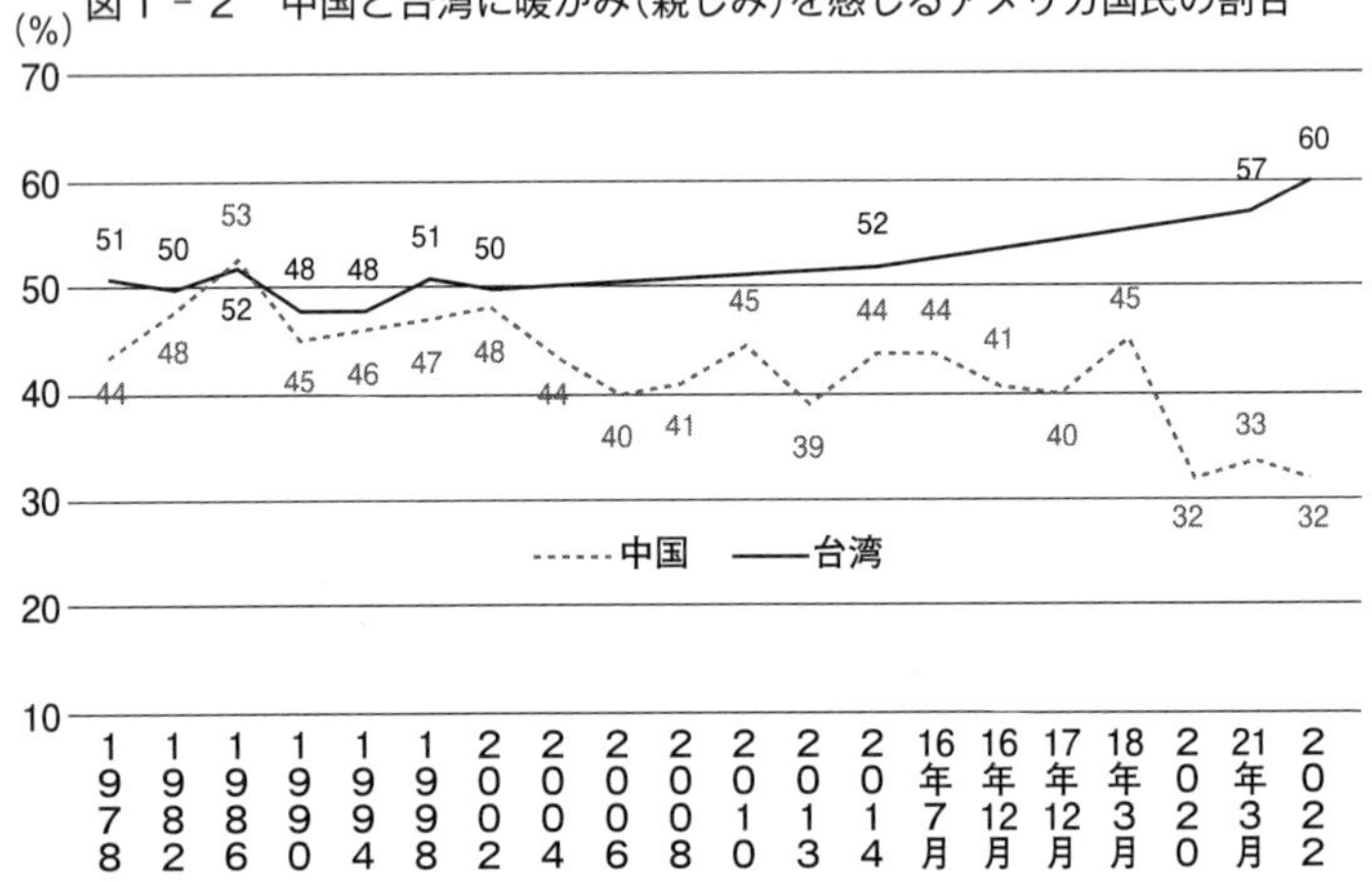

出所：Smeltz and Kafura, *American Favor Aiding Taiwan with Arms but Not Troops*, p. 5.

撃した場合の三五パーセントと比べるとやはり正式な同盟国の方の支持が高い(32)。とはいえ、台湾への支持は超党派であり、政権交代により大きな違いが出にくい構造にある。

中国と台湾への暖かみ、つまり親しみを感じるかという調査において、中国と台湾は反比例を見せている。図１－２の通り、台湾は六〇パーセントに達しているが、中国は二〇二〇年の新型コロナウイルス感染症のパンデミック以来三二～三三パーセントに低迷している。ここに、中国による台湾侵攻というニュースが入れば、アメリカのメディアが、いっきに善玉、悪玉のフレーミングを形成し、中台への印象ギャップがさらに大きく広がる可能性を見出すことができる。

おわりに

本章の分析をまとめると、以下の三点を指摘することができる。

第一に、台湾の戦略的価値は、アメリカの大戦略の文脈から言って、米中の戦略的競争が進むにつれ、大きくなるはずである。アメリカは、米州における覇権を固めつつ、ユーラシア大陸の両端で、特定の敵対的国家が覇権を握ることを阻止してきた。それはロシアであり、ドイツおよび日本であり、ソ連であり、現在は中国である。この歴史的文脈から見ると、中国に覇権を握らせないために最も重要な同盟国は日本であり、最も重要な非同盟国は台湾である。台湾を中華民国に返還させてよいという判断は、日本がアジアにおける単独の敵対的覇権国であった時の判断である。台湾問題の平和的解決を中華人民共和国に求めたのは、ソ連がグローバルな敵対的覇権国であった時の判断である。競争相手が中国に代わった現在、台湾を中国に与えて中国をさらに強くする選択は、大戦略の論理に合わない。アメリカでは、国防戦略家を中心に絶対に台湾を中国の手に渡すべきではないという議論さえ出始めている。(33)

第二に、それでも、アメリカの「戦略的あいまいさ」は維持されている。アメリカの「戦略的あいまいさ」の中核は、決してコミットメントを明確に示さない一方で、中国にアメリカが軍事介入すると信じさせることで、中国を抑止し、現状を維持することである。同時に、それはアメリカが台湾を守らないかもしれないと思わせることで、台湾の中国への挑発を抑止する「二重抑止」となっている。ただし、「戦略的あいまいさ」には、中国がアメリカの介入を信じなくなるかもしれないという落とし穴と、台湾がアメリカによる支援を信じなくなり、戦わずして中国に屈服してしまいかねないという落とし穴がある。この場合、アメリカは、バイデン大統領が五度も台湾防衛を示唆したように、台湾防衛をより強く示唆するしかなくなる。

第三に、有事が近づいている時に、つまり台湾を失うかもしれないと認識されている時に、アメリカで強まっている世論は、台湾を守るべきであるという世論であり、台湾を棄てるべきだという世論ではない。ただそれは単に台湾を守るために戦うということではなく、台湾の自衛力を強化することで中国による台湾侵攻を抑止すべきだという方向にある。中国が武力行使さえも否定せずに台湾への野心をむき出しにしている時、アメリカは、武器供与のみならず、米軍関係者の台湾「滞在」を進めるなどして、台湾の自衛力強化政策を急速に進めている。

アメリカにとっての台湾の価値は、決して低くないが、どれだけコストをかけ、リスクを冒してまで中国による台湾併合を阻止するかについて、必ずしもはっきり決定を下しているわけではない。台湾がデモクラシーであることだけでは、武力を使ってでも台湾を守るという理由としては不十分である。ただし、アメリカは武力を使ってでも台湾を守る可能性を示唆することをやめない。この「戦略的あいまいさ」こそが対中国抑止の最も有効な手段だからである。究極のところ、アメリカにとっての台湾の価値は、米中関係がどれだけ競争的、対立的になるかにかかっている。これを中国の側から見ると、アメリカの軍事介入を完全に否定することができない状態を意味する。アメリカにとって、台湾の価値は同盟国に負けず劣らず高いが、同盟国防衛と同様なコストを支払うことなくそれを守ろうとしているということができる。

注

（1） Michael J. Green, *By More than Providence: Grand Strategy and American Power in the Asia Pacific since 1783*, Columbia University Press, 2017（マイケル・グリーン著、細谷雄一・森聡監訳『アメリカのアジア戦略史――建国期から21世紀まで』上・下、勁草書房、二〇二四年）.

（2） Ibid., p. 12（同右、二〇頁）.

（3） Ibid., pp. 6-12（同右、九―一九頁）.

（4） 本節の大部分は、以下の内容をアップデートし、縮小したものである。松田康博「米中関係における台湾問題」高木誠一郎編『米中関係――冷戦後の構造と展開』日本国際問題研究所、二〇〇七年、九六―九八頁。

（5） Dennis Van Vranken Hickey, *United States-Taiwan Security Ties: From Cold War to Beyond Containment*, Praeger, 1994, pp. 18-20.

（6） 高木誠一郎「『美帝』へのアンビバレンス」『アスティオン』六三号、二〇〇五年一一月、三〇頁。

（7） Ryan Hass, Bonnie Glaser and Richard Bush, *U.S.-Taiwan Relations: Will China's Challenge Lead to a Crisis?* Brookings Institution, 2023, p. 102.

（8） Shelley Rigger, *Why Taiwan Matters: Small Island, Global Powerhouse*, Rowman & Littlefield, 2011, pp. 188-189.

（9） 佐橋亮『共存の模索――アメリカと「二つの中国」の冷戦史』勁草書房、二〇一五年、二〇六―二〇八頁。

（10） 以下の引用文ではデータベース「世界と日本」[https://worldjpn.net/]に収録されている原文および訳文を参考にしている。

（11） 同右。訳文に関して適宜修正を加えた。

（12） "Declassified Cables: Taiwan Armes Sales & Six Assurances (1982)," American Institute in Taiwan,

March 30, 2022 [https://www.ait.org.tw/declassified-cables-taiwan-arms-sales-six-assurances-1982/]. 本章におけるウェブサイトの最終閲覧日はすべて二〇二四年四月二〇日。

(13) The White House, *Indo-Pacific Strategy of the United States*, February 2022, p. 9 [https://www.whitehouse.gov/wp-content/uploads/2022/02/U.S.-Indo-Pacific-Strategy.pdf].

(14) Ibid., p. 13.

(15) The White House, *National Security Strategy*, October 2022, p. 24 [https://www.whitehouse.gov/wp-content/uploads/2022/10/Biden-Harris-Administrations-National-Security-Strategy-10.2022.pdf].

(16) 林正義「川普総統簽署渉台法律及其政策意涵」『欧美研究』第五三巻第二期、二〇二三年六月、一八四—一八六頁。

(17) 同右、一八七—一九〇頁。

(18) 「美定期対台軍售　鼓励高官訪台」『聯合報』二〇一九年一月二日。

(19) 林「川普総統簽署渉台法律及其政策意涵」、一九一—一九二頁。

(20) 同右、一九四—一九八頁。

(21) 同右、一九一—二〇一頁。

(22) 松田「米中関係における台湾問題」、九九—一〇〇、一〇七頁。

(23) アメリカの対台湾武器売却の概要は以下のウェブサイトを参照のこと。"Taiwan Arms Sales Notified to Congress 1990-2024," Taiwan Defense & National Security, February 21, 2024 [https://www.ustaiwandefense.com/taiwan-arms-sales-notified-to-congress-1990-2024/].

(24) 「ＡＩＴ証実２００５年起就有陸戦隊派駐」中央通訊社、二〇一九年四月三日 [https://www.cna.com.tw/news/firstnews/201904035004.aspx]。

(25) 「国軍『護国神山』成本高　長程預警雷達年度維持費達23・8億元」『自由時報』二〇二三年九月二日

[https://def.ltn.com.tw/article/breakingnews/4415444#:~:text=%E6%A0%B9%E6%93%9A%E5%9C%8B%E9%98%B2%E9%83%A8%E6%9C%80%E6%96%B0%E9%80%81.8594%E8%90%AC6%E5%8D%83%E5%85%83%E3%80%82]。

(26) Will Ripley, Eric Cheung and Ben Westcott, "Taiwan's President Says the Threat from China Is Increasing 'Every Day' and Confirms Presence of US Military Trainers on the Island," CNN World, October 28, 2021 [https://edition.cnn.com/2021/10/27/asia/tsai-ingwen-taiwan-china-interview-intl-hnk/index.html].

(27) 洪哲政「美軍緑扁帽顧問　長駐陸軍両棲営」、「美低調派員　避免被視為駐軍」『聯合報』二〇二四年二月五日。

(28) 同右。

(29)「米政府、台湾への武器援助発表　最大3・45億ドル」Reuters、二〇二三年七月二九日 [https://jp.reuters.com/article/idUSKBN2Z903M/]。

(30) 松田康博「米中台関係の展開と蔡英文再選」佐藤幸人・小笠原欣幸・松田康博・川上桃子『蔡英文再選――2020年台湾総統選挙と第2期蔡政権の課題』日本貿易振興機構（ジェトロ）アジア経済研究所、二〇二〇年、六四頁。

(31) 松田康博「コロナ禍後期の中台関係――拡大する硬軟両様手段の矛盾」国際経済交流財団編『国際経済政策シリーズ3　台湾危機をめぐる日本の外交・安全保障戦略、対外経済政策の在り方』国際経済交流財団、二〇二三年、九二頁。

(32) Dina Smeltz, et.al., *America Engaged: American Public Opinion and US Foreign Policy*, The Chicago Council on Global Affairs, p. 20 [https://globalaffairs.org/sites/default/files/2020-11/report_ccs18_america-engaged_181002.pdf].

(33) Hass, et.al., *U.S.-Taiwan Relations*, p. 129.

第2章
日本にとっての台湾

福田　円

はじめに——日台関係の歴史と四つの重要性

近代以降、日本の歴代指導者は一貫して台湾の地政学的重要性に向き合ってきた。一八七四年の台湾出兵は、大日本帝国陸海軍の最初の海外派兵であった。その後、一八九五年の下関条約で清国から台湾の割譲を受けた後、台湾は一九四五年まで日本の統治下にあった。第二次世界大戦後、日本はポツダム宣言を受諾し、中華民国政府による台湾の接収を受け入れた。その後、中国内戦と朝鮮戦争の勃発を経て、日本は日米安全保障条約を、台湾に遷《うつ》った中華民国政府は米華相互防衛条約を結んで、ともにアメリカの同盟ネットワークに加わった。

一九六〇年代末から七〇年代初頭にかけて、アメリカのニクソン政権の対中和解策により、東アジアの冷戦構造は大きく変容した。しかし、それは単純な対中和解策ではなく、アメリカによる東アジアの同盟国への関与の再編成をともなうものでもあった。その一つの現れが、一九六九年の沖縄返還に関する佐藤＝ニクソン共同声明に挿入された「台湾条項」であり、これは沖縄返還がアメリカの台湾（中華民国）に対する安全保障義務に影響を及ぼさないことを担保しようとするものであった。一九七二年九月、日本は中国との国交正常化に至ったが、台湾の扱いをめぐる交渉で日本側が最も重視した条件の一つは、日中共同声明がこの「台湾条項」と矛盾しないことであった。

一九七二年以降、日本と台湾の非公式な関係は主に経済・文化交流の領域に限定された。とはいえ、日本と台湾の高度経済成長に牽引されて、実態としての日台関係は静かに促進された。経済・文化交流を下支えし、促進するための非公式な政治対話は、日華議員懇談会（通称・日華懇）などを中心とする自民党議員と国民党政治家の間のチャネルが担った。そして、日本の民間企業の多くは台湾との関係を維持し、貿易や投資などの経済関係は一九八〇年代から一九九〇年代にかけて著しく拡大した。

一九九〇年代以降、台湾の民主化は日台関係に新たな局面をもたらした。民主化の結果、台湾における言論や文化に対する統制は緩和され、日本統治時代に対する肯定的な記憶が表明されるようになり、日本文化に対する国民の評価や親近感が高まった。また、一九八八年から二〇〇〇年まで台湾総統を務めた李登輝は、中国の脅しに屈することなく台湾との関係をさらに発展させるよう日本に呼びかける際、しばしば自身と日本の歴史的なつながりに言及した。李登輝の言動は、多くの日本人の心を捉え、台湾との関係を見直すきっかけとなった。そして、冷戦後にグローバル化が本格化する潮流の中で、日本と台湾が正式な外交関係を持たずとも交流を緊密化できる領域は著しく拡大した。
以上のような歴史的背景を踏まえると、地政学的重要性、安全保障上の重要性、経済的な重要性、価値観の上での重要性の四つが地層のように積み重なり、今日の日本が台湾海峡の平和と安定に関与する理由を形成していると捉えることが可能であろう。

1　地政学的重要性と歴史的経緯

日本にとって、台湾情勢の安定は一貫して重要な課題であった。地理的には、台湾は日本の南西諸島の西に位置し、日本の与那国島から約一一〇キロしか離れていない。また、台湾はユーラシア大陸の東南沿海と太平洋の西端、北東アジアと東南アジアがそれぞれ接する場所に位置する。大日本帝国が台湾を植民地支配下に置き、台湾を拠点に南洋へのさらなる進出を図ったことは、このような地政学的な利点を自国の勢力拡大のために活用しようとする試みであったと言えよう。

第二次世界大戦後、日本は台湾を放棄したが、日米安全保障条約体制を通じて台湾海峡情勢の安定を確保し、その利益を享受してきた。日米安全保障条約（一九六〇年改定）では、第六条で日本の安全と「極東」における平和と安全に寄与するために米軍が日本国内の基地を使用できる旨が定められた(1)。また、その「極東」の範囲は、「フィリピン以北並びに日本及びその周辺の地域であって、韓国及び中華民国の支配下」にある区域とされた（一九六〇年二月二六日政府統一見解）(2)。ただし、この第六条に関しては、別途その実施に関する交換公文（岸＝ハーター交換公文）が存在し、在日米軍が日本の外への「戦闘作戦行動（combat operation）」を行う際には、日米両国が前もって協議を行うという「事前協議制度」が設けられた[3]。

一九六〇年代末に佐藤栄作政権がアメリカと沖縄返還交渉を行う際に、この「極東」の平和と安全および「事前協議制度」は交渉の争点の一つとなった。なぜなら、アメリカは沖縄を日本政府に返還した後も、朝鮮半島や台湾海峡で対処すべき事態が起きた際に、沖縄の米軍基地を使用できるというフリーハンドを得たかったためである。これに対し、日本政府は沖縄返還に際しては「核抜き、本土並み」を達成すべく、「事前協議制度」を返還される沖縄の基地にも適用しようとした。そのため、アメリカ側は「事前協議制度」を適用するとしても、日本側が基地使用を前向きに検討する旨の表明を迫った[4]。当時の外務省交渉担当者による複数の回想によれば、朝鮮半島有事はともかくとして、台湾海峡有事の際の関与表明に対して日本側は消極的であり、できるだけ低いトーンに抑えたいと考えた。その背景には、台湾海峡有事に巻き込まれることになれば中国と戦わなければならぬ状況に置かれるのであり、もしもそうなれば日本の世論は割れることが予想されるといった考慮があった[5]。

交渉の結果、一九六九年一一月の日米共同声明（佐藤＝ニクソン共同声明）では「韓国の安全は日本自身の安全にとって緊要である」という「朝鮮条項」と並んで、「台湾地域における平和と安全の維持も日本の安全にとって極めて重要な要素である」という「台湾条項」が日本の首相の認識として盛り込まれた[6]。また、共同声明とあわせて行われた佐藤首相の演説では、朝鮮半島への戦闘作戦行動については「事前協議に対し前向きかつ速やかに態度決定する」と述べたのに対し、台湾海峡については「さきに述べたような（共同声明中の）認識をふまえて対処してゆくべきもの」と述べるにとどまり、さらに「幸いにしてそのような事態は予見されない」という認識が加えられた[7]。つまり、共同声明においても、佐藤首相の演説においても、有事における米軍の基地使用について、朝鮮半島に比べると台湾海峡に対して日本がとりうる対応については抑えた表現がなされた。

この「台湾条項」の立場は、一九七二年九月の日中国交正常化を経ても保持された。日本政府は中華人民共和国を「中国を代表する唯一の合法的な政府」として承認したが、中国が台湾を自国の領土の不可分の一部と主張していることについては、「理解し、尊重し、ポツダム宣言第八条に基づく立場を堅持する」にとどまった[8]。この経緯は、当時の外務省条約局条約課長であり、田中角栄首相と大平正芳外相の訪中にも随行した栗山尚一の回想に詳しい。日本にとって「台湾は中国の一部」だと認めることは、「中国が台湾を武力によって解放する最終的な権利を有しているという立場の正当性を認めることにつながる」という点において問題があり、一九六九年一一月の佐藤＝ニクソン共同声明を「事実上有名無実化」しかねないと考えられた。そこで、日本側がぎりぎり受け入れられる腹案として提示したのが、ポツダム宣言のくだりであった。この一節の意味は、ポツダム宣言を受諾した日本は、台湾が中国（当時は中華民国政府であったが、日中国交正常化後の日本政府は「中国の唯一の合法政府」として中華人民共和国政府を承認することとなる）に返還されることを受け入れたということである。しかし、そこで言外に含まれるもう一つの意味は、日本政府として台湾がすでに中華人民共和国の領土の一部になっているという現状認識を有さないということであった。栗山によれば、周恩来はこれらを理解した上で、同文案を受け入れることを決断した[9]。

日中共同声明発表後、日本政府は日華平和条約が「存続の意義を失い、失効した」との見解を示し、以降の台湾との関係は、非政府間の実務的な関係に限定されると説明した[10]。また、大平外相は訪中から帰国した後の衆議院予算委員会において、日米安全保障条約の「極東」の範囲から台湾が外れたのかという野党の質問に答え、「中華人民共和国と台湾との間の対立の問題は、基本的には中国の国内問題であると考えます。わが国としてはこの問題が当事者間で平和的に解決されることを希望するものであり、かつ、この問題が武力紛争に発展する可能性はないと考えております」と答えた[11]。つまり、日本政府の立場は、万が一中国が武力によって台湾を「統一」するようなことがあっても、これを中国の国内問題と見なすのかどうかについては留保していた。そして、これから始まる中国との関係を考慮して、一般的には台湾海峡有事は起こり得ないという立場に立っていた。

このように、植民地としての台湾を放棄した戦後日本は、「台湾海峡の平和と安定の維持」を国益として認識しつつも、それに直接的に関与する立場にはなく、日米安全保障条約を通じて間接的に関与してきた。しかも、米軍への基地提供という形で台湾海峡での武力紛争に巻き込まれることにも消極的であった。とくに、日中国交正常化の後、日本政府は「この問題が武力紛争に発展する可能性はない」という立場に立つことで、日米安全保障条約第六条と台湾海峡の関係について、議論を封印したのであった。

2　安全保障上の重要性

一九七〇年代は「武力紛争に発展する可能性はない」と考えられていた台湾海峡情勢であったが、

冷戦後には国際情勢と中台双方の変化によって、その可能性が議論されるようになった。一九九〇年代の台湾では李登輝が実権を握り、政治的民主化を進め、「中国」を代表する正統政府であるという建前にこだわらず、台湾の国際的な活動空間を拡大するための対外政策を推進した。これに対し、天安門事件から立ち直り、改革・開放に邁進する中国は警告を繰り返し、関係諸国に対しても台湾に国際的な主権を認めたり、それに相応する待遇を与えたりしないよう、「一つの中国」原則の主張を強化した。中国の李登輝政権に対する警戒は、一九九五年から一九九六年にかけて台湾海峡におけるミサイル演習にまでエスカレートし、第三次台湾海峡危機を生起させた[12]。台湾民主化の到達点であった総統直接選挙に対して、中国人民解放軍が軍事力を用いた威嚇を行ったという意味において、この危機は日本の政府や社会にも衝撃を与えた。

この第三次台湾海峡危機以降、日本政府は台湾海峡の平和と安定をますます重要な課題と位置づけ、平和と安定が損なわれることへの懸念を明確に表明するようになった。危機が発生した当時、日本政府は日米安全保障条約を冷戦後の戦略環境に適したものへと再定義するために、アメリカと交渉していた。そのため、一九九六年に日米安全保障共同宣言が発表され、一九九七年に「周辺事態」の概念を含む日米ガイドラインが合意された際には、台湾海峡の平和と安定に対する日米のコミットメントが国内外の注目を集めた[13]。日本政府は「周辺」を地理的に定義したり、日米安保条約と台湾海峡の安全保障との関連性を明確に定義したりはしなかった。しかし、梶山静六官房長官（当時）がテレビ番組出演時に、「周辺」には当然台湾海峡が含まれると解釈されるような発言をし、それが報じられた[14]。こうした動きに対し、中国は警戒感を顕にし、日本に対して一九七二年の日中共同声明の立場から逸脱しないよう求めた。

二〇〇〇年に台湾で初の本土派政権となる陳水扁・民進党政権が成立し、中台関係が緊張すると、日本政府は双方に自制を呼びかけ、台湾海峡情勢について繰り返し懸念を表明した。たとえば、二〇〇四年の総統選挙と同時に陳水扁が台湾のＷＨＯ加盟などを問う（議題は後に変更された）住民投票の実施を提案した際、日本政府は内田勝久・交流協会（現日本台湾交流協会）台北事務所長を通じて台湾政府に台湾海峡の現状維持について慎重な立場をとるよう求めた(15)。また、二〇〇六年に陳総統が国家統一綱領と国家統一委員会の運用停止を決定した際、日本の外務省は台湾をめぐる問題が平和的に解決されることを希望するという立場から、「いずれかの側によるいかなる一方的な現状変更の試みも支持できない」との報道官談話を出し、その立場を台北経済文化代表処にも伝えた(16)。

同時に日本政府はアメリカと足並みをそろえて、中国の台湾に対する武力行使の可能性に対しても明確な立場を示した。台湾で陳総統が再選された直後の二〇〇五年二月、日米安全保障協議委員会（２＋２）は共同声明を発表し、日米共通の戦略目標として「台湾海峡に関する問題の対話による平和的解決を奨励する」ことを明らかにした(17)。さらに、二〇〇五年に中国政府が反国家分裂法を制定した際、日本外務省は台湾海峡の平和と安定という観点から同法に対する懸念を表明し、日本は台湾をめぐる問題の非平和的な解決に反対すると指摘した(18)。このように一九九〇年代半ば以降の日本政府の行動は、台湾問題に関して一九七二年の日中共同の立場に立つことを繰り返す一方で、台湾海峡の平和と安定に関与する姿勢を明確化するものであった。

その後、二〇〇八年から二〇一六年の馬英九・国民党政権期には、中台関係が安定していたため、台湾海峡の平和と安定に対する日本の関与や、台湾海峡有事の際の日本の対応が議論されることは稀であった。二〇一五年に日米新ガイドラインが制定され、いわゆる平和安全保障法制が整備されたことによって、日米同盟が地域の安定に果たす役割はより具体化された。「周辺事態」という概念は使用されなくなって「重要影響事態」となり、米軍が他国から攻撃を受けるケースなどを念頭に、限定的に集団的自衛権を行使することを可能にする「存立危機事態」が新たに設けられた。しかし、一九九〇年代の周辺事態法制定の時とは異なり、それが台湾海峡情勢への日本の対応にいかなる影響を与えるのかが、日本国内で論争となったり、日中関係において政治問題化することはなかった。

むしろ、この間の日台間の安全保障上の課題は東シナ海情勢の緊張、とりわけ尖閣諸島周辺の海域での緊張にいかに対応するかであった。この問題について考える上で、二〇一三年四月に締結された日台民間漁業取決めは重要であった。同取決めの一義的な動機は、尖閣諸島とその周辺海域をめぐる緊張の高まりに対して、日本と台湾の双方が危機感を抱いたことにある。しかし、こうした決定を可能にした背景には、地域政治のより幅広い文脈もあった。日本と台湾の実務チャネルは、中国政府による抗議や干渉を招かないよう細心の注意を払いながら、取決めに向けた段階的な交渉を進めた。そして、一九七二年の日中国交正常化の立場に抵触せず、二〇〇〇年に締結された日中漁業協定とも矛盾しない取決めを日台間で締結した(19)。さらに、このプロセスを通じて日本と台湾は、東シナ海における平和的な秩序を発展させるための対話の扉が中国にも開かれ続けていることを示すことができた(20)。

中国が軍備を拡張し、東シナ海における現状変更を試み始めたことにともない、二〇一〇年代以降の日本の安全保障政策は、日米同盟を維持および強化し、とくに南西諸島における防衛力を強化することに重点を置いた。同時に、台湾海峡においても、二〇一六年以降は台湾本島を取り囲むような中国人民解放軍の活動が活発化し、当局が対応を迫られる事案が急速に増加した。つまり、中国の東シナ海防空識別圏（ＡＤＩＺ）や排他的経済水域（ＥＥＺ）とそれぞれが重なる領域を主張する日本と台湾は、同領域における中国の軍事活動活発化と一方的な現状変更の可能性にともに直面するようになった。

日本は近年、日米同盟のみならず、オーストラリア、韓国、フィリピンなどインド太平洋地域の同志国との安全保障協力を推進することも重要視している。ところが、上記のような文脈の中にあっても、日本が外交関係を持たない台湾との間で近隣諸国と同様の安全保障協力を推進することは難しい。現状として日本政府は、日台交流協会台北事務所に駐在する自衛隊ＯＢ、防衛省や海上保安庁の文官、トラック二・〇や一・五対話など、既存のチャネルを活用したコミュニケーションの強化に努めている。

3　経済的な重要性

経済関係は、長らく日本が中国と台湾の双方とウィン・ウィンの関係を築くことができる領域であった。中国は現在、日本にとって最大の輸出入総額を占める貿易相手であり、第三位の対外直接投資先で、中国に日本企業が置いている海外拠点数は最も多い[21]。同時に、台湾は日本にとって第三位の輸入相手、第四位の輸出相手である[22]。日本も台湾も中国との経済的な相互依存関係があり、日台間の貿易・投資は二〇〇〇年以降減少しているが、対中依存の拡大と台湾との経済関係は必ずしも対立するものではなかった。二〇〇〇年代半ば以降、多くの日本企業が、中国企業との取引経験を豊富に持つ台湾企業との提携を通じて中国市場に参入した(23)。

二〇〇八年に台湾で馬英九・国民党政権が発足し、台湾海峡の緊張が緩和した時期には、経済や投資の分野を中心に日台間で実務的な取決めの締結が進んだ。日本と台湾は、日台ワーキングホリデーや台湾駐日代表処の札幌分室設置など、人的交流や観光促進に資する取決めを結んだ。また、馬英九政権が中国と経済協力枠組み協定（ＥＣＦＡ）を締結した二〇一〇年以降は、中国からの反発を招きかねない微妙な領域についても日台間での交渉が行われた。たとえば、二〇一一年九月に日台投資取決めが締結され、日本と台湾は日中投資協定を上回る水準で相互投資を自由化した。また、二〇一一年一一月に締結された日台オープンスカイ取決めは、日本政府にとってアメリカとのオープンスカイ協定に続く二つ目の取決めとなった。中国政府はこれらの日台間の取決め締結に公式に抗議せず、報復措置もとらなかった(24)。

中国に投資する日本企業と台湾企業の提携を成り立たせた条件は二〇一〇年前後を境にしだいに変化し始めた。日本企業は対中投資への関心を低下させ、台湾企業も中国での優位性を失ったため、日本と台湾の企業は中国以外の場所や領域でのビジネスアライアンスを模索し始めた。それは、イノベーション、社会福祉、防災など日本と台湾双方が抱える共通の社会的課題に関する領域や、日本企業と台湾企業がともに投資を拡大している南アジアや東南アジアでの事業におけるアライアンスである。こうした新領域での日台アライアンスは、中国を刺激することなく戦略的な提携を進められる可能性を秘めている。

地域の経済協力においても、台湾は日本にとって重要なパートナーとなるはずであるが、中国の主張する「一つの中国」原則によって、台湾が他国と同様の地位で国際的な経済協定に加わるのは難しい状況がある。中国は現在、周辺諸国とのウィン・ウィンの関係構築を重視し、自らが主導する新たな地域秩序を形成しようとしている。日本は中国の新秩序模索を否定するわけではないが、自由化やルール重視など、既存の経済秩序を軽視した中国の行動に対し、地域の他の国々により魅力的な選択肢を提供することも重要視している。日本が、アメリカの離脱後も環太平洋経済連携協定（ＣＰＴＰ）でリーダーシップを発揮し続けていることには、そのような含意がある。こうした立場から、日本は地域における成熟した経済主体である台湾を、地域の経済連携に直接的または間接的に組み込む努力を続ける必要がある。

４　価値をともにする重要性

一九九〇年代以降、日本と台湾の市民社会は共通の価値観のもとで共鳴したり、連帯感を示したりする場面が増えた。台湾では、民主化にともなって言論や文化に対する統制が緩和され、日本統治時代に対する肯定的な記憶が自由に語られるようになった。また、一九八〇年代以降、台湾から日本を訪れる観光客が増加していたこととも相まって、日本文化に対する台湾の人々の評価や親近感が高まった。日本では、天安門事件後に、東アジア地域において存在感を増す中国に対するイメージが低下する一方、李登輝というシンボルを通じて台湾との関係が「再発見」される機会が増えた。[25] ただし、そのことによって日中関係において台湾問題が争点化するようになり、日本が台湾との関係によって中国を刺激しないよう「自粛」を強いられることも増えた。

また、ポスト冷戦期はグローバリゼーションの時代でもあり、日本と台湾がグローバリゼーションの中で、徐々に対等かつ価値観を同じくするパートナーに変容してきたことは重要な変化であった。たとえば、日本と台湾の一人あたりＧＤＰは二〇〇〇年代を通じて同程度にまで接近したし、フリーダムハウスの社会の自由度を示す指標は、二〇〇〇年までにほぼ同程度となり、それ以降は台湾のほうが好スコアになる部門も出てきた。[26] このように経済的繁栄、民主主義、自由などの価値観を共有する社会同士になったことで、日本と台湾の関係においては外交関係を持たないことの意味が相対化され、実質的な経済関係や民間交流の発展が政治的な取決めに先行するような状況が生まれた。[27]

人的往来の増加や交流の活発化を反映して、日本と台湾の市民同士の相互感情も安定している。近年、日本台湾交流協会と台北駐日経済文化代表処がそれぞれ台湾と日本で継続的に行っている世論調査によれば、双方の市民の約七五パーセントが互いに対して親近感を抱いている。[28] また、良好な市民の感情は、双方の市民社会による相手に対する具体的な支援という形で可視化されている。二〇一一年に東日本大震災が発生した際、台湾からの義援金は二〇〇億円にのぼり、アメリカを除くどの国からの義援金よりも多かった。その上、この義援金の大部分が一般の市民が行った少額の募金であり、日本人は台湾の人々との「絆」に深い感銘を受けた。これ以外にも、日台双方で地震や台風の災害が起きると、市民社会から相手を支援する行動が自発的に生まれ、両社会をつなぐ「善意の循環」がた

びたび確認されることが、互いの共通認識となっている。(29)

おわりに——米中競争時代の日本と台湾

中国の大国化、習近平政権の誕生、そして米中競争により、日中国交正常化時の台湾海峡情勢が「武力紛争に発展する可能性はない」という前提は、大きく揺さぶられている。習近平政権は台湾本島周辺における空海軍の活動を活発化させ、「台湾独立」への警告を繰り返している。その中国が擁する軍事力は、一九七〇年代や一九九〇年代と比べると大幅に増強され、中国が近い将来に台湾侵攻に動き、アメリカはこれを抑制または撃退できない可能性が米軍内部から指摘されるようになった。

二〇二一年四月の日米共同声明は「台湾海峡の平和と安定の重要性」を確認し、「両岸問題の平和的解決を促す」という形で、一九六九年の佐藤＝ニクソン共同声明以来五二年ぶりに台湾海峡情勢に触れた。こうした国際情勢に反応する形で、二〇二一年以降は日本の国内においても、「台湾有事」をめぐる議論が活発化している。政府の立場は、具体的な状況の想定は差し控えるというものであるが、中国から台湾に対する武力行使が行われる場合の具体的な対応、つまりは米軍による基地使用や安全保障法制における事態認定の可能性について議論を進めるべきだという声が高まり、民間のシンクタンクによるシミュレーションなども行われるようになった。

中国から台湾への軍事侵攻の可能性に加え、中国から台湾に対して、典型的な武力行使に当てはまらない「グレーゾーン」の攻勢が強まり、一方的かつ強制的な現状変更が行われつつあることも大きな問題である。これに関して、アメリカの台湾関係法では武力以外の「強制的な方式にも対抗」することが想定されているが、日本では武力以外の強制力による現状変更に対して対応する法的な裏付けはほとんどなく、議論もなされてこなかった。グレーゾーンの攻勢は、経済的威圧、認知戦、世論戦など、日本と台湾が日頃から密接に関わり、共通の利益を得ている領域に影響力を及ぼすものである。この点も、日本ではより自覚的な議論を行うことが重要である。

注

（1）「日本国とアメリカ合衆国との間の相互協力及び安全保障条約」外務省、一九六〇年一月一九日 [https://www.mofa.go.jp/mofaj/area/usa/hosho/jyoyaku.html]。本章でのウェブサイト閲覧日はすべて二〇二四年八月一日。
（2）「極東の範囲（昭和35年2月26日政府統一見解）」外務省 [https://www.mofa.go.jp/mofaj/area/usa/hosho/qa/03_2.html]。
（3）「(条約第六条の実施に関する交換公文) 内閣総理大臣から合衆国国務長官にあてた書簡」外務省、一九六〇年一月一九日 [https://www.mofa.go.jp/mofaj/area/usa/hosho/pdfs/jyoyaku_k_02.pdf]。
（4）波多野澄雄「沖縄返還交渉と台湾・韓国」『外交資料館報』二七号、二〇一三年、四〇―四一頁。
（5）中島敏次郎著、井上正也・中島琢磨・服部龍二編『外交証言録　日米安保・沖縄返還・天安門事件』岩波書店、二〇一二年、一〇二―一〇三頁、栗山尚一著、中島琢磨・服部龍二・江藤名保子編『外交証言録　沖縄返還・日中国交正常化・日米「密約」』岩波書店、二〇一〇年、八四—八五頁。

(6)「佐藤栄作総理大臣とリチャード・M・ニクソン大統領との間の共同声明」一九六九年一一月二一日、データベース「世界と日本」[https://worldjpn.net/documents/texts/docs/19691121.D1J.html]。

(7)「ナショナル・プレス・クラブにおける佐藤栄作内閣総理大臣演説」一九六九年一一月二一日、データベース「世界と日本」[https://worldjpn.net/documents/texts/exdpm/19691121.S1J.html]。

(8)「日中共同声明（日本国政府と中華人民共和国政府の共同声明）」一九七二年九月二九日、データベース「世界と日本」[https://worldjpn.net/documents/texts/docs/19720929.D1J.html]。

(9) 栗山尚一「日中国交正常化」『早稲田法学』第七四巻四号、一九九九年、四四—四九頁。

(10)「大平外務大臣記者会見詳録」一九七二年九月二九日、データベース「世界と日本」[https://worldjpn.net/documents/texts/JPCH/19720929.O1J.html]。

(11)「日本政府が『台湾条項』に対する統一見解」一九七二年一一月八日、データベース「世界と日本」[https://worldjpn.net/documents/texts/JPCH/19721108.O1J.html]。

(12) この間の経緯については、井尻秀憲「台湾の総統選挙にいたる中台関係の経緯」井尻秀憲編『中台危機の構造——台湾海峡クライシスの意味するもの』勁草書房、一九九七年、二六一—六九頁に詳しい。

(13)「日米安全保障共同宣言——21世紀に向けての同盟（仮訳）」外務省、一九九六年四月一七日 [https://www.mofa.go.jp/mofaj/area/usa/hosho/sengen.html]、「日米防衛協力のための指針」防衛省、一九九七年九月二三日 [https://www.mofa.go.jp/mofaj/area/usa/hosho/kyoryoku.html]。

(14)「中台紛争時　日本が米軍支援」『朝日新聞』一九九七年八月一八日。

(15) 内田勝久『大丈夫か日台関係』産経新聞社、二〇〇六年、一八六—一九四頁。

(16)「外務報道官談話　台湾『国家統一委員会の運用停止及び国家統一綱領の適用停止』について」外務省、二〇〇六年二月二八日 [https://www.mofa.go.jp/mofaj/press/danwa/18/dga_0228.html]。

(17)　「共同発表　日米安全保障協議委員会」外務省、二〇〇五年二月一九日 [https://www.mofa.go.jp/mofaj/area/usa/hosho/2_2_05_02.html]。

(18)　「外務報道官談話　反国家分裂法について」外務省、二〇〇五年三月一四日 [https://www.mofa.go.jp/mofaj/press/danwa/17/dga_0314.html]。

(19)　「『公益財団法人交流協会と亜東関係協会との間の漁業秩序の構築に関する取決め』（略称『日台民間漁業取決め』）について」日本台湾交流協会、二〇一三年四月一〇日 [https://www.koryu.or.jp/news/?ItemId=540&dispmid=5287]。

(20)　詳細については、Madoka Fukuda, "The Japan-Taiwan Fisheries Agreement Will Not 'Contain China'," AJISS-Commentary, No. 179, 2013 [https://www.jiia.or.jp/en/ajiss_commentary/column-198.html]。

(21)　「日中経済関係・中国経済」外務省、二〇二四年一月九日 [https://www.mofa.go.jp/mofaj/area/page3_000307.html]。

(22)　「台湾の経済DATA BOOK（２０２２年）」日本台湾交流協会 [https://www.koryu.or.jp/publications/economy/databook2022/tabid3155.html]。

(23)　佐藤幸人「東アジア経済の変動と日台ビジネスアライアンス」『東洋文化』九四号、二〇一四年、一二一―一四五頁。

(24)　福田円「ポスト民主化台湾と日本――関係の制度化と緊密化」『東洋文化』九四号、二〇一四年、八九―一二〇頁。

(25)　たとえば、李登輝と司馬遼太郎の対談が果たした役割は大きかった。司馬遼太郎『街道をゆく　第40巻――台湾紀行』朝日新聞社、一九九七年。

(26)　一人あたりＧＤＰについては、"Maddison Project Database 2018," Groningen Growth and Development Centre, May 23, 2022 [https://www.rug.nl/ggdc/historicaldevelopment/maddison/releases/maddisonproject-database-2018]、自由度に関する指標は、"Freedom in the World," Freedom House, [https://freedomhouse.org/reports/publication-archives]を参照した。

(27) 福田円「ポスト民主化台湾と日本」前掲、八九―一一〇頁。

(28)「日本人の台湾に対する意識調査結果　２０２１年」台北駐日経済文化代表処、二〇二一年一月二〇日 [https://www.roc-taiwan.org/jp_ja/post/83390.html]、および「台湾における対日世論調査」日本台湾交流協会 [https://www.koryu.or.jp/business/poll/]。

(29) たとえば、陳怡宏『地震帯上的共同体――歴史中的台日震災』台南：国立台湾歴史博物館、二〇一七年。

第3章

台湾の地政学上の価値

石井　正文

はじめに

本章は、台湾の地政学上の価値について議論を行う。伝統的に地政学（ドイツ語：Geopolitik）とは、国際政治を考察するにあたり、その地理的条件を重視する学問である[1]。つまり、台湾の地理的条件からその国際政治上の価値を考察することが本章の本来の目的である。

ただし、本章では地政学をより広く捉え、ウクライナ戦争勃発後の国際秩序維持における台湾の重要性や、米中間の戦略的競争における台湾の占める位置および重要性も含めた、台湾の地政学的な価値について議論したい。そのように議論を進めたほうが台湾の戦略的な価値に、より総合的に光を当てることができると考えるからである。台湾の地政学上の価値は、大きく言って三つの分野に関わる。第一は、ウクライナ戦争を経て、台湾の現状維持が、国際秩序の維持と密接不可分になったことである。二〇二二年に安保理常任理事国であるロシアがウクライナに全面侵攻するという、きわめて明白な国連憲章違反、すなわち国連憲章が規定する国際法の基本原則に対する違反を強行したことは記憶に新しい。二〇二四年現在、われわれはいまだにウクライナ戦争の真っただ中にいるが、台湾はまさにこの戦争から国際社会が将来の紛争を予防するための教訓を引き出せたかどうかが試される場である。換言すれば、ウクライナ戦争抑止失敗の繰り返し（＝台湾有事の発生）防止のために、これから何をする必要があるのかを検証する舞台を提供するのが台湾なのである。

その要素として、まず西側諸国が中国の意図を十分理解しているか、それに対して十分対応しているか、そして最後に中国に対して西側の意図を十分伝えられているかどうかを考えなければならない。これらの点については、第1節で論じる。ウクライナ戦争を抑止できなかった理由を論じることは本章の目的から外れるが、以上の三点について、中国をロシアに置き換え、「西側諸国」が十分認識し対応できていれば、ウクライナ戦争を抑止することができたはずであると筆者は考えている。

台湾の地政学的価値に関わる第二の分野は、台湾有事が今後米中間の地政学的競争に与える影響である。これをいくつかの要素に分解して述べれば、第一に、台湾有事が中国の今後の内政に与える影響であり、第二に、現在予見できる最大の地政学上の課題である米中競争の将来に与える影響であり、第三に、アメリカの同盟国の対米信頼に与える影響（これは、大きな意味では第一と第二の要素の動向の結果でもあるが）である。これらについては、第2節で論じる。

第三の分野は、世界からみた台湾の戦略的価値である。第一は客観的に言って民主主義の先進「国家」である台湾への中国の侵略を、ウクライナへのロシアの侵略に続いて許すことが、今後の国際秩序に与える影響である。第二に、台湾周辺の海域は、中東と日本を結ぶ世界的に最も重要なシーレーンのチョークポイントの一つを構成している。これは狭義の台湾の地政学上の価値に当たる。このシーレーンは日本のみならず、中国・韓国にとっても、他の東アジア南アジア諸国にとっても、さらにはアジアへの輸出とアジアからの供給に依存するヨーロッパ諸国にとっても死活的に重要であり、この海域で自由で安全な航行を確保することは、国際社会全体の重要課題だと言えるだろう。第三に、台湾は、第一列島線で潜水艦を含む中国海軍の動きを把握し、有事には必要であればその行動を抑えるという日本の対中防衛政策の重要な一部を構成している。仮に台湾が中国の一部となれば、日本の領土（与那国島）の約一一〇キロ先に人民解放軍の拠点ができることに加えて、以上述べた日本の対中防衛政策のあり方を根本的に見直す必要性が生じる。第四に、台湾の半導体生産拠点としての圧倒的な市場支配力である。これらの台湾の価値については、第3節で論じる。

このように、台湾とその周辺海域は、元来日本や周辺諸国にとって重要なチョークポイントであったが、ウクライナ戦争と米中戦略競争の激化を経て、さらにその重要性を増している。こうした観点から、台湾の地政学上の価値を明らかにしたい。

1　ウクライナ戦争の教訓を生かす舞台

ウクライナ戦争を抑止できなかった原因は、ロシアが電撃作戦でキーフを陥落し、ウォロディミル・ゼレンスキー大統領を取り除くことで、ウクライナを実質的に属国化できるという甘い見通し（自己能力の過信）を持ったことであろう。他方で西側諸国、とりわけアメリカがロシア側の意図を十分読み切れなかったことも大きな要因であると思われる。より具体的に言えば、冷戦後の北大西洋条約機構（ＮＡＴＯ）の東方拡大がロシアの隣国であるウクライナにまで及ぶかもしれないことがロシアの最大の懸念であったとしても、ロシアが公式にアメリカに要請していた「ウクライナがＮＡＴＯに加盟しないことを書面でロシアに約束すること」は、主権国家が自らの安全保障上の選択を行う自由を他国が否定することを意味し、アメリカがこれに応えるのは不可能であった。とはいえウクライナ側が「自主的に」ＮＡＴＯに加盟しないと表明する可能性は理論的には存在し、実際、停戦実現に向けてそのような動きがあることを示す報道もある(2)。

二〇〇八年のブカレストＮＡＴＯサミットでアメリカのジョージ・Ｗ・ブッシュ大統領の強力な支持を背景に、ウクライナとジョージアの（期限を示さない）将来のＮＡＴＯ加盟が首脳文書に記載された。それにもかかわらず、二〇一四年のクリミア併合後も、ＮＡＴＯ加盟ヨーロッパ主要国は、ウクライナがロシアの侵略を受けて紛争状態が続いており、国内にも親ロ派を抱え、ロシアがウクライナ情勢を不安定化させることがきわめて容易であることに鑑み、ウクライナのＮＡＴＯ加盟について、北大西洋条約第五条に基づきNATOとロシアとの直接戦争に容易につながりうるという理由で、引き続き消極的意見が大勢を占めていた(3)。

当時はNATO・ロシア理事会が存在し、ロシアはNATO本部に代表部を駐在させており、このようなNATOの雰囲気については、ロシア側も十分理解していたと思われる。このような視点から言えば、ロシアのウクライナ侵攻の目的は、ウクライナのNATO加盟の防止ではなく、別のところにあったと考えるべきであろう。二〇二一年末、多数のロシア軍が共同訓練の名目でベラルーシに展開している状況を目の当たりにして、西側諸国は、ロシアのウクライナ全面侵攻を想定し、それを抑止するためのメッセージをロシアに対して送ったかと言えば、そうではなく、むしろ逆であった。二〇二一年一二月七日、ジョー・バイデン大統領とウラジーミル・プーチン大統領は、ウクライナ国境にロシア軍が集結する中で、オンラインで二時間に及ぶ会談を行った。その翌日の八日、バイデン大統領が、ロシアがウクライナに侵攻してもアメリカがウクライナに米軍を派遣することはないとの考えを示した。他方で、プーチン大統領は、ウクライナに部隊を進めるかについては言及を避けつつも、NATOがロシアに接近するのを黙って見ているわけにはいかないとした(4)。すなわち、この段階でのバイデン大統領のメッセージは、ロシアのウクライナ侵攻に「青信号」を与えたとさえ言えるものだった。このアメリカを中心とした西側の対応のミスは、ウクライナ侵攻を抑止できなかった大きな要因の一つと言わざるを得ないだろう。

本章の議論との関係で意味のある問いは、以上のように西側諸国はロシアのウクライナ侵攻の抑止に失敗したが、中国の台湾侵攻の抑止はできるのかどうか、ということだろう。まず、中国の台湾侵攻の意図は何かについて、西側は正確に理解しているだろうか。それは、ひとことで言って、台湾との「統一」が、中国共産党にとって自らの統治の正統性を国内的に示す究極的な根拠であることであろう。欧米のような民主主義国家においては政権の正統性根拠は選挙である。大統領は通常直接選挙で選ばれ、議院内閣制における首相も直接選挙で選ばれる議会の多数派が首相を選ぶという形をとり、選挙を正当性の根拠とする。これは失敗した指導者や政党を有権者が選挙で交代させることができる制度である。

一方、中国のような独裁国家では、このような制度的な正統性根拠がない。このため、中国共産党は自らが指導的地位に居ることを正当化する根拠をつねに探し、それを国民に示すことが必要である。具体的には、中国共産党は、自らが指導的地位に居るからこそ、国民の生活が日々改善しているのだという実績を示し続けなければならないという宿命を負っているのである。それは毛沢東にとって、中華人民共和国の建国であったし、鄧小平にとって、一部私有財産を認める社会主義市場経済の制度導入であり、江沢民と胡錦濤にとって、ＧＤＰの二ケタ成長を長年持続したことであり、これらは、中国人民にとって十分目に見えることができる正統性根拠であり得た。

しかし、習近平にとっては、問題はそれほど簡単ではない。歴代の総書記が使った正当性の根拠は非常に優れているが効果は逓減するし、新たな正統性の根拠を獲得するハードルを大きく上げてしまっている。習近平が汚職問題に真剣に対応しているのも、自らの権力基盤を強化するためだけではなく、汚職が共産党の正統性に対する大きな挑戦を招きかねないとの危機感からだろう。そのような状況の中で、台湾を併合して国家を「統一」することができれば、中国共産党にとって、正統性根拠の強化に大きく寄与するだろう。

以上の考察に基づけば、国際社会にとってのバッド・ニュースは、中国が「統一」という目標を決して諦めないだろうし、そのために必要だと判断すれば、手段としての武力行使を決して放棄しないだろうということだ。ただ、逆にグッド・ニュースは、もしも中国が台湾「統一」に失敗すれば、それは、中国共産党の正統性根拠そのものに大きなダメージを与え、政権崩壊の引き金にさえなりかねない深刻さをはらんでいることである。

すなわち、西側諸国がやるべきことは、中国が武力による台湾侵攻を実施した場合に「失敗する可能性がある」と思わせるだけの対応準備をして、そのことにより台湾侵攻そのものを抑止することだ(5)。これは、二つの要素によって可能となろう。まず、台湾有事に対する最大の準備をすることで最良の抑止を実現することである。西側諸国は、アメリカが圧倒的戦力でサダム・フセインのイラクを数週間で崩壊させたような対応をとる必要はないのだが、彼我の軍事バランスの現状と今後の中国の軍事力強化の趨勢に鑑みれば、西側が最大の準備をすることは引き続き不可欠であろう。第二のより難易度の高い要素は、中国の政策決定者、とくに今や国内で一強状態にある習近平自身が、「武力行使には失敗の可能性がある」ことを明確に認識するだけの戦略的コミュニケーションを公式・非公式に行うことである。二〇二二年からの習近平体制三期目は、秦剛国務委員兼外相が突然理由を明示することなく解任されるといったこともあり、外からは見えにくい政治状況にある。それでもなお習近平に直接つながる信頼できるコミュニケーション・ルートを探すことは、大いに困難ではあっても武力行使を抑止する観点からどうしても必要である。

以上のように、ロシアにとってウクライナは大変に重要ではあるが、中国にとっての台湾ほどの死活的重要性はないため、失敗の可能性を示しても抑止が効きにくく、しかもロシアは武力行使のハードルが低く、（失敗の可能性があるものも含めて）さまざまな選択肢を持っているため、その行動も読みがたく、抑止も困難であった。それに比べ、逆説的ではあるが、台湾の中国にとっての重要性ゆえに、中国の意図は明白に認識できるし、その抑止のために必要なこともある程度はっきりしていることを考えれば、西側諸国が以上で指摘した課題をこなすことができれば、ウクライナの場合よりも台湾有事の発生を抑止できる可能性のほうが高いと判断できる。これは、中国はロシアよりも強力な通常戦能力を持っているとはいえ、台湾有事が発生した場合に中国自身がこうむる人的・物的・経済的・外交的損害もまたきわめて大きくなることに鑑みれば、抑止の観点からはグッド・ニュースと言えるだろうし、西側諸国が課題をこなすために、引き続き最大限の努力を行うことの重要性をあらためて示すものであろう。

2　今後の米中戦略的競争に与える影響

つぎに、台湾の戦略的価値の第二の分野として、台湾有事が今後の地政学的競争に与える影響について述べる。第一に、台湾有事が中国の今後の内政に与える影響については、台湾統一の失敗は中国共産党政権の崩壊につながりうるが、前節で一定程度述べたので、ここでは割愛する。

第二は、現在予見できる最大の地政学上の課題である米中の戦略的競争の今後のあり方に与える影響である。この点は、台湾有事を抑止するためにウクライナ戦争から導ける教訓として言い換えることができるだろう。具体的には、アメリカはＮＡＴＯ加盟国ではないウクライナに対して防衛義務を有しておらず、直接戦闘に参加しないという選択をしたが、同じくアメリカが防衛義務を有さない台湾に対して中国が武力攻撃を行った場合に、アメリカが同じく直接戦闘に参加しない立場をとるのかどうか、またその点を事前にどのように想定すべきかである。さらに、中国がその点をどのように想定するか、ということも問題となる。

アメリカが相当早い段階で、非同盟国であるウクライナへの侵攻に際して、直接戦闘に参加することはないことを明言したのは、ロシアとの直接対峙を避けることを優先目標とするバイデン政権の対応としては理解できるところである。ところが、台湾有事を想定し、アメリカの出方を中国がどのように想定するかという視点から見れば、中国に対する抑止のレベルを下げてしまったことは否めない。ロシアのウクライナ侵攻に際して、そこまで早く事実上の「青信号」を与える必要はなかったと思われる。今回のウクライナ戦争に対するアメリカの一連の対応の中で、最大の反省点だろう(6)。

同時にアメリカは、台湾が武力侵攻を受けた場合に台湾を支援するかどうかを明確にしない、いわゆる「戦略的あいまいさ」を維持している。この政策自体は、後で述べることになるが、台湾が「挑発的」態度をとり、中国が対応せざるを得なくなる「独立宣言」をすることを防ぐなど、現状維持を最優先した微妙な考慮からとられている政策であり、いまだに維持する意味がある。ただし、同時に、このあいまい政策をとることは、中国に対する抑止を弱める面があることはつねに認識すべきであろう。そういう意味で、ウクライナ対応での失敗を補う意図もあり、最近、バイデン大統領は「戦略的あいまいさ」を放棄したとも思われるような発言を繰り返した。(7) ただし、発言後には必ず政権幹部がアメリカの「戦略的あいまいさ」の変更を否定するというパターンが繰り返されている。これが「戦略的あいまいさ」の新たな「水準」になりつつあるとも言えるかもしれないが、これには、中国側にアメリカによる関与の意思を「伝える」という意味で、抑止強化に向けた一定の前向きな効果があることは否定できない。その意味で、悪くない「意図的失言」であると考えられる。

しかし、ウクライナと同じ非同盟「国」であるにもかかわらず、台湾に対する中国の侵攻に際して、アメリカが局外者の立場を取り続けることができるとは思われない。その理由は、ひとことで言えば、「武力行使をする側が中国だから」である。ウクライナ戦争においては、アメリカが直接戦闘に関与しようがしまいが、米ロ間の競争はすでにアメリカの勝利で決着がついており、将来の米ロ間の戦略的関係に大きな影響を与えることはない。しかし中国は、アメリカ自身が認める、今後の唯一の戦略的競争相手である。その中で、民主主義のもとにある約二三〇〇万の台湾人民に対する中国の武力侵攻に対して、直接関与をとまどうようであれば、それは、将来の米中間の戦略的競争の行方に大きな影響を与えずにはおかないだろう。そして、その深刻さを誰よりも本能的に理解しているのはアメリカ自身である。もちろん、その状況でのアメリカの一挙手一投足を、日韓を含むアジア地域の同盟国・同志国は注視している。そして、その結果は、アメリカの同盟国・同志国自身が同様の攻撃にさらされた際のアメリカの対応に対する「予測」を形作っていくことになる。直截的に言えば、アメリカが台湾を防衛するかどうかは、アメリカの信頼性を測る大きな物差しとなるのである。その意味からも、アメリカは不明瞭な態度をとるわけにはいかないはずだ。

さらに、現実的に言えば、台湾有事に際して、沖縄等に駐留する在日米軍が大きな役割を果たすことが当然予想されるので、中国側が台湾侵攻と同時に、場合によってはそれに先行して、沖縄を含む日本領土を攻撃対象とする可能性は低くないと見るべきだろう。そうなれば、まさに日米安保条約第五条が発動されるので、アメリカには事実上その事態に対処する以外の選択肢はない。

このほか、台湾の対米外交も優れている。台湾は、主要各国で「代表処」が、実質的に大使館としての役割を果たしている。これらには、きわめて優秀なスタッフがいるが、在米日本国大使館で二度勤務した際の筆者の経験では、首都ワシントンにある駐米台北経済文化代表処（ＴＥＣＲＯ）は、人員の規模といい、資金力といい、羨ましい存在だった。ＴＥＣＲＯのアメリカ議会に対する食い込みは大変に優れており、説得工作も効果を上げていた。

それに加え、台湾の独立支持系民間ロビイスト団体である台湾人公共事務協会（ＦＡＰＡ）のアメリカ議会に対する影響力も大きい。アメリカでは、ほとんどの場合議会のほうが政府より対中強硬派であり、台湾シンパであるが、台湾が官民挙げてアメリカに対して台湾支援を引き出すべく外交努力やロビイングをしていることが、こうした傾向をさらに強めている。いったん台湾有事が発生した場合に、たとえアメリカ政府が台湾支援に消極的であったとしても、まず議会に火が付き、それに対応して、政府も直接関与せざるを得なくなるだろう。

3　台湾の地政学上の価値再考

この節では台湾が持つ地政学上の価値について述べる。それは、第一に、民主主義の先進「国家」としての台湾の存在価値であり、第二に、我が国にとって死活的に重要なシーレーンの拠点としての台湾であり、第三に、日本の対中防衛政策の重要な一部を構成することであり、第四に、半導体の最大生産地としての国際社会にとっての希少価値である。

第一に民主主義の先進「国家」としての台湾の存在価値については、前節で述べたとおりである。より大局的に言えば、中ロという現状変更志向の非民主主義諸国に対抗し、ルールに基づく国際秩序を護る「意思」と「能力」の双方がある主体は、世界を見回してもそれほど多くはない。要するに、それらは北米大陸の米加、ヨーロッパ諸国、さらには日本・韓国・オーストラリア等アジア太平洋地域の民主主義国である。そのラインナップの中で、人口二三〇〇万人を擁し、GDP世界第二一位、一人当たりGDP世界三七位、世界第二一位の額でGDPの二・四パーセントを防衛費につぎ込む台湾という主体はきわめて貴重な存在であることは明確に認識しておく必要があろう。

第二に、我が国にとって死活的に重要なシーレーンの拠点としての台湾の重要性についてである。図3－1の現行の中東から日本への物流の最短かつ最重要のルートをご覧いただきたい。それは、ペルシャ湾からインドの南を通り、チョークポイントであるマラッカ海峡を通過して北上し、台湾の南とフィリピン北部との間のバシー海峡に入り、南西諸島に沿って北上するマラッカ・シンガポール海

図３－１　中東方面からの海上貿易輸送ルート

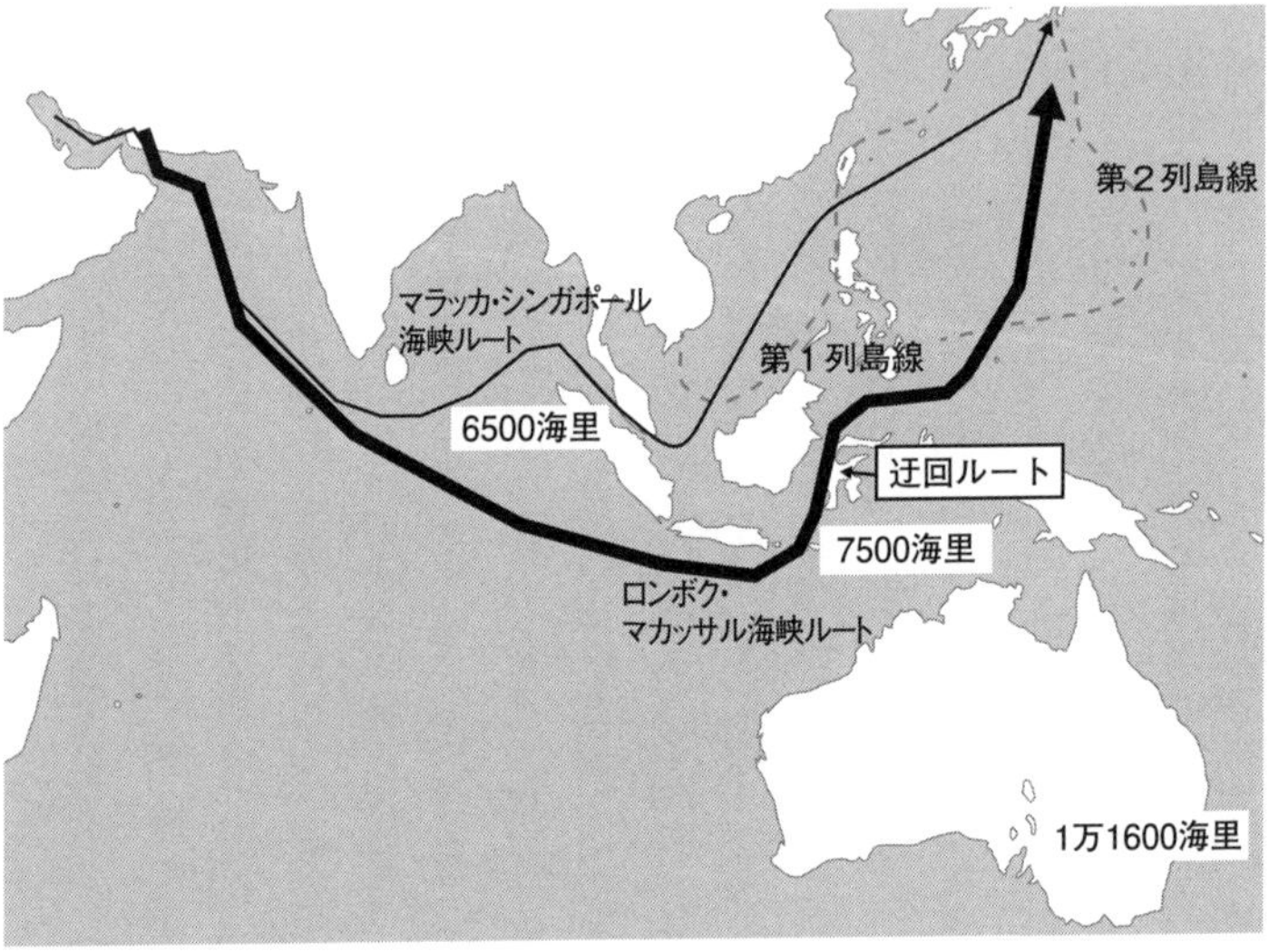

出所：各種資料に基づき、筆者作成。

峡ルートである。マラッカ海峡は、スエズ運河、パナマ運河とともに、世界海運の三大チョークポイントとされるが、通過する船舶数は他の二つに比べて相当多く、さらに、台湾海峡はその約二倍だ(8)。マラッカ海峡通過船舶は、中国、韓国への物流も担うが、ともかく、日本の原油輸入量の八割はマラッカ海峡を通過して日本に届く。仮に台湾有事となれば、日本に向かう物流が台湾南部のバシー海峡を通れなくなる可能性は高いと考えるべきであろう。最悪の場合、ヨーロッパ諸国からの軍艦等の派遣ルートとなるマラッカ海峡さえ、機雷一つ、潜水艦一隻が発見されるだけで、実質的には閉鎖されることになるかもしれない。

その場合の代替シーレーンは皆無ではない。それは、図３－１の太い実線ですでにある程度の船舶が使用しているインドネシアのど真ん中を北上し、ロンボク・マカッサル海峡を通過するルートである。このルートは、船舶航行に必要な幅と深さがあり、物理的に通航可能で、航行距離はマラッカ・シンガポール海峡ルートより一五パーセント長いに過ぎない。現在の中東から日本への原油輸入はVLCC（巨大タンカー）約一〇〇隻で行われていることを考えれば、（台湾有事のような緊張事態に際して可能かという問題はあるものの）一〇〜一五隻のVLCCを追加で傭船すれば、通常に近い物流を維持できることになり、ぎりぎり日本の需要をまかなうことが可能と言われる。ただし、海上保険の保険料や燃料等の輸送コストが高騰し、経済に多大な悪影響を与えることは必至である。しかも、それさえも楽観的なシナリオかもしれない。なぜなら、中国も台湾も有事の際には大量の浮遊機雷を敷設することが考えられる。その一部は海流に乗って日本近海に漂流する。つまり、台湾有事は、日本近海の海運を相当阻害する可能性がある。(9)

このように、台湾有事の発生は、我が国にとって死活的に重要なシーレーンの自由で安全な航行に致命的な影響を与えうる事態である。しかも、その影響は中国を含む多くの周辺国に及ぶことも否定できないのである。

第三に、第一列島線のど真ん中に位置する台湾は、これを通過して外洋に出る中国海軍艦艇（潜水艦を含む）の動向を正確に把握し、有事に際する中国の使用可能能力を正確に把握するとともに、外洋に出ている艦艇を扼《やく》するという、日本の対中防衛政策の重要な一部を構成するということである。

図3-2を見ればわかるように、中国の外洋への進出は非常に活発化している。仮に台湾が中国の一部となれば、中国海軍が台湾から外洋に出ることを効果的に監視・追尾するのは難しくなるので、

図３-２　中国から見た海空軍部隊の第一列島線通過の状況

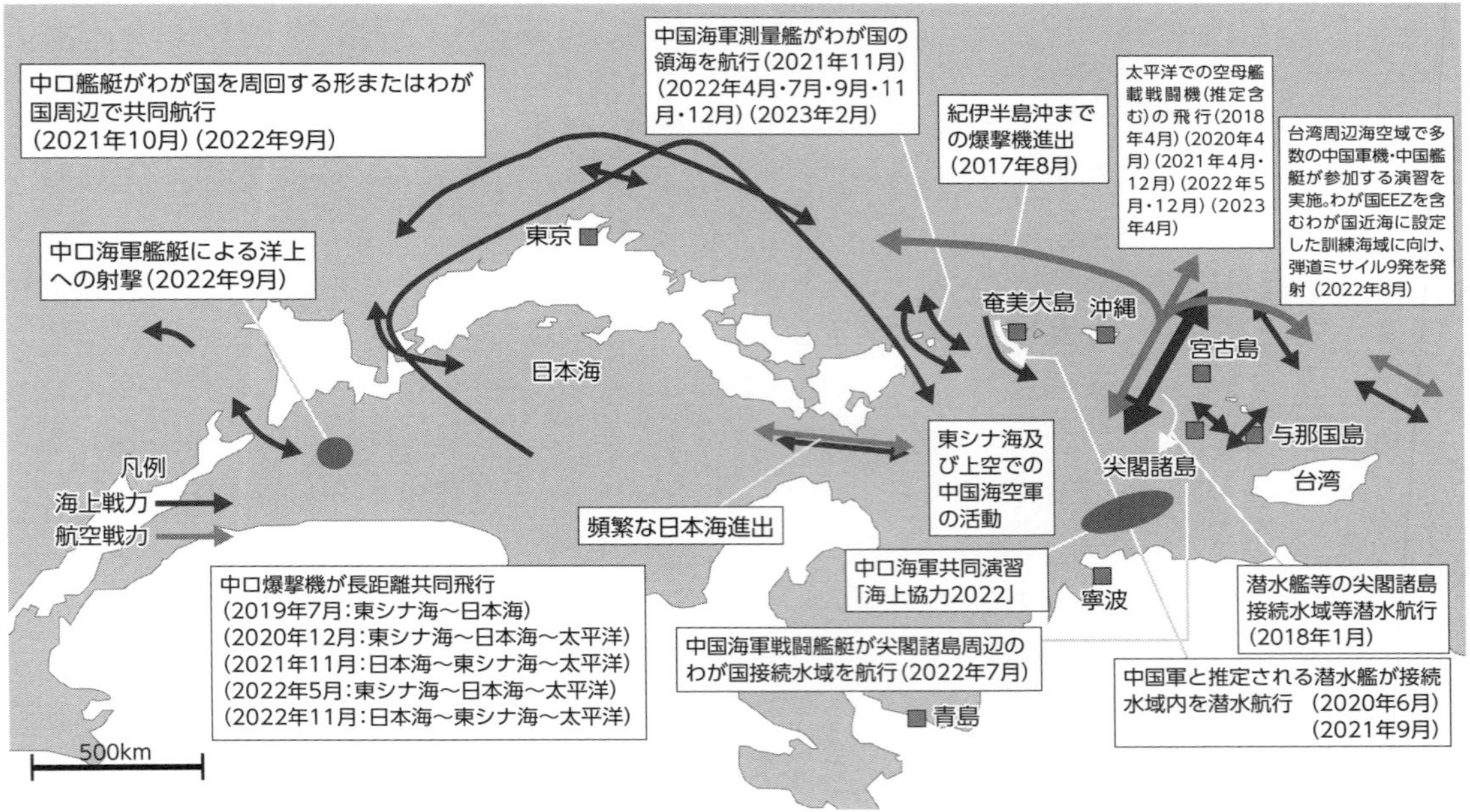

注：場所・航跡などはイメージ、推定含む。
出所：『防衛白書 令和５年版』、73頁。

日本は既存の戦略の修正を迫られる。

最後に、台湾の国際社会にとっての希少価値について論じたい。特筆すべきは、半導体生産拠点としての市場支配力である。これこそが、台湾自身が自らの力で持つ戦略的価値である。まず、台湾の希少価値の意味について指摘しておきたい。台湾がその生存空間を作り出すためには、台湾が国際社会にとって欠くことのできない希少価値を持つようにすることが必要だ。

半導体産業において、実際に半導体デバイスを生産するファウンドリー企業の半導体生産市場シェアを見れば、二〇二三年第１四半期で、台湾が六七・七パーセント、韓国が一三・二パーセントを占め、中国は八・三パーセント、その他は一〇・八パーセントにすぎない[10]。半導体がなくなると、ほとんどの機械製造業が停止してしまう。今や半導体は二〇世紀における石油に匹敵する戦略的物資であり、製造拠点が限られているため、まさに産業のチョークポイントとなっている。仮に中国の台湾武力侵攻によりこの半導体生産が滞れば、世界的に大きな影響が生じる。台湾の半導体産業が中国の手に渡るのを防ぐことも、アメリカが台湾を防衛するインセンティブを構成するだろう。台湾がこのような地位に自らを置くことに成功したのは、現実を踏まえた官民を挙げての台湾の弛まぬ努力の結果であり、賞賛に値すると思われる。

４　台湾の「生存空間」の重要性

日本にとってもアメリカにとっても、台湾をめぐる中国との武力衝突を避ける上では、現状維持が最も望ましい。しかし、現状を維持するためには、当然ながらいくつかの前提条件がある。第一に、中国に対する抑止の成功である。すなわち、中国が台湾を武力統一できると認識しないようにすることである。このためには、日米同盟やその他同盟国・同志国が最大の抑止を効かせ、最大の準備をすることが必要である。第二は、台湾側が、日米等の支援を期待・当然視し、中国を「挑発」してもよいと過信しないようにすることである。第2節でも述べたように、アメリカの「戦略的あいまいさ」は、まさにそれを目的としたものであろう。第三は、台湾が自らの将来を過度に悲観し絶望的になり、独立宣言等の「挑発的な」冒険主義的手段に訴えないようにすることである。そのためには、台湾が誇りを持てる一定の「生存空間」とでもいえるものを作り出すことが必要だが、問題はそのために西側諸国に何ができるかであろう。

仮に、台湾を国家として承認し、外交関係を持つ国の数に生存空間の源を求めるとすれば、それは、じり貧以外の何物でもないだろう。これまでの中国の対応を見れば、中国自身の物差しで台湾側の行動で気に入らないことを選び、それに対応して一か国ずつ台湾承認国を中国承認に鞍替えさせていくのが中国側の作戦である。それも、一度にすべて鞍替えさせるのではなく、台湾の行動への対抗措置となる将来の手段を維持しておくために、あえて一か国ずつ、真綿で首を絞めるように承認国を減らしているのである。きわめて狡猾かつ効果的な作戦であり、ここに台湾の未来はないのである。

むしろ、かつてのアジア太平洋経済協力（ＡＰＥＣ）や世界貿易機関（ＷＴＯ）に台湾が加盟した時と同様に、国際的な枠組みに組み込むことで台湾の「生存空間」は確保される。たとえば、環太平洋パートナーシップに関する包括的及び先進的な協定（ＣＰＴＰＰ）への台湾の参加を早期に実現すれば、台湾にとっては貿易上の実利に加えて、国際社会の重要な一員として認知されるという重要な政治的意味を持つことにもなるだろう。加盟申請で中国に先を越され、また原メンバー国に中国の影響を強く受ける国が複数あるため、大変に難しい問題だが、このような戦略的利益を認識し、日本を始めメンバー国は、台湾の加盟手続きを前進させるべきである。

そのためには、CPTPP加盟を政治問題化せず、あくまでも加盟申請国・地域が高いレベルの市場開放という目的に合致した対応をとれるかどうかという「技術的問題」として対処するという原則をメンバー国の間で打ち立てることが近道となる。もちろん、中国がそれだけの自由化を行う用意があるのであれば、加盟を認めればよいが、台湾はすでにCPTPPのルールを遵守するとの宣言をしており、また国内法でもCPTPP加盟に向けて準備が進んでいて、中国より加盟条件を早くクリアできるだろう。そして、条件をクリアした国・地域から淡々と順番に加盟を認めていくべきであろう。

おわりに

本章では、ウクライナ戦争の教訓、米中の戦略的競争、台湾の地理的特性の三つの観点から台湾の地政学上の価値について論じ、以下の結論を得ることができた。

第一に、ウクライナ戦争により、台湾有事の持つ意味が根本的に変わってしまったことである。いまや、壊れかかった国際秩序を維持するには、ウクライナ戦争において決してロシアを勝利させないこと、そして中国の対台湾武力行使を抑止することが重要である。ロシアにとってのウクライナ併合がはっきりしない国家目標であり、他方で中国にとって台湾併合がきわめて明確でしかも中国共産党の一党独裁体制にとっての重要な正統性根拠であることに鑑みると、西側諸国が団結して中国の武力行使を抑止することの重要性がさらに浮かび上がる。中国の意図が明確であるがゆえに、西側諸国の中国抑止もまた明確であるべきなのである。

第二に、台湾が米中の戦略的競争の今後のあり方に巨大な影響を与えることである。ウクライナにおいてアメリカが早々と不介入を宣言したことに鑑み、アメリカの台湾へのコミットメントが疑われている。それは中国がロシアと同じく核兵器保有国だからである。しかし、アメリカにとっての戦略的競争相手、すなわち最大の挑戦者が中国であることの重要性を軽視してはならない。むしろ相手が中国だからこそ、アメリカは台湾防衛をする可能性が高いと判断すべきなのである。

第三に、台湾周辺海域が、日本および周辺諸国の経済にとって死活的に重要なシーレーンが通る地理的チョークポイントであり、台湾自体が半導体生産拠点という意味で産業のチョークポイントであるということである。地政学上、チョークポイントを誰が制すかは大いに重要な課題である。したがって中国による台湾武力統一の抑止は、西側諸国にとっていっそう重要なのである。

台湾の地政学上の価値は明らかに上昇した。かつてのように台湾の「生存空間」に無関心であり続けることは、西側諸国全体にとってかえって利益にならない。西側諸国の団結により中国を抑止しつつ、一方で台湾をパートナーとしてコミュニケーションをとりつつ、その正当な「生存空間」を維持することは、台湾海峡の平和と安定に資する戦略となるであろう。

注

（1）スウェーデンの政治学者ルドルフ・チェレーンによって第一次世界大戦直前につくられた用語。ドイツのカール・ハウスホーファーにより大成されたが、ゲルマン民族至上主義と民族自給のための「生存圏(Lebensraum)」を正当化するプロパガンダに利用された。基礎的な文献としては、以下を参照。曾村保信『地政学入門――外交戦略の政治学』中公新書、一九八四年。倉前盛通『悪の論理――地政学とは何か』角川文庫、一九八〇年。

（2）「ウクライナとロシア、休戦合意案で歩み寄り――ＮＡＴＯ放棄しＥＵ加盟推進」HANKYOREH、二〇二二年三月三〇日 [https://japan.hani.co.kr/arti/international/42984.html]、本章のウェブサイト閲覧日はすべて二〇二四年四月三〇日。

（3）筆者は、二〇一四年九月から二〇一七年四月までの間、ＮＡＴＯ日本政府代表を務めたが、これはその時期に関係国と行った意見交換に基づく考察である。

（4）「バイデン氏、ウクライナへの米軍派遣『検討していない』ロシア軍への対抗で」BBC News Japan、二〇二一年一二月九日 [https://www.bbc.com/japanese/59589392]。

（5）この点に関する認識は、本書のもととなった研究プロジェクトで意見交換をしたアメリカおよび台湾の関係機関（アメリカ：Center for Strategic and International Studies, Center for Strategic and Budgetary Assessmentsなど、台湾：国防安全研究院、遠景基金会など）にも共通していると思われる。

（6）たとえば、以下を参照のこと。鶴岡路人「抑止と同盟から考えるロシア・ウクライナ戦争」『研究レポート』日本国際問題研究所、二〇二二年三月二九日 [https://www.jiia.or.jp/research-report/europe-fy2021-08.html]。

（7）二〇二四年五月現在、最も直近の発言としては、Ｇ７広島サミットで訪日した際のクアッド首脳会議後の記者会見でのやりとりがあり、中国の武力侵攻に対して台湾を武力で支援するかと記者に問われ、「そうだ」と答えた。「バイデン氏、台湾防衛関与明言　米『曖昧戦略』修正か――ウクライナ侵攻が契機に」日本経済新聞、二〇二二年五月二三日 [https://www.nikkei.com/article/DGXZQOGN2379O0T20C22A5000000/]。

(8) マラッカ海峡通過船舶数は二〇一九年から二〇二二年の平均が年間五・八万隻で、スエズ運河の一・九万隻、パナマ運河の一・二万隻に比べ相当多い。なお、台湾海峡は一二・五万隻である。坂本正樹「海上輸送のチョークポイントを巡る複合リスクと世界経済――海運、商品市況、サプライチェーン、インフレ、金融政策への影響」丸紅経済研究所、二〇二四年三月一四日、二頁 [https://www.marubeni.com/jp/research/report/data/20240314_KAIJYOOYUSOU_NO_CHOKEPOINT_WO_MEGURU_RISK_TO_SEKAIKEIZAI_MR.pdf]。

(9) 河上康博「台湾有事における機雷戦（後編）――『存立危機事態』ケースとしての機雷戦」笹川平和財団、二〇二二年一月七日 [https://www.spf.org/iina/articles/kawakami_02.html]。

(10) 台湾系市場調査会社のTrendForceが発表した二〇二三年第1四半期におけるシリコンファウンドリーの世界ランキングによる。"Top 10 Foundries Report nearly 20% QoQ Revenue Decline in 1Q23, Continued Slide Expected in Q2, Says TrendForce," TrendForce, June 12, 2023 [https://www.trendforce.com/presscenter/news/20230612-11719.html]。

第Ⅱ部　台湾海峡をめぐる軍事と国際法

第４章　中国の対台湾軍事作戦

本松　敬史

はじめに

孫子いわく、「百戦百勝は、善の善なる者に非ざるなり、戦わずして人の兵を屈するは、善の善なる者なり」[1]。兵法研究家の守屋洋は、「則ち、敵と百回戦って百回勝利を収めたとしても、それは最善策とは言えず、実際には戦わずに相手を屈服させるのが最善の策」と解説している[2]。「戦わずして勝つ」とは、戦争というものを目先の勝敗だけで捉えるのではなく、これを政略・戦略の立場から俯瞰して、「国家の在り方」について論ずる孫子の兵法の普遍的な奥義であり、またこのような勝利は最高の軍事的価値を有する。

二〇二二年一〇月の第二〇回中国共産党全国代表大会において、異例の三期目を担うことになった習近平総書記は、経済、外交、軍事など中国の主要な政策を統括した報告の中で、中国・台湾の両岸関係について「最大の誠意をもって、最大の努力を尽くして平和的統一の未来を実現」するとし、「台湾問題を解決して祖国の完全統一を実現することは、中華民族の偉大な復興を実現する上での必然的要請」とした。その一方で、「決して武力行使の放棄を約束せず、あらゆる必要な措置をとるという選択肢を残す」との立場をあらためて表明した(3)。また軍事面の意思決定機関である中央軍事委員会人事では、習近平の旧友である張又俠が副主席に留任し、台湾海峡や上陸作戦を熟知する東部戦区前司令員の何衛東（七三集団軍（福建省）出身）が新たに選出された。これは、習近平による安全保障、とくに軍の近代化と強化、そして台湾問題を重視する証左であり、二〇一二年に習近平が表明した「中国の夢」の実現をあらためて旗幟鮮明にしたものである。

中国は、アメリカ等による台湾への介入を、チベット・新疆ウイグルに対するのと同様に「内政問題」として拒絶するとともに、常時台湾へ「統一戦線工作」を展開して内政・民心を中国寄りに転化させ、これに「三戦」（心理戦、世論戦、法律戦）を吻合《ふんごう》させ、究極的に台湾に対する制脳権（認知領域の支配）を獲得しようとしている。また、ウクライナ戦争におけるロシア軍の教訓を踏まえ、平素から時間をかけて台湾へのサイバー攻撃や電磁波攻撃等のハイブリッド戦を遂行するなど、中国は「平和的統一」を効果的に達成するために、「戦わずして敵を屈服させる」ことを追求するはずである。

一方、当該工作等が奏功せず、逆に台湾人の「抗中保台」意識を高揚させ、またアメリカ等の介入により中台間の緊張状態が継続するなど、習近平にとって、自身の任期中に到達するかもしれない

「中華民族の偉大な復興」という目標の「必然的要請」である台湾統一の実現が困難になると判断する場合、あるいは台湾の能力や米軍の関与を過小評価し、成功できると誤った判断を下す場合には、中国は「たとえ代償が伴っても、平和のために統一を犠牲にし、これを放棄してはならない」のであり(4)、最終的には武力行使という最終手段に打って出るはずだと考えたほうがよい。

一般に軍事作戦とは、「作戦目標を達成するための部隊の戦闘行動」とされるが、この章では、「軍事目標」を、作戦目標の達成に寄与する部隊の物理的（キネティック）行動、とくに「ハイブリッド戦」に連接し遂行される「マルチドメイン（領域横断）」にわたる作戦と定義し(5)、論を展開する。

1　台湾侵攻作戦は、「時間」をめぐる戦い

(1) 台湾侵攻作戦の特性

台湾侵攻作戦は、「一島・三峡」に対する中台の「戦闘力の集中（分散）競争」である。一島とは台湾本島のことで、三峡とは台湾海峡、バシー海峡、宮古海峡を指し、この作戦は、アメリカの軍事介入如何によっては戦況が大きく変化する。また「三峡」のうち戦略要域であるバシー海峡と宮古海峡は、中国が設定した軍事防衛ラインである「第一列島線」上に位置し、中国軍にとって、そこを押さえられれば地理的に自身の行動が封じ込められる、いわゆる「チョークポイント」となる。一方、両海峡を制すれば、太平洋への全面展開が可能となり、とくにバシー海峡および台湾に隣接し八重山諸島と戦域を一にする与那国海峡周辺における海空優勢の獲得は、地形堅固で難航不落とされる台湾

図４－１　台湾周辺の「三峡」

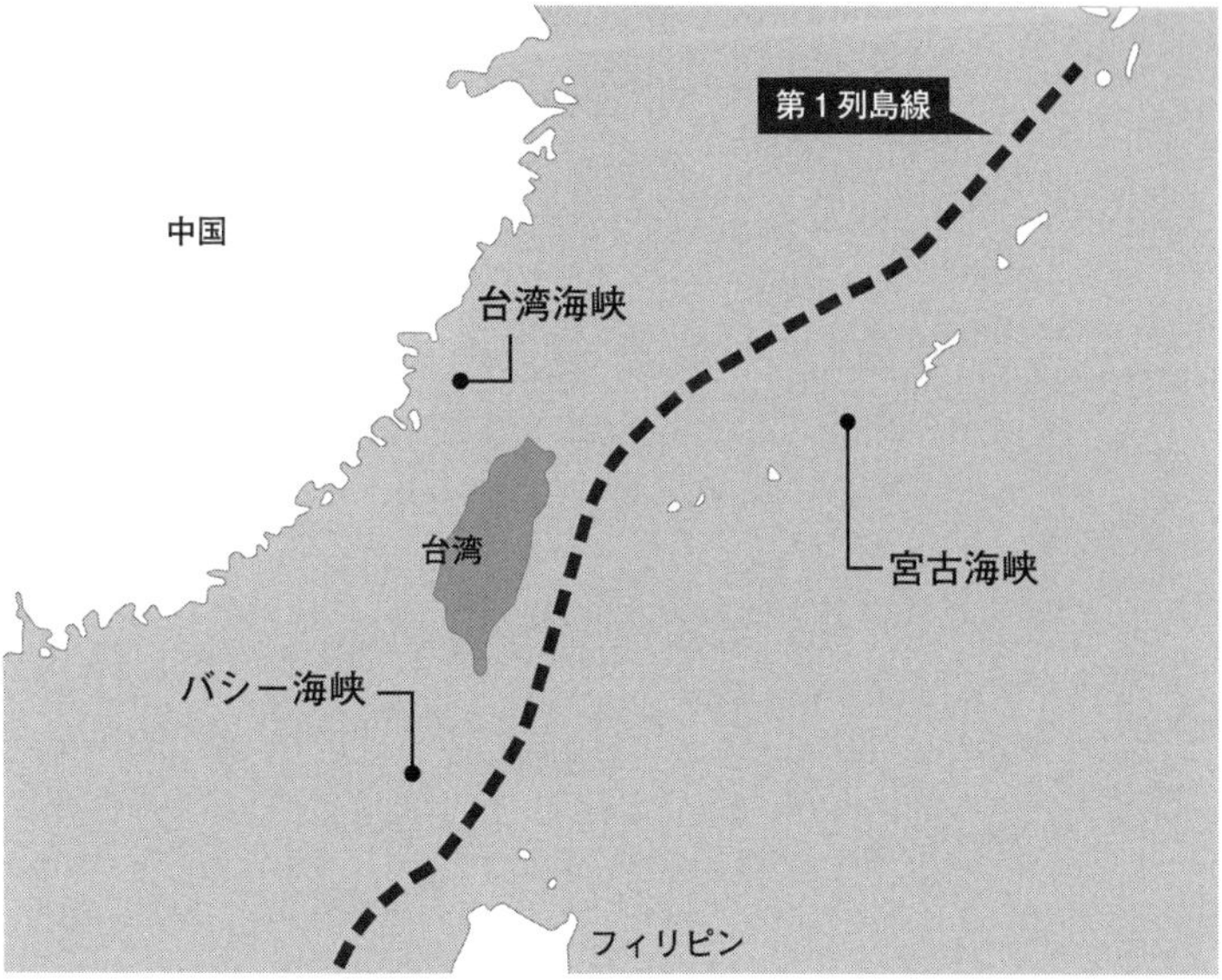

出所：野島剛「台湾有事のタイミングを計る『一島三峡』とは？　中国侵攻に日本はどう備えるか」ニューズウィーク日本版、2023年7月14日[https://www.newsweekjapan.jp/stories/world/2023/07/post-102176.php]、2024年5月12日閲覧。

東部の攻略に不可欠であり、侵攻作戦自体の成否を左右する(6)。

中国にとっての「台湾侵攻作戦」は、以下三つの特性を有する。

一つ目は、台湾島と台湾海峡の存在である。中国が強襲により着上陸侵攻（戦力投射）する台湾島は、南北に急峻かつ堅固な山岳地帯が縦走する、台湾にとっての戦略的要衝であり、またその西には「天嶮の難所」である台湾海峡が存在する。同海峡は、幅は狭いが潮流が速く大規模な艦艇群の整然とした行動は困難であり、また水深も浅いため潜水艦運用も難しく、冬場は強風と濃霧が航空機の飛行を妨げる。その渡海に適する時期は、台風の発生・到来の比較的少ない三月下旬から四月末か、

図4-2　台湾本島とその周辺

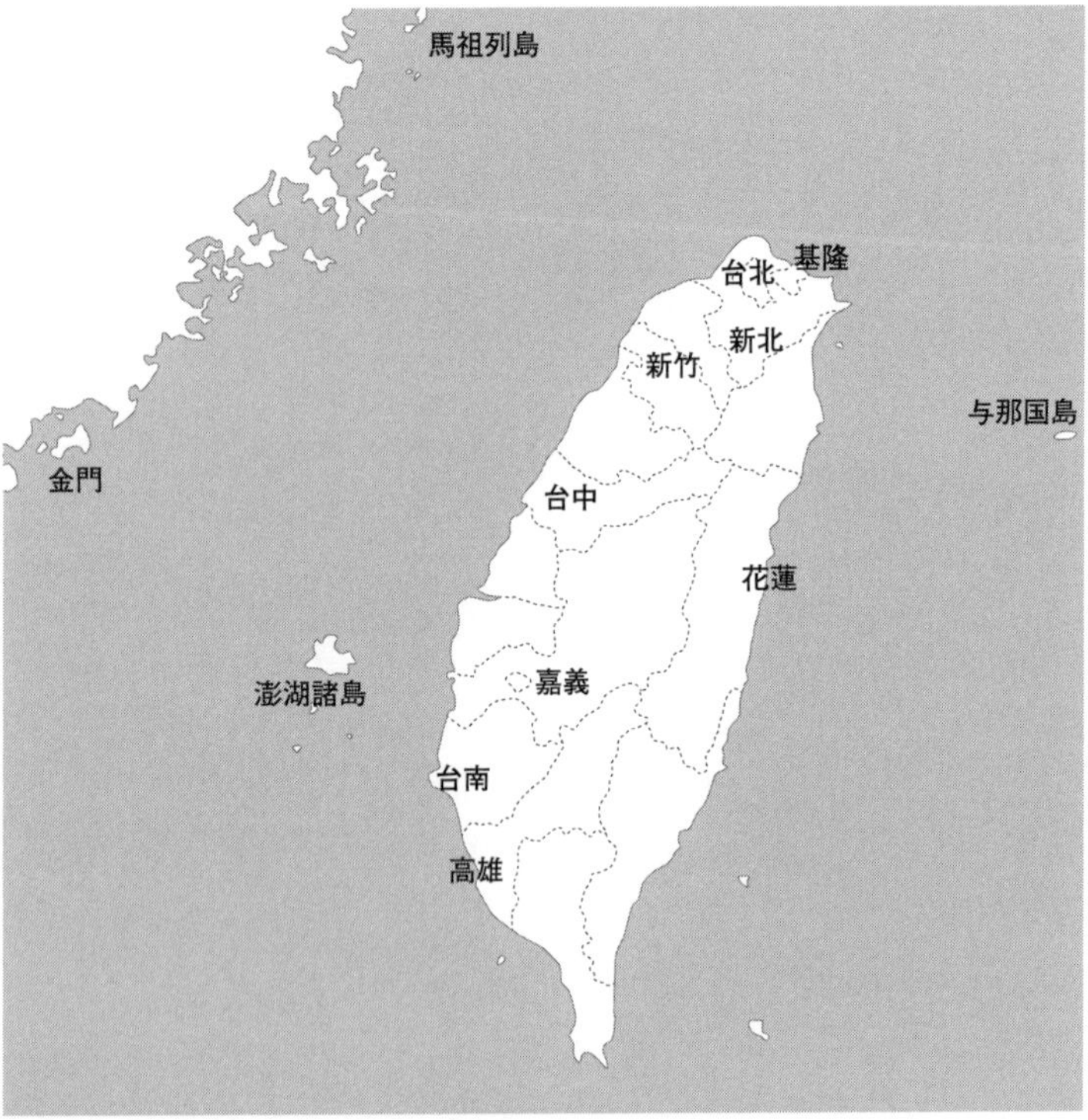

九月下旬から一〇月末の約四か月、二回程度と制約がある[7]。

二つ目は、台湾の着上陸適地が限定されることである。着上陸正面として、政経中枢が集中する北部では台北・新北～新竹、中南部では台中、嘉義、台南、高雄、また東部では烏来、花蓮が存在するが、揚陸は烏来を除き困難であり、大部隊の上陸適地は、一三～一四か所に限定される。これに指向される主侵攻方向は、一に侵攻目的（戦略目標）とアメリカによる早期の軍事介入如何により左右される。アメリカの軍事介入がなければ、中国軍は台湾島「北・南部」

を南北二方向から「両翼包囲」する可能性が高く、一方早期の軍事介入が予想される場合には、主侵攻を台北や新北等政経中枢が集まる「北部正面」に指向し、戦力を迅速に集中するであろう。この際、尖閣諸島、澎湖諸島正面、あるいは台湾島東部（花蓮）への限定的な攻撃による陽動作戦を実施する。

三つ目は、渡海・揚陸能力が作戦の鍵を握ることである。第二次世界大戦末期のノルマンディー上陸作戦等を見ればわかるように、着上陸作戦は海上機動時や半渡時（着上陸直前後）に脆弱性を露呈する。台湾侵攻作戦において重要なのは、中国軍の大規模な戦力（兵站物資を含む）を対岸の台湾島に向け、「台湾海峡」をいかに渡海し、戦力を迅速に投射できるかである。そもそも、中国軍は建軍以来大規模な着上陸作戦の経験がない。他方で、これまでの着上陸訓練や統合演習に関しては、二〇二一年に東部戦区沿海地区や南シナ海等の沿岸部や島嶼地区等において島嶼奪取の要素を含む海軍演習を二〇回以上実施している(8)。これらの演習では「封鎖」と「統制」(9)に重点を置き、夜間や悪天候下での訓練、複数領域の同時作戦を繰り返し、その練度を高めてきたとされる(10)。とくに、台湾正面に指向される中国陸軍東部戦区の三個集団軍（第七一、第七二、第七三）および南部戦区の第七四集団軍隷下の水陸両用機械化旅団と二〇一七年四月以降増強された海軍陸戦旅団との海空優勢における火力調整や揚陸艦艇との相互連携については、いまだ途上にあり(11)、実力のほどは未知数である。また、最新の075型揚陸艦の新造と戦力化が急ピッチで進められている海軍陸戦部隊は、水陸両用車両によるビーチングが可能だが、続行する後方支援部隊の兵站物資は、海軍輸送船や民間の徴用船（RORO船）に搭積載されるため、クレーンやバージ等の港湾設備がない港湾では揚陸できない。また現時点で中国海軍が寄港可能な港湾は一〇か所程度に限定されるなど本着上陸作戦の成否は、一に「渡

海・揚陸能力」にかかっていると言えよう。(12)

(2)「短期決戦」vs.「戦略持久戦」

開戦後二年半以上も続くウクライナ戦争におけるウラジーミル・プーチンの戦争指導は、「戦争の長期化がロシアの政治・外交・経済リスクをもたらし、国際社会からの信頼を失墜させるなど国家運営に悪影響を及ぼす」ということを示している。(13) この戦争を静観し続け、さまざまな教訓を得てきた習近平が目指す武力による台湾侵攻は、「一つの中国」や「台湾は内政問題」といったナラティブ(14)に基づく、「限定的かつ短期的な統合作戦」である。「中国の夢」の実現（国家目標）に向けて、アメリカや国際社会の介入までに台湾政権を打倒・転覆（戦略目標）させるため、台北、新北地区の政経中枢を早期に占領確保（作戦目標）する。その最大の勝ち目は、「時間」にある。中国軍にとって、台北等の政経中枢を攻略する電撃戦、その第一撃の成否がその後の戦勢を支配する、まさに「緒戦が決戦」となる。他方で、これを迎え撃つ台湾軍は緒戦における中国の第一撃に残存し、米軍の来援まで坑堪・持久して、中国軍の侵攻作戦を長期化させる。総じて、アメリカの潜在的な介入の抑止または遅延を企図し短期決戦を追及する中国軍と、これを阻み、戦略持久戦に持ち込みたい台湾軍との壮絶な戦いとなろう。

(3) 台湾侵攻成否の鍵は、「戦機（勝機）」の看破

ウクライナ戦争の解説等でわれわれがよく耳にする「エンドステート」とは、一般に「国家の指導

者が望ましいと考える終末状態・条件」のことであり、戦略目標・作戦目標や達成するための具体的な計画や方法等が導出される根源となる(15)。「中華民族の偉大なる復興」の実現という大義（必然性）と、中国共産党の体制存続（可能性）というものを、時間軸の「戦機（時機）」という観点で捉えるなら、ロシアのウクライナ戦争の教訓を背景に、中国による台湾侵攻の決心が早ければ早いほど、台湾側の対処準備未完の虚を突くことは可能だが、一方その決心が遅れれば遅れるほど、台湾側の周到な作戦準備に加え、日米等による台湾支援体制の確立を許容し、結果は中国側が回避したい軍、そして共産党体制の「損耗」というリスクを負うことになる。

2　台湾侵攻作戦の様相

台湾侵攻において中国軍は、「短期決戦」による勝利を実現するために、どのような作戦を行うと考えられるのだろうか。そもそも、中国軍の台湾侵攻作戦を具体的に説明した文献が開示されるはずもなく、また中国、アメリカ、および台湾国防当局やシンクタンクが発表する報告書でも、中国軍の静的な特性・能力を示すのみであり、侵攻作戦に関する動的な能力（要領）には、具体的に言及していない。よって、以下の侵攻作戦要領については、日本の『防衛白書』や台湾国防部の『中華民國國防報告書（ＮＤＲ）(16)』、およびアメリカ国防省の『中国をめぐる軍事力と安全保障の進展に関する年次報告書』等に基づき、自衛官としての筆者のこれまでの知見、経験則等を踏まえたものになることをご理解頂きたい。

（1）グレーゾーン事態からシームレスに行われる台湾侵攻作戦

二〇二一年一一月に公表された『中華民國一一〇年國防報告書（ＮＤＲ）』では、二〇一九年版までの「統合上陸」しかなかった軍事的な脅威に関する記述に、「統合封鎖能力」、「統合火力打撃」、および「統合上陸作戦」が新たに追記された。[17] これに加え、二〇二三年版では「統合的軍事威嚇」として、演習や接続水域付近の艦艇による航行、メディアを使った宣伝で台湾内部に心理的恐慌を起こすことなど「グレーゾーン事態」における軍事・非軍事にわたる脅威が指摘されている。[18] また、日本の二〇二二年度版『防衛白書』には、台湾に対する武力行使を放棄しないとの意思を示している中国は、航空・海上封鎖、限定的な武力行使、航空・ミサイル作戦、台湾への侵攻といった軍事的選択肢を発動する可能性があると説明されている。[19] 台湾当局が認識する中国軍による台湾侵攻作戦とは、二〇一五年以降の中国軍の改革を経て、陸・海・空・ロケットの四軍によるだけではなく、宇宙・サイバー・電磁波や認知という新領域を包摂し、グレーゾーン事態におけるハイブリッド戦に連接し遂行されるマルチドメイン統合作戦であり、[20] その様態は、グレーゾーン事態から逐次「シームレス」に、それもサラミをスライスするように進捗するも、突如エスカレートするなど判別しにくいものとなろう。以下、開戦日を基準に、時系列に従いその侵攻作戦の要領について述べる。

（２）ゼロ段階――軍民融合による作戦準備（開戦日の二〜三年前以降）

この段階では、台湾の対中融和を狙いとし、武力行使の二〜三年前、平時に近い「ライト・グレーゾーン事態」から国力を挙げて実施する周到な侵攻作戦準備と戦略環境の醸成を目的とする一連の行動がなされる。

この時点から、準備に時間を要する兵站施設の開設や貨物船の徴用とその改修を先行的に実施するとともに、聯勤保障部隊を組織化し、戦区を跨ぐ補給体制の確立に資する兵站訓練を適宜実施するなど、軍民融合による作戦準備を実施する。あわせて、東シナ海や台湾海峡における海警局主体の非軍事行動を活発化させるとともに、既成事実の常態（ニューノーマル）化を図る。また「三戦」の観点からは、軍事行動を正当化させるための各種法律（「国防法」、「海警法」、「非戦軍事作戦要綱（試行）」[21]、「予備役人事法」等の改正）を整備し、「法律戦」を準備する。[22]

（３）第一段階――本格的な台湾侵攻作戦準備（開戦日の半年前以降）

武力による台湾侵攻での勝利を確信（決心）した習近平の命令のもと、有事に近い「ダーク・グレーゾーン事態」において侵攻の約半年前頃から実施される本格的な作戦準備であるが、[23]その動向が急速かつ大がかりなものになることから、「企図の秘匿」はきわめて困難となる。

中国外交部は「台湾は国内問題であり、アメリカを始めとする他国の干渉は認めない[24]」とのナラティブのもとに、台湾周辺のみならず、東シナ海方面における艦艇、航空機の活動、とくに、宮古海峡を経由する台湾周回行動を頻繁に行うとともに、あわせて中国海空軍の艦艇や爆撃機を宮古海峡以西第一列島線と第二列島線の間に頻繁に展開、あるいは海軍艦艇を西太平洋に集結させて外国軍の介入を阻止する。一方、陸上兵力および召集した予備役を隣接戦区から東部戦区沿岸部へ移動させる戦区間演習を実施するとともに、海軍両用戦艦艇を同戦区港湾へ集結させ、また重要演習にともなう部隊（動員）移動や兵站物質の集積等を公表する。この際、国家意思を背景とした情報操作型サイバー攻撃や台湾に潜入させた特殊部隊や工作員の活動により、政策決定者に直接影響を及ぼす認知戦を行うとともに、必要に応じ、中国福建省沿岸のきわめて近い位置に存在する金門・馬祖島に対する示威行動等を常続的に実施して、台湾民衆をパニックに陥らせる。

（4）第二段階——軍事演習から着上陸作戦（準備）への移行（開戦日の一か月から一週間前まで）

軍事演習から侵攻作戦へ移行していく段階である。アメリカ高官等の日本および台湾への電撃訪問を契機とし、これに強く反発する中国政府（国防部）は「核心的利益」である台湾への「内政干渉」を拒絶し、「一連の訓練・演習は、中国防衛のための演習」であって、「主権国家としての当然の責務」とのナラティブを発信し、大規模軍事演習という名の侵攻作戦準備を実施する。

これのため、まず中国海警により、台湾海峡、バシー海峡、与那国海峡等台湾島を取り囲む位置に「海上臨時警戒区」を設定（海警法二五条）し、民間船舶の航行を制限（離隔）するとともに、同区の中で、台湾周辺海域に対するミサイル実弾訓練や、水陸両用船部隊による大規模強襲揚陸演習を実施する。情勢の緊迫にともない、設置された「臨時警戒特別区」をバシー海峡および宮古海峡周辺海域まで「管轄海域」（海警法二三条）へと拡充し、海警等による法律戦を実施する。また、東部戦区の統制により、当該海空域における艦艇、航空機活動を活発化させ、外国籍の民間船舶や航空機等の台湾周辺海域へのアクセスを制限（封鎖）して、LNG等を始めとする他国に依存する「台湾の命脈」を断ち切るなど、物心両面にわたる「兵糧攻め」を実施する。

さらに、高性能衛星を宇宙空間に多数配備し、また台湾海峡周辺海域に情報船を常時展開するなど、全領域において多様な手段をもって台湾軍の動態と戦場に関する情報を収集する一方で、戦略支援部隊によるサイバー・電磁波攻撃を実施して、台湾軍の指揮・通信・管制・コンピューター・情報・監視・偵察の機能を麻痺させ、あわせて中国内のSNSを遮断するなど情報統制を強化する。

その際、台湾海峡の中台中間線を越え侵入を繰り返す中国軍機に対応する台湾空軍機と接触墜落する偶発的な事案が発生する可能性がある。また金門島上空に侵入した複数の滞空型無人航空機（UAV）を台湾軍が撃墜するなど事態の緊迫化を憂慮した台湾政府は、戒厳令を布告し、そのまま戦争状態につながる可能性もはらむ。

（5）第三段階——経海主・経空主による限定的着上陸作戦（開戦日の一週間前から開戦後二週間）[25]

約一か月にも及ぶ大規模軍事演習に名を借りた侵攻作戦準備が完整し侵攻作戦が開始される段階である。海上・航空優勢下に強襲揚陸艦や輸送ヘリなどによる強襲着上陸を実施して、アメリカの軍事介入前に台湾を制圧することを狙いとする。まさに、ウクライナ開戦直前に大規模軍事演習を実施したロシア軍がウクライナ国境やベラルーシなど五つの方向から「首都キーウ攻略」を目指した、あの分進合撃作戦を彷彿とさせる。中国国防部は、「これは、独立を標榜する台湾政権に対し、「反国家分裂法」を適用するのであり、他国による内政干渉は断固拒否する」とのナラティブを発するが、これは事実上の「宣戦布告」に相当する。

開戦日の一週間前から三日前——台湾上陸侵攻作戦のための条件作為

台湾侵攻作戦に先立ち、海上・航空およびサイバー・電子戦優勢下、中国海空軍および海警により台湾の重要な港湾、空港、外国航路を封鎖し、台湾へ往来する船舶・航空機の海上・航空交通路を遮断して、台湾全島を射程に収める各種弾道・巡航ミサイルおよび長距離多連装ロケット砲をもって台湾の政治・軍事・経済の重要目標を攻撃する。この機に乗じ政治・軍事の指揮管理中枢や重要インフラ施設を破壊し、国軍の作戦指揮統制や政府の運営を麻痺させることを狙いとする「着上陸前準備打撃」が実施される(26)。また、これに連動したサイバー・電磁波攻撃により海底ケーブルは切断され、台湾の社会インフラは機能停止、人心は混乱し、台湾島は海上（経済）封鎖と相まって完全に「陸の孤島」と化す。さらに、その間断を縫って潜入した特殊部隊等が台湾政府高官に対する「斬首作戦」を敢行する。

開戦日の三日前以降——「台湾上陸侵攻作戦」発動

中国軍による強襲揚陸体制の確立のためには、台湾軍の地上火力の射程外の洋上において泊地を占領し、揚陸船の再編成と戦闘展開準備を実施する。この際、事前打撃の掩護下、複数正面に機雷・水際障害を啓開し、海上経路を複数箇所開設して、着上陸正面における揚陸艦の連携と展開準備を完整させる。また、各空軍基地や飛行場では、空挺兵旅団や空中攻撃旅団の空輸機が発進態勢に入る。

台湾島に指向される中国軍の上陸侵攻部隊は、東部戦区内集団軍を基幹とする第一次侵攻部隊、他戦区から派出された合成旅団から成る第二次部隊と、東部戦区管内に集結した予備戦力である第三次部隊に区分される。海上・航空およびサイバー・電子戦優勢下、四個海軍陸戦旅団、戦区陸軍隷下水陸両用旅団、航空突撃旅団をもって軍の水陸両用艦や軍管理下の商船や貨物船を駆使し、統合作戦による上陸を行う(27)。一次侵攻部隊は、台湾島への着上陸作戦の足掛かりを形成する役割を担い、東部戦区には南部戦区隷下の一個海軍陸戦旅団を加えた「三個海軍陸戦旅団」を基幹とし、着上陸に特化した第一波、二個集団軍（合成旅団）を基幹とする第二波、および兵站を含む残余部隊の第三波から編成される(28)。

その侵攻要領として、艦砲や航空機、ミサイルによる着上陸支援打撃のもと、一次侵攻部隊の第一波が経海主により台北および台南・高雄正面の海岸に強襲着上陸し、海岸堡を占領確保する。第二波（機械化合成旅団）は重戦力を揚陸し、空港・港湾を確保する。第三波（残余の部隊）は、第二波が確保した地域を拡充し、兵站物資等を揚陸・集積する。

あわせて、空挺部隊をもって経空主により台北市東部縦深地域に降着するとともに、空中攻撃旅団をもって桃園空港にヘリボン攻撃を実施して、管制塔や格納庫地区を占領する。この際、一部の部隊により、台中正面および澎湖諸島に対する限定的な攻撃を実施して、一次侵攻部隊による台北および台南・高雄正面への着上陸を欺騙／陽動する。

一次侵攻部隊第一波による先導着上陸、海岸堡の占領に引き続き、第二波として最も台湾正面に通暁する第七三集団軍（福建省）の合成旅団基幹をもって主作戦である台湾北部正面から淡水河沿いに台北市、新北市に所在する総統府を含む政府機関や放送局を攻撃・占拠するとともに、先行急襲・降着した空中攻撃旅団や空挺兵部隊と提携し、台北松山空港および新北市八里を占領するなど台湾北部地区を速やかに確保する。また、徴用した民間輸送船舶等をもって台北港、基隆港から第三波兵站部隊（物資）の揚陸を実施する。同様に、支作戦である台湾南部正面から第七二集団軍（浙江省）の合成旅団基幹をもって着上陸させる。

開戦日から二〜三日間——一次侵攻部隊の上陸侵攻（成果）に続く二次侵攻

東部戦区内第七一集団軍（江蘇省）の合成旅団基幹や軍事物資等を搭・積載した数百隻の民間輸送船舶からなる兵站部隊で編成される。これは一《ひとえ》に北部・南部における一次侵攻部隊の戦果如何にもよるが、仮にアメリカの軍事介入の兆候がある場合には、主作戦である台湾北部正面に迅速に指向する。また、必要に応じ、東部（花蓮）への限定的な攻撃を実施する。

開戦日の四日後以降——中国軍にとっての鬼門、アメリカによる軍事介入

米軍と台湾軍間のこれまでの共同訓練等の実績を踏まえれば、米台共同作戦は、海空作戦に限定されるであろう。(29) その様相として、中国軍は沿岸部に展開した多数の通常弾頭型のＤＦミサイル等により米空母打撃群を攻撃するが、他方で米海空軍もまたミサイル攻撃等により、洋上機動中の中国軍の輸送（兵站部隊）船団を攻撃することで、その多数を撃沈するものと予想できる。さらには、北部空域での米中空軍による空中戦が発生し、双方に損耗が発生する。

台湾作戦において米中は、戦術核兵器使用が危ぶまれる可能性のある全面戦争を回避し、ウクライナ戦争と同様、制限戦争にとどめるものと予想される。そのため、作戦戦域を台湾海峡周辺に限定し、米中は相互に在外米軍基地、中国本土を攻撃しないこと、また中国の民間船団、在留アメリカ人住民の避難船舶等は人道上の観点から攻撃しないことを暗黙に了解し、このことをもって中国軍は在日米軍基地攻撃を回避し、日本の尖閣諸島周辺にミサイルを着弾させ、結果、日本は「武力攻撃事態」を認定する。

開戦日の一週間後から二週間後——じ後の作戦（内陸作戦）

中国軍は、第一次侵攻部隊の戦果を拡張し、内陸作戦に移行する。台湾東部（烏来、花蓮）を目標に、先行降着した空挺部隊と所在部隊が提携して、宜蘭県および屏東県付近の要域を占有し反撃阻止の態勢を確立する。また、揚陸した対空組織や確保した航空部隊の拠点を推進するとともに、兵站基盤を設定する。

開戦日の二週間後以降——停戦合意に向けた有利な態勢の保持

台湾北部、または南部の政経中枢を確保した時点で、中国政府は、「内政問題」である台湾に対する米欧の干渉を排除し、自らに最も有利な態勢を固定化することを狙いとする「米中停戦合意案」に基づく交渉に臨む。また、中国軍は確保した要域に対する台湾軍による反撃の阻止を確保するとともに、周辺住民に対する安定化作戦を実施する。

おわりに

(1) 中国が目指す台湾統一の方法

これまで述べてきたように、台湾侵攻において中国は、物理的攻撃以外にも、サイバー攻撃や他の手段をもってする影響力工作をも精緻に組み合わせるなど、マルチドメインによる上陸作戦はきわめて複雑なものとなる。

習近平のブレーンとされる劉明福国防大学教授は、「台湾問題を解決するための統一戦争は、従前の『戦わずして敵兵を屈服させる』戦争から、『巧みに戦うことで敵の戦意を喪失させ』、あるいは『知恵をもって戦うことで敵の心を潰す』戦争を目指すべきであり、『知能戦（認知戦）』、『文明戦』を駆使して、われわれが武力行使する上で、最も有利なタイミングを見計らい、『人員に死傷なし、財産の破壊なし、社会に障害なし』という大勝利を目指すべき」と述べている(30)。これは中国にとっての台湾侵攻における「エンドステート」そのものであるが、軍改革により莫大なコストをかけ維持・培養した中国軍の軍事的失敗は政権の存亡に直結するため、習近平が求める「総体国家安全観」において最重要視する政権の安全である「政治安全」を全うするための「軍事安全」すなわち、中国軍の損耗リスクを必要最小限にとどめるには、中台間の歴史的経緯、現在の戦力分析や戦況進展の推移、あるいはアメリカや国際社会の介入とその影響、さらにはウクライナ戦争の教訓等の分析を踏まえた冷静かつ的確な判断が求められる。こうしたジレンマの中で、大きく揺れ動くだろう「決心」に至る思考プロセスは、一般人の常識や合理性では測りしることのできない、まさに「習近平のみぞ知る」ものなのである。

（2）台湾の勝ち目は、「天の時」、「地の利」、そして「人の和」

徳治主義や性善説で有名な孟子は、「天の時は、地の利に如かず、地の利は人の和に如かず」と、明快な戦争論を説く。孟子研究家の佐野大介によれば、その意味は「戦いにおいて、天候などの自然条件が有利なのに勝てないのは、地理的条件の不利にあり、地理的条件が有利なのに勝てないのは、敵の人心が団結して強固であるからである」という。[31]

台湾軍は、中国軍のマルチドメイン作戦に抗しうるのか

元台湾軍参謀総長の李喜明海軍上将は、「強大な中国軍への対抗策として、艦艇や戦闘機の数で張り合うのではなく、携帯可能な小型兵器に重点を置いた『非対称作戦』を遂行すべき」と述べている。[32]圧倒的に戦力差のある中国軍に対し台湾軍は、「伝統的戦力」のみでは対抗せず、「総体防衛構想」に基づく「非対称作戦」[33]をもって臨むとしている。台湾軍にとってこれは一見「勝ち目のない戦い」のようにも見えるが、中国軍のマルチドメイン作戦に抗しうる「一縷の望み」があるとすれば、中国軍の「両長制度」[34]の存在であろう。

中国の軍改革「軍委管総、戦区主戦、軍種主建」により、軍令体系と軍政体系が分離された。しかし、戦区から第一線に至る部隊の指揮統制には、依然として軍事指揮官と政治工作を行う政治委員が同一組織内に同格で併存し、部隊の作戦行動を許可する制度がある。[35]これはレーニン主義軍隊の特徴である党軍関係を維持する伝統的なシステムであるが、作戦レベルで時に政治目標と軍事目標との相克を生じさせ、またウクライナ戦争におけるロシア軍の指揮統制（集権：トップダウン）に見るように、第一線部隊において千変万化する状況への意思決定を遅延させることが懸念される。こうした政軍関係[36]は、欧米型の指揮統制（ミッションコマンド[37]）を採用する台湾軍にとって、大きな勝ち目につながる可能性がある。

そして忘れてはならないのが、一年を通じ天嶮の難所である台湾海峡を介し、海路、空路からの台湾島へのアクセスを拒み続ける気紛れな「天の時」であり、また「難攻不落」の台湾島という「地の利」の存在である。さらに、これらに台湾人の抗戦意思を背景とする強固な「人の和」が相まってシナジーを生み出し、強靱な台湾防衛作戦の遂行が可能ともなれば、アメリカのシンクタンク戦略国際問題研究所（ＣＳＩＳ）のシミュレーション結果[38]にある台湾への期待（米軍の反撃まで戦線を維持）に応える善戦はできるだろう。

台湾の「今」を守るために

二〇二四年五月二〇日の頼清徳新台湾総統による就任演説では、中国に対し「中国の軍事行動とグレーゾーンでの脅威は世界の平和と安定に対する最大の戦略的課題と見なされています。（中略）私は中国に対し、台湾への言論での威嚇や武力による挑発をやめるよう求めます。台湾とともに世界的な責任を負い、台湾海峡と地域の平和と安定を維持することに尽力し、世界を戦争の恐怖から解放しなければなりません」と注文を付け、さらに「対等、尊厳の原則の下で、対抗ではなく対話を、封じ込めではなく交流を進め、協力し合うことを望みます」として、「共に平和と共栄を追求する」よう呼びかけた[39]。

台湾は、中国による世論浸透を防ぐため、二〇二〇年一月から反浸透法を施行して、他国からの情報操作を含む介入を法律により禁止し、中国の認知領域の攻撃を減殺することに成功してきた。台湾政権と台湾世論が望むのは、「統一もせず、独立もせず」の現状であり、香港型「一国二制度」を忌避し、「九二年コンセンサス」を拒絶する現状維持路線である。頼清徳新総統も「へつらわず、高ぶらず、現状維持に取り組んでまいります」と明言した。「自由と民主主義」という普遍的価値観を有する台湾が、「専制主義国家」中国に毅然と立ち向かうナラティブとしての「台湾アイデンティティ（人の和）」をさまざまな媒体を通じ国際社会に広く認知させ、中国による統一戦線工作と三戦を含む「情報戦」を能動的に封じ込めることが期待される。その「人の和」が、台湾の最大規模演習である漢光演習等を通じ平素から台湾軍と一体となり、台湾の地政学的属性である「地の利」や「天の時」とも相まってアメリカや国際社会と連携した台湾防衛へと結実させていくことがきわめて重要である。

現実味を増す中国の台湾侵攻の脅威から、果たして台湾の「今」を守ることができるのか、台湾にはその真価が問われている。

注

（1）貝塚茂樹編『諸子百家（世界古典文学全集 第19巻）』筑摩書房、一九八二年、四三一頁、四六五―四六七頁。
（2）守屋洋『孫子の兵法』三笠書房、一九八四年、五二―六八頁。
（3）茅原郁生「第3期習近平政権と米中関係の展望――日本の対中戦略を考える」平和政策研究所、二〇二三年一月二二日［https://ippjapan.org/archives/7409］、二〇二四年五月一〇日閲覧。
（4）劉明福「反台湾独立から祖国の完全統一へ」『中国「軍事強国」への夢』文春新書、二〇二三年、七一―七三頁。
（5）海洋安全保障研究会「ロシアによるウクライナ侵略戦争の教訓に学ぶ」中曽根平和研究所、二〇二二年九月、

三頁 [https://www.npi.or.jp/research/data/npi_policy_maritimesecurity_220930.pdf]、二〇二四年七月一〇日閲覧。

(6) 野島剛「台湾有事のタイミングを計る『一島三峡』とは？　中国侵攻に日本はどう備えるか」ニューズウィーク日本版、二〇二三年七月一四日 [https://www.newsweekjapan.jp/stories/world/2023/07/post-102176.php]、二〇二四年五月一二日閲覧。

(7) 渡邊金三「台湾海峡有事について」『偕行』二〇二二年五・六月号、四二―四八頁。

(8) 「中国軍が福建省の島で海岸上陸演習」Reuters、二〇二一年一〇月一二日 [https://jp.reuters.com/article/china-defence-taiwan-idJPKBN2H1288/]、二〇二四年五月一二日閲覧。

(9) 『中華民國112年（2023年）國防報告書』、二〇二三年、三四―四〇頁。

(10) U.S. Department of Defense, *Military and Security Developments Involving the People's Republic of China 2022: A Report to Congress Pursuant to the National Defense Authorization Act for Fiscal Year 2000*, U.S. Department of Defense, November 29, 2022, pp. 107-108, 123-132 [https://media.defense.gov/2022/Nov/29/2003122279/-1/-1/1/2022-MILITARY-AND-SECURITY-DEVELOPMENTS-INVOLVING-THE-PEOPLES-REPUBLIC-OF-CHINA.PDF], accessed on May 12, 2024.

(11) 飯田将史「増強が進む中国海軍陸戦隊の現状と展望」『ＮＩＤＳコメンタリー』二三八号、二〇二二年九月二七日、二―七頁 [https://www.nids.mod.go.jp/publication/commentary/pdf/commentary238.pdf]、二〇二四年一月一一日閲覧。

(12) 武居智久「中国軍の台湾侵攻能力を進化させる民間輸送力――米年次報告の評価を中心に」笹川平和財団、二〇二三年七月一一日 [https://www.spf.org/japan-us-taiwan-research/article/takei_01.html]、二〇二四年六月一日閲覧。

(13) 田中均「ウクライナ戦争の泥沼化はいつまで続くか、止めうるカギは米国とロシアの内政変化？」国際戦略

研究所、二〇二三年七月二六日 [https://www.jri.co.jp/page.jsp?id=105751]、二〇二四年四月五日閲覧。

(14) 長沼加寿巳「安全保障や防衛におけるナラティヴ」『ＮＩＤＳコメンタリー』第一五五号、二〇二一年一月一五日 [https://www.nids.mod.go.jp/publication/commentary/pdf/commentary155.pdf]、二〇二四年四月一一日閲覧。ナラティブとは、「政策上の目標に対して心理及び認知領域における正当性を付与するように、意図的に作成された物語」のこと。

(15) 浅野潔「ミリタリー式マネジメントとは」End state Navigation [https://endstate-navi.com/npp/]、二〇二四年五月一〇日閲覧。

(16)「歴年國防報告書專區」中華民國国防部 [https://www.mnd.gov.tw/PublishForReport.aspx?title=%E8%BB%8D%E4%BA%8B%E5%88%8A%E7%89%A9&Types=%E6%AD%B7%E5%B9%B4%E5%9C%8B%E9%98%B2%E5%A0%B1%E5%91%8A%E6%9B%B8%E5%B0%88%E5%8D%80&SelectStyle=%E6%AD%B7%E5%B9%B4%E5%9C%8B%E9%98%B2%E5%A0%B1%E5%91%8A%E6%9B%B8%E5%B0%88%E5%8D%80]、二〇二四年五月二〇日閲覧。

(17) 門間理良「台湾による中国人民解放軍の対台湾統合作戦への評価と台湾の国防体制の整備」『安全保障戦略研究』二巻二号、二〇二二年三月、一—二二頁。

(18)「中華民国１１２年国防報告書」、三四—三六頁。

(19)「台湾の軍事力と防衛戦略」『防衛白書 令和４年版』、二〇二二年、七〇—七六頁。

(20) 杉浦康之「中国安全保障レポート２０２２ 統合作戦能力の深化を目指す中国人民解放軍」防衛研究所、二〇二一年、二〇—二六頁。

(21) 石平「中国の『非戦争軍事行動』要綱制定は斬首作戦による台湾併合の決意」現代メディア、二〇二二年六月二三日 [https://gendai.media/articles/-/96594]、二〇二四年五月三日閲覧。

(22)「中華民国１１２年国防報告書」、三八頁。

(23) 同上、三八—四〇頁。
(24) 「台湾問題と新時代の中国統一の大義」中華人民共和国国務院台湾事務弁公室国務院新聞辦公室、二〇二二年八月 [https://www.gov.cn/zhengce/2022-08/10/content_5704839.htm]、二〇二四年三月一二日閲覧。
(25) Chapter IV（4章）ThePLA'S Groweing Glabl Preie P. 126～P. 130. The PRC'S STandergy & Capabtuos, Deulopet th Taien Strait PRC Mietary Couases of Action Agail Taiwan.
(26) 「中華民国１１２年国防報告書」、三八—四〇頁。
(27) 門間「台湾による中国人民解放軍の対台湾統合作戦への評価と台湾の国防体制の整備」。
(28) U.S. Department of Defense, *Military and Security Developments Involving the People's Republic of China 2022*, pp. 107-108, 123-132. U. S. Army Training and Doctrine Command, People's Liberation Army "Ground Forces" Quick Reference Guide, U. S. Army Training and Doctrine Command, December 2021 [https://rdl.train.army.mil/catalog-ws/view/100.ATSC/D9915B53-207D-4EB8-9305-D5D01541842D-1640033052890/gta20_10_002.pdf]、二〇二四年三月一〇日閲覧。
「資料編 中・台・米・日各国の戦力」山下裕貴『完全シミュレーション 台湾侵攻戦争』講談社、二〇二三年、一九七—二一三頁。
(29) 「アメリカが台湾陸軍『大隊』を訓練へ　台湾有事にらみ、25年までに『自力で緒戦』強化」読売新聞オンライン、二〇二三年九月一六日 [https://www.yomiuri.co.jp/world/20230916-OYT1T50055/]、二〇二四年二月一四日閲覧。
(30) 劉明福「知能戦・文明戦・死者ゼロで台湾統一をやる」『文藝春秋』二〇二四年四月号、一二六—一三五頁。
(31) 佐野大介『中国の古典 孟子』角川文庫、二〇一五年、八二—八五頁。
(32) 李喜明「中国軍の侵攻を退ける唯一の方法」『文藝春秋』二〇二四年四月号、一一六—一二五頁。
(33) 「台湾の防衛構想『将来、日本の参考に』李喜明元参謀総長」産経ニュース、二〇二三年一月七

日［https://www.sankei.com/article/20230107-ZYIDPLXLRVMFTEGREBY3MSWWUY/］二〇二四年三月一九日閲覧。

(34) 杉浦「中国安全保障レポート２０２２ 統合作戦能力の深化を目指す中国人民解放軍」、三二頁。

(35) 同上、六九―七三頁。

(36) 岡田美保「ロシアにおける政軍関係の変容」日本国際問題研究所編『大国間競争時代のロシア』日本国際問題研究所、二〇二二年三月二四日［https://www.jiia.or.jp/pdf/research/R03_Russia/04-okada.pdf］二〇二四年五月一六日閲覧。

(37) 原野博文「文献紹介００８ Deployable Training of the Joint Staff J7, *Mission Command*, Insight and Best Practices Focus Paper」航空研究センター防衛戦略研究室、二〇二一年四月二日［https://www.mod.go.jp/asdf/meguro/center/img/03b1.pdf］二〇二四年五月一一日閲覧。

(38) 「台湾防衛の代償――米死傷者1万人、中国1・5万人、日本も多大な犠牲 ＣＳＩＳが24通りのウォーゲームの結果を発表」ニューズウィーク日本版、二〇二三年一月一三日［https://www.newsweekjapan.jp/stories/world/2023/01/115csis24_1.php#goog_rewarded］二〇二四年五月九日閲覧。

(39) 「〔日本語〕頼清徳総統就任演説全文」台湾新聞、二〇二四年五月二二日［https://taiwannews.jp/2024/05/%E6%97%A5%E6%9C%AC%E8%AA%9E%E8%B3%B4%E6%B8%85%E5%BE%B3%E7%B7%8F%E7%B5%B1%E5%B0%B1%E4%BB%BB%E6%BC%94%E8%AA%AC%E5%85%A8%E6%96%87/］二〇二四年六月一日閲覧。

第5章 台湾の防衛作戦とアメリカの戦争支援

沈　明室

はじめに

一九四九年に台湾海峡の両岸（訳注：以下、両岸または中台と表記）が分裂して別々に統治されるようになってから、中国は大部分の中国領土を占領しながら、台湾海峡を隔て、国民党政権が占領している台湾を「取り戻す」ことをつねに望んできた。他方台湾において国民党政権の管理下、中国から台湾に移駐した部隊を活用し、台湾本島と関連する離島を含む防衛システムを構築することが、台湾防衛作戦の主な内容であった。過去七〇年あまり、中台は紛争や戦争などを経験し、台湾海峡危機が幾度もあったが、防衛戦略の内容に関しては斬新さよりも継続性のほうが多く、大きな変化はなかった。

海峡により隔てられていること、高山とビーチの地形、離島の地形などといった地理的環境は不変であり、伝統的な兵器を使う戦闘の形態、戦法などは、今でも台湾の防衛や作戦に関する考え方に影響を与えている。たとえば、金門島や馬祖島の前哨陣地としての価値、澎湖諸島の中継作戦拠点としての価値、上陸適地や港湾の運用など、二一世紀の現在でも、台湾の防衛戦略はこれらの地理的環境や作戦思考からの影響を受けている。

日本統治時代、台湾に駐留していた兵力は約一八万人で、ちょうど二〇二四年現在の台湾の現役総兵力の数とほぼ同じである。この兵力の地理的な配置の割合は、装備されていた武器システムが異なっていたものの、現在でも依然として一定のつながりを見てとることができる。日本統治時代、台湾東部には一個旅団しか配備されておらず、残りの重要な兵力は南部と西部に配備された。国民党の軍隊が中国大陸で敗北した後、各方面から台湾に軍隊が移駐した。本来の国民党軍は大陸軍としての組織構造のため、台湾の島嶼作戦には適していなかったが、中国から近い金門島と馬祖島を前哨基地として利用し、そこに一〇万人規模の兵力を配置して中国の侵攻に抵抗し、防御した。他方、台湾に撤退した軍は内部に派閥が存在したが、部隊間戦技コンテストを行うという名目で、コンテストの結果によって一部の部隊を淘汰し、組織の簡素化を行い、台湾軍の部隊は二〇一六年までに、約六〇万人の規模から二〇万五〇〇〇人に削減された(1)。

七〇年以上にわたり、台湾の主な軍事的脅威は西側の中国大陸からもたらされてきた。地理的な特性に基づき、防衛作戦の様式と内容に大きな変化はなく、それは制空権、制海権、上陸阻止作戦に重点を置いたものであった[2]。しかし、中国人民解放軍（以下、中国軍）がハイテク条件下の局地戦争能力を向上させるにつれて、弾道ミサイルや空母戦闘群が配備され、中国の対台湾軍事戦略も調整された。このことは、一九九五年から一九九六年にかけての第三次台湾海峡危機の実情から看取することができる[3]。とくに二〇二二年二月にウクライナ戦争が勃発した後、中国の台湾への軍事侵略の可能性が高まり、台湾がどのようにして防衛作戦を行うかが、あらゆる人々の関心事となった。また台湾関係法のもとで、中国が力による一方的な現状変更の試みを行った際は、アメリカは必然的に軍事介入することになる。そのため、アメリカがどのようにして台湾の防衛を支援するかが、今後の台湾海峡戦争の勝敗に関わる重要な問題となっている[4]。

中国の脅威ははるか昔から存在しており、台湾は具体的な防衛戦略を持っているが、中国の軍事力強化とウクライナ戦争から影響を受けて、台湾は防衛戦略の調整を行った。本章の問題意識は、新たな戦略環境における台湾の防衛戦略の含意と、アメリカが介入した場合のとりうる防衛モデルを探究することである。以下では、まず台湾に対する中国の軍事的脅威と実際にとりうる軍事行動について論じ、つぎに台湾が防衛戦略をいかに実行するか、台湾海峡紛争が勃発すればアメリカが介入する可能性が存在するなか、台湾のとりうる行動と防衛作戦がいかに展開するかを総括する。

1　中国の台湾に対する軍事的脅威

(1) 習近平の対台湾戦略の目標

習近平は二〇二二年の第二〇回党大会で対台湾政策に関して、両岸の血縁的・文化的な結びつきを強調し、将来台湾を必ず統一するという路線を表明し、武力行使を決して放棄せず、それは外部勢力の干渉と極少数の台湾独立分子に向けたものであると指摘した。同時に、武力行使は外部勢力の干渉と少数の台湾独立分子の分裂活動を標的にしていることも強調した(5)。習近平の戦略は依然として「二重戦略」であり、ハードな手段とソフトな手段を織り交ぜたものである。ハードな手段とは武力行使を辞さないことであり、中国人民解放軍の創設百周年となる二〇二七年までに「建軍百年の奮闘目標」を実現し、国防と軍隊の近代化という新たな局面を切り開き、新時代における人民軍隊の使命を効果的に履行することを求めている(6)。この使命的任務とは、もちろん祖国統一を推進し、外部勢力の干渉を抑止し、勝利する能力を整えることである。

ソフトな手段とは「平和統一、一国二制度」の統一戦線工作である。中国共産党の統一戦線は一時的なものでもなく、特定の目標に向けたものでもなく、政治的勝利を獲得するモデルである。このような統一戦線は全面的なものであり、台湾を政治、外交、経済、農業、文化などの領域で買収し、抱き込み、そして中国共産党が必要とする技術を獲得し、あるいは台湾の経済発展における対中国依存を高め、台湾内部の親中勢力を育成し、台湾を分裂と混乱に陥れる。これにより、政治的、外交的、軍事的圧力のなか、台湾に「一つの中国原則」の「一国二制度」を受け入れさせるのである。[7]いったんこのソフトな手段の効果がなくなれば、中国は軍事的手段を使って台湾を中国の政治的枠組みに組み込み、圧迫を強めるだろう。台湾の軍事力が弱かったり、中国の武力侵攻に対抗できなかったりすれば、中国は武力統一という手段を用い、台湾問題を迅速に解決するだろう。

(2) 中国による台湾への軍事および非軍事行動

中国の台湾攻略の戦略は主に、戦闘と連携するための非軍事行動に重点を置いており、たとえば戦争以外の軍事作戦、グレーゾーン作戦、海上民兵、第五列、政治と経済の攪乱、台湾系ビジネスパーソンや政党へのコントロールなどがある。その目的は、台湾が戦争に投入する資源と人々の支持を低下または減少させ、戦時において優勢を獲得することである。

軍事戦略は軍事力の運用と関係し、たとえば日米の介入に対する接近阻止・領域拒否戦略（A2AD）がある。[8]また、軍用機や艦船による台湾本島や離島の封鎖、戦争発動前のサイバー戦や情報戦、中距離ミサイルや極超音速ミサイルを使った斬首攻撃、空挺部隊や特殊部隊による空挺奇襲作戦、海空からの精密誘導ミサイルやロケット軍の火力による台湾の重要目標への打撃などを行い、金門、馬祖、東引などの離島に侵攻する。

戦術行動とは、主に上陸前のすべての攻撃行動であり、たとえば特殊部隊を用いた浸透戦術、民兵と正規軍の協力による離島占領、特殊作戦旅団と空挺部隊による空中機動作戦、民間のクルーズ船などを利用した浸透戦術、長射程ロケット砲による火力攻撃、台湾内部に潜伏するスパイによる暗殺などである。[9]

さらに、非軍事行動[10]において、中国はまず統一戦線工作を採用し、イデオロギーと政治的傾向に基づいて、「両岸統一は平和をもたらす」というナラティブで台湾の人々を欺き、台湾内部の人々の団結を分裂させる。このほか、グレーゾーン作戦を利用して認知戦を行い、人々の抵抗意志を弱め、軍事作戦の戦術的優位を作り出す。[11]

2　台湾の防衛戦略とその実行

台湾の防衛戦略は、軍事的な脅威の性質と中国共産党の台湾に対する武力行使のパターンによって決まる。また、台湾の支配下にある離島の位置や台湾海峡の地理的条件により、過去には制空権、制海権、上陸阻止の三段階に分かれた交戦プロセスが強調された。しかし台湾の兵力規模が縮小し、中国の軍事力が増強していることから、二〇二四年現在の台湾の国防戦略は防衛固守、多重抑止の手法を強調し、非対称戦争を用いて中国の上陸作戦を阻止することが重視されている。そのため、台湾の防衛戦略の大部分は継続性を保ちつつ（表5－1参照）も、中国の軍事変革、中国の対台湾軍事演習の新常態化、ウクライナ戦争などの新たな状況を反映した調整も行われている。

（1）防衛戦略の継続性

台湾の防衛戦略では、戦闘に先立ち可能な限りの戦力を温存し、中国が上陸を開始したときに、全戦力で中国を殲滅することが強調されてきた。戦力の温存は、軍種によって異なる方法があり、また異なる分散地点がある。中国の台湾に対する一斉砲撃の被害を減らす主な方法は、機動、隠蔽、分散、欺瞞、偽装、護衛、謀略、誤誘導、そして迅速かつ効果的なダメージコントロールであり、軍隊の戦力を維持し、後続の作戦を支援する。(12)

中国の上陸艦隊が出航を決めた時、どの方向から接近するかに関係なく、台湾軍は敵軍が航海の途中で作戦能力を形成する前に、長距離精密攻撃を仕掛けなければならない。海岸からの距離をどう認定するかであるが、それは主として台湾海峡中間線付近である。空中兵力と沿岸陸上火力がカバーする範囲を選択し、決定的に重要な作戦海域において、空中、水上、水中、陸上の機動ミサイル・ビークルで、台湾軍は中国の上陸部隊を合同で攻撃する。(13)さらに台湾の五〇〇トン級小型軍艦をあらかじめ漁港に温存しておき、中国の戦艦が海峡中央線に接近した時に、錦江級や沱江級などの小型軍艦がスウォーム戦術で中国の大型艦船を攻撃し、多数の兵力を海上で消滅させる。(14)

中国が台湾を占領したいなら、台湾が降伏しない限り、台湾への着上陸作戦が必須となる。とくに大規模な兵力を台湾に輸送する時には、大型の上陸艦か民間フェリー、あるいは貨物船を使用する必要があり、主要兵力を台湾に輸送しなければならない。(15)また台湾が徹底抗戦し、すべての空港や港湾を封鎖すれば、中国軍は突撃上陸しかできない。第二次世界大戦以降、大規模な水陸両用上陸作戦の国際的な事例はない。とくに台湾は上陸に適した「レッド・ビーチ」が少ない上その幅も狭く、一度に少数の部隊しか上陸できないため、同時に非正規的な上陸手段を使用する必要がある。台湾軍は中国軍が上陸したばかりの、作戦能力が低下しているタイミングに乗じて、あらかじめ設置したバリケ

表５－１　各政権期における台湾の国防戦略、軍事戦略および防衛作戦指針

時期	国防戦略	軍事戦略	防衛作戦指針など
陳水扁政権（2000-2008）	戦争予防 国土防衛 テロ対策	軍事政策： 全体を見通し、制度を確立する； 自立自主、自給自足 有効抑止、防衛固守 動員改善、国民の軍参加 防衛強化、戦争抑止	有効抑止、防衛固守 原則：戦争を阻止するが戦争を恐れず、戦争に備えるが、戦争を求めず 用兵：戦略的持久、戦術的速決 防衛作戦手段：制空、制海、上陸阻止作戦、情報戦、電子戦 作戦：早期警戒、即時対応、重層迎撃、有効抑止。低空から高空へ、点から面へ、西から東へ、陸と海をともに重視
馬英九政権（2008-2016）	戦争予防 国土防衛 変化への対応 紛争予防 地域の安定	防衛し、固守して、国土安全を確保 有効に抑止して、強固で信頼できる戦力を維持 封鎖に対抗し、ライフラインを維持・防護 統合迎撃で敵の本土接近を阻止 地上防衛で敵の上陸を阻止	防衛固守、有効抑止（注）
蔡英文政権（2016-2024）	国家安全保障の強化 専門的な国防の構築 自主国防の徹底 人民福祉の保護 戦略的協力の拡大	防衛し、固守して、国土安全を確保 重層的に抑止して、統合戦力を発揮	情報通信電子能力を強化し、作戦指揮統制、重要資産、重要情報インフラの安全を確保し、戦力の防護と温存をすることで統合反撃力と防衛戦力を強化する。さらに民間防衛力と全体的に結合させ、台湾海峡という天然の障壁と地理環境を利用し、多層的な防御縦深を構築し、継戦能力を強化し、そのことで戦略的持久の目標を達成する。 重層抑止の手段を用いて、非対称作戦の考え方に基づき、統合戦力を発揮することで、敵を多層の窮地に追い込み、敵が軽率に開戦しないよう抑止する。 敵が侵攻に固執するようであれば、「敵を対岸で拒絶し、海上で撃破し、水際で撃破し、ビーチ・海岸で殲滅する」という用兵理念に従い、敵に対して重層的な迎撃と統合火器攻撃を行い、戦闘力を逐次弱体化させ、攻勢を瓦解させることで、敵の島嶼への上陸を阻止し、台湾侵攻を失敗させる。

注：馬英九政権下の「防衛固守、有効抑止」は、陳水扁政権の「有効抑止、防衛固守」の叙述順を変更したものにすぎない。陳政権の「有効抑止と防衛固守」が抑止を優先させるため攻勢作戦となるのに対して、馬政権の「防衛固守、有効抑止」は、防勢作戦であることを強調して、中国への善意を示したのである。

出所：筆者作成。

ードや陸海空の火力を駆使して、中国軍の上陸部隊を排除し、海岸堡を築かせないようにする必要がある。[16]

（2）非対称作戦の思考および戦法

中台の軍事力の差を比較すると、中国の軍事力は台湾よりもはるかに強大である。もしも中台で万が一大規模衝突あるいは全面戦争が起きると仮定し、中国が四〇万の兵力を台湾侵攻に動員した場合、台湾の常備兵力で反撃してこれを制圧するのはきわめて難しい。とくに中国軍の近代化により、一部の兵力能力および技術力がすでにアメリカを超えている現状で、台湾が中国の侵攻を防ぐことは難しいとの見方が多くを占めている。このため、「非対称戦争（asymmetric warfare）」という概念が提起され、台湾島嶼作戦の特徴に基づき、台湾の優位性を活用して、中国の弱点を叩くことが期待されている。[17]

二〇一九年、台湾は全体防衛構想（ＯＤＣ）を打ち出し、非対称戦力の重要性を強調した。[18]それは潜水艦を建造すべきではなく、代わりに五〇トン級の小型攻撃艇を生産すべきであると提起していた。しかしこの考えは伝統的な海軍の考えと異なり、軍事力整備の考え方をめぐって海軍内部で意見の不一致が生じた。国家安全保障会議が主導して、台湾は国産潜水艦建造（ＩＤＳ）の開発に取り組み、小型攻撃艇の生産プロジェクトは中止になり、二〇二三年九月に国産潜水艦の進水式が行われた。[19]台湾が潜水艦の群狼作戦で中国の空母戦闘群に対抗したり、攻撃したりすることもまた、非対称作戦の一例である。なぜなら、台湾の非対称作戦のポイントとは、クリエイティブな戦術によって伝統的兵器の長所を発揮させることにあり、意図的に非対称兵器を開発することではないからである。

二〇二四年現在、台湾軍は非対称戦争の一環で、陸軍は地上発射のミサイルを使用して空中および海上の目標を攻撃したり、市街戦を通じて中国軍の迅速な作戦を阻止したり、無人機を使って上陸艦隊を攻撃したり、山岳地帯で遊撃戦を行うことなどを強調したりしている。空軍は、無人機や防空ミサイルを使った制空権の強化、スキージャンプ方式による短距離離陸支援、練習機の武装などを行っている。海軍は五〇〇〇トン級の新型艦船を開発し、長距離対艦ミサイルを搭載して大型戦艦を攻撃できるようにしている。[20] 海軍は、さらにミサイル艇を使った群狼作戦を行い、海上での目標を攻撃し、地上では機動対艦ミサイル車両を配備して山岳地帯に隠し、中国軍艦の出港を待って攻撃してこれを破壊できるようにしている。

(3) 台湾海峡戦争の終結のシナリオ

台湾海峡戦争については、台湾の二〇二一年『国防報告書』においてあらためて、「敵を対岸で拒絶し、海上で撃破し、水際で破砕し、ビーチ・海岸で殲滅する」という用兵理念が提示された。つまり、台湾周辺での戦争は勝っても負けても、ビーチ・海岸での戦いで終わることになる。しかし、このような作戦の考え方は非常に危険である。中国軍が陸地と海岸を占領した時点で戦争を終わらせるのは、台湾本島の複雑な地形と山岳地帯を利用した作戦上の優位性を軽率に放棄するに等しい。敵の上陸を許さず、上陸の足がかりを作らないというのは、あくまでも理想にすぎない。敵が上陸を決意した時、どのような計画を練り、どのような方法で上陸するか、こうむる損害などを見積もらねばならない。中国軍は上陸作戦を実行する際、必ず台湾軍の一〇倍以上の兵力を投入する必要があるのであり、しかも上陸行動に移らない場合、中国軍はビーチで壊滅してしまう可能性がある。このため、上陸作戦を順調に成功させ、上陸作戦の任務を達成するため、中国がたとえどれほど兵力を大量に失ったとしても、犠牲を惜しむことはないのである。

台湾にとって、中国軍の上陸を撃退したとしても、それが戦争の終結を意味するわけではなく、戦争はさらに激しい戦闘に発展する可能性さえある。なぜなら、一度失敗した後でも、再度水陸両用上陸攻撃が行われるか、あるいは他の手段で攻撃が継続される可能性があるからである。したがって、敵の継戦戦力を壊滅させなければ、戦争は延々と続く。中国軍の上陸を許せば、戦争は台湾本島での戦闘に発展し、一八九五年の日本軍による台湾侵攻のように、都市ごとの戦闘と占領が行われるだろう。しかし、台湾の人々が頑強に抵抗すれば、戦争はさらに続くだろう。また、最終的に台湾が完全に占領されるとしても、抵抗勢力が戦闘を続ければ、占領軍は依然として脅威にさらされ[21]、台湾はロシアやアメリカを苦しめたアフガニスタンのようになり、中国も失敗することになるだろう。

総じて言えば、中国からのさまざまな種類の軍事的脅威に直面してきた台湾は、すでに作戦、戦略および対抗手段を策定している。しかし、台湾は独力で戦う場合、自己の武力で反撃して作戦を実行することしかできない。もしもアメリカおよびその同盟国が台湾海峡紛争に介入する意思があるのであれば、台湾はこれらの国々と共同作戦を実行できなければならない（台湾の対中国軍戦法は表5－2を参照）。

表５－２　中国に対抗する台湾軍の戦術

中国軍の攻撃戦術	台湾軍の防衛戦法	内容
海域封鎖	海・空の部隊をもって封鎖を破り、同志国と協同して安全回廊を開設	重要海域封鎖と全面封鎖を区分する。後者は、戦争段階に入ったことを意味するので、各種の武器をもって、封鎖を行う中国艦艇を撃滅する。
情報戦と認知作戦	情報防護と反認知戦	台湾にも一部情報戦における攻撃力がある。
戦術ミサイル攻撃	戦力温存、ミサイル防衛、敵戦術ミサイル・巡航ミサイル発射拠点への攻撃	台湾が地対地ミサイルで中国の攻撃拠点への攻撃を行う。
海・空からの遠距離精密攻撃	戦力の温存、対空ミサイル・対艦ミサイルによる対抗	政府の中枢を守り、中国による斬首攻撃を防ぐ。指揮管理を分散させて作戦の指揮系統を維持する。
離島攻撃	離島の駐屯部隊が単独で作戦に当たる。状況により島嶼を奪還する。	太平島、東沙島、金門、馬祖、澎湖諸島などの離島の防衛作戦を含む。
台湾本島への上陸作戦	中国軍の上陸準備・展開する部隊および大型揚陸艦を遠距離から攻撃・破壊する。ビーチ・海岸での障害物構築によって上陸を阻止する。陸海空の火力を組み合わせて上陸後の中国軍を殲滅する。	空軍・海軍の長射程対艦ミサイルで攻撃する。
上陸後の市街戦	後詰めの部隊と特殊部隊が市街戦を遂行する。敵占領下のエリアで遊撃戦を実行する。	沿岸都市の作戦と大都市の作戦を分ける。

出所：筆者作成。

3　アメリカによる台湾戦争支援の可能性とそのプラン

「台湾関係法」によれば、台湾海峡紛争がアメリカの重要な利益に影響を及ぼす場合、アメリカは介入することになる。とくに台湾侵略に対する中国側の決意が高まって準備も強化し続けるなか、ジョー・バイデン大統領は台湾に対するコミットメントを二〇二四年までに五回も強調してきた。さらに、アメリカ政府が台湾軍の訓練を支援すべく軍事顧問を派遣し、大隊レベルの台湾軍を受け入れてアメリカでの訓練を提供するなど、アメリカの政策は将来台湾海峡で紛争が起きた際に介入する可能性を示している。このため、以下では、アメリカによる台湾への援助の歴史と現在の米台協力の成果から、アメリカの台湾支援作戦の可能性とそのプランを推論する。

(1) アメリカによる台湾支援の歴史

アメリカは、冷戦期に台湾と同盟を結んだ際、第一列島線における共産主義勢力の拡張を防ぐ一環として、台湾の防衛作戦を支援することを決め、台湾軍に重要な兵器システム、軍事訓練、作戦顧問、後方支援などを提供した。その最も典型的な例は、一九五八年の金門島砲撃戦である。アメリカは当初、金門島と馬祖島を防衛作戦の対象範囲に含めていなかったが、砲撃戦の後も、金門島は依然としてその地位を守り続けることができた。台湾を支援するため、アメリカは台湾の軍艦が弾薬を補給するのを、軍艦を派遣して護衛した。そして沖縄の米軍から八インチ口径の巨砲を輸送して、台湾側は厦門の中国軍を砲撃し、敵に多く死傷者を出させたため、金門島に対する中国の砲撃は徐々に減少し、停止に至った[22]。

まとめると、アメリカの台湾との同盟時代における支援は、米軍を派兵して戦争を支援するものだったが、その中心は海軍と空軍であり、陸軍と海兵隊は少数であった。また、台湾の海軍・空軍基地の利用、重要兵器の供与、軍需産業と後方支援体制の構築、軍事教育と訓練、重要情報の収集と利用、ヴェトナム戦争時の中継基地としての使用などがその内容であった。

（2）現行モデル

中国の軍事力が拡大するにつれて、中台の軍事バランスが徐々に崩れていくなか、アメリカも従来の支援モデルを変更し、台湾の防衛能力を強化しなければならなくなった。たとえばアメリカは武器売却以外に、今では軍事融資や軍事援助の方式を通じて台湾に必要な兵器システムを提供している。訓練の面では、かつて台湾側だけがアメリカに人員を派遣し、軍事教育や兵器システムの訓練など、武器売却に付随する訓練プログラムを受けていた。しかし、アメリカは自ら専門家を台湾に派遣して、海軍陸戦隊（訳注：海兵隊に相当）と特殊部隊の訓練を支援し、大規模な軍事演習の際にはオブザーバーを派遣して全体の計画に参加し、演習後には検討報告書を台湾に提供するようになった。

共同訓練に関して、台湾空軍のパイロットは新しい戦闘機を受け取るためにアメリカで訓練を受け、その後自ら操縦して台湾に戻る。戦闘機をアメリカに長期間配置し、台湾のパイロットを順番にアメリカで飛行訓練させることは、将来の米台共同航空作戦において大いに役立つだろう。地上部隊に関して、台湾海軍陸戦隊はすでに小規模の部隊をハワイに派遣して訓練を行っているが[23]、将来的には大隊規模の部隊を渡米させ、州兵や正規軍と共同訓練が行われることになるだろう。台湾海峡の緊張が高まった際、このような武器システムの支援と訓練された部隊が、台湾の作戦能力を大きく向上させることだろう。

(3) ウクライナモデル

二〇一四年以降、ウクライナ軍部隊はNATO軍から訓練と支援を受けており、ウクライナ東部で続発する小規模な紛争にその部隊を運用し、同国の戦闘能力を向上させた。ウクライナの多くの将校、たとえばウクライナ軍のヴァレリー・ザルジニー前総司令官は、NATO式の訓練を受けており、西側の戦略思考を理解し、この戦争に応用した。反転攻勢作戦に備えるため、ウクライナは新しい部隊を編成し、NATOに派遣して統合訓練を受けさせ、反転攻勢作戦に投入した。アメリカはウクライナの部隊にNATOで総合的な訓練を受けさせ、反転攻勢作戦に投入することに同意し、また同盟国がF-16戦闘機を提供することと、ウクライナのパイロットをアメリカに派遣して、訓練を受けさせることにも同意した。

ロシアの侵攻後、アメリカとNATOはウクライナへの支援を日増しに増強した。ジャベリン・ミサイルやスティンガー・ミサイルといった戦術兵器の提供が継続されるだけでなく、一五五ミリ榴弾砲、ハイマースロケット、M1戦車、クラスター爆弾などの提供を開始した。さらにイギリスやNATO加盟国も、対戦車ミサイル、戦車、大砲、戦闘機、長距離精密兵器などを提供した。また、遠く離れたインド太平洋地域の日本でさえ防弾チョッキや無人機などの非殺傷装備を提供し、韓国も弾薬をアメリカに提供することでウクライナ支援に間接的に貢献した。ただし、アメリカとＮＡＴＯはロシアとの対立を避けるため、ウクライナに対してアメリカの支援兵器をロシア本土に使用することを禁止し、ウクライナの軍事行動も制限したため、その戦果にも影響が及んだ。

興味深いことに、アメリカは偵察と衛星システムを通じてウクライナの戦況を統合し、これが大きな成果を上げた。事実確認はされていないが、ヨーロッパにおける米軍のマルチドメイン・タスク・フォース（ＭＤＴＦ）は情報と戦力の統合を行って、ウクライナを大いに助けており、ひいては戦争全体の展開にまで影響を及ぼしたという分析もある(24)。ロシアは情報統合が不足しており、このことは統合作戦の成果に影響し、先端兵器を持っていても、その能力を十分に発揮できていないと言える。

（4）今後の台米日共同協力モデル

台米日協力の重要性はますます高まっており、この協力には中国の軍事侵攻を抑止する効果があるだろう(25)。一方、中国が台湾に侵攻する場合、前述したアメリカの対台湾支援の歴史と現状、およびウクライナへの支援状況を踏まえると、今後の台湾海峡紛争において、アメリカ、日本、台湾は、敵の侵犯段階に応じて以下の協力モデルをとる可能性があるように考えられる。

戦争勃発前の段階で、アメリカは現行の支援状況に則って、軍事訓練、軍事支援および融資を提供し、台湾の現有の防衛能力を向上させる。さらに、状況に応じて軍事顧問と教官を追加派遣した後、台湾軍の訓練を支援し、衝突が発生した際には直接部隊の作戦顧問に転任する。台湾がすでに購入した戦車、戦闘機、長距離ロケット、対戦車ミサイル、スティンガー・ミサイルなどの武器システムは、状況に応じて予定を早めて台湾に供給されるだろう。武器売却リストに載っていないが、緊急に台湾が必要とする武器が判明した場合、軍事融資や軍事支援を通じて台湾に提供する。アメリカの要請があれば、在日米軍で使用されている現役の武器の一部が、台湾に転用されることもあるだろう。中国の軍事行動を監視するため、地域の軍事情報交換と監視も強化され、とくに台米日間の情報交換が強化される。

台湾海峡で紛争が勃発し、アメリカが台湾海峡での紛争介入を決定した場合、アメリカの介入の程度に応じて、以下のような協力モデルが考えられる。

まず、アメリカの兵力が派遣されず、武器支援および情報提供のみがなされるパターンである。この場合、台米日の情報協力はきわめて重要になり、重要な軍事情報を提供するために、相互に連絡将校を派遣する可能性がある。また、戦時における武器提供は戦争リスクをともなうものであり、いかにして台湾の近隣諸国で武器を備蓄するか、いかにして台湾に安全に武器を輸送するかなどは、ウクライナ以上に複雑で危険なものとなる可能性がある。

次は、アメリカが海軍・空軍を出動させ、支援するモデルである。アメリカが自国兵士の犠牲を避けたい場合、支援は海軍と空軍のみにとどまる可能性がある。この場合、日本は航空自衛隊と海上自衛隊の基地提供や後方支援等の役割を果たす可能性があり、フィリピンとグアムは米海空軍作戦の重要な前哨基地となる可能性がある(26)。アメリカが中国と全面的に衝突するまでは、米海軍と空軍の活動範囲は台湾東部の公海や南シナ海地域に限定され、そうすることで中国の台湾封鎖に反撃し、あるいは台湾の後方支援のための安全航路を確立するだろう(27)。米中両国が全面的に衝突した場合、米海軍と空軍の作戦範囲は台湾海峡や中国本土まで拡大し、中国領土内の重要目標を攻撃する可能性もある。これにより日本国内の米軍基地は攻撃目標となり、日本が公式に戦争に巻き込まれることとなる。

最後は、米地上部隊の支援によって大規模戦争となるパターンである。台米日の海軍および空軍が中国の攻撃を阻止できず、中国軍が台湾への水陸両用上陸作戦を準備した際、アメリカは、陸軍や海兵隊を含む地上部隊の支援を提供する可能性がある。この段階ではもはやアメリカ、日本、台湾間に協定が結ばれているか否かに関係なく、事実上米日台同盟作戦と同様の規格となり、形式となってしまっているだろう。中国軍を上陸作戦段階で撃退できれば、満足のいく結果となる。しかし、中国軍が上陸した後に首都を包囲されたり、長期的な遊撃戦に突入したりすれば、米軍の地上部隊は撤退し、少数の作戦顧問だけが後続作戦を支援し、海空支援と情報提供の段階に戻ることになるだろう。

おわりに

台湾に対する中国の軍事的脅威が高まるなか、国際社会は台湾の防衛と台湾海峡の安定に関する戦略と政策、そして台湾の兵力構造と防衛戦略が中国の軍事侵略に、効果的に対抗できるかどうかについて高い関心を持っている。中国の侵略に対するさまざまな対抗措置のうち、敵攻撃拠点に対する長距離打撃を強調し、海と空による効果的な対抗措置を開発する以外に、台湾は「戦略的持久、戦術的速決」という作戦指針に従い、台湾の限られた戦略空間において持久作戦を行う。しかし、既存の常備部隊の規模は比較的小さく、膨大な兵力を持つ中国軍に対抗することは困難である。後備動員制度の強化と、予備役軍人の訓練を強化する必要がある。

台湾は持久戦方式を採用し、中国の対台湾侵攻兵力を消耗させる一方で、敵攻撃拠点を制圧する長距離打撃能力を強化し、通常または戦術的な抑止効果を生み出し、中国の侵攻意図を変えさせる。たとえ中国が台湾侵攻に執着したとしても、その作戦展開とリズムを効果的に破壊し、作戦兵力を減損させ、多層的で強固な防衛により中国軍を消耗させ、上陸作戦を失敗させることが可能である。この過程において、米日の支援はどのような形であれ、中国の台湾侵攻の意図を抑止する効果があり、台湾の民心と士気と戦意を鼓舞することができる。

注

（1）鄭為元「組織改革的権力、実力與情感――撤台前後的陸軍整編（1949―1958）」『軍事史評論』一二期、二〇〇五年、六三―一〇〇頁。
（2）『中華民国82年国防報告書』中華民国国防部、一九九三年、七五頁。
（3）亓楽義『捍衛行動――1996台海飛弾危機風雲録』台北、黎明文化、二〇〇六年、一四―二一頁。
（4）Glenn R. Butterton, "Three Signals, Threats, and Deterrence: Alive and Well in the Taiwan Strait," *Catholic University Law Review*, Vol. 47, Issue 1, 1997, p. 96.
（5）Xi Jinping, "Report to the 20th National Congress of the Communist Party of China," *Xinhua*, October 16,

2022 [http://wb.beijing.gov.cn/home/wswm/yyhj/fyyd/202210/t20221027_2846141.html], accessed on September 8, 2023.

(6) Helen Davidson, "Chinese Communist Party 100th Anniversary: Xi Jinping Vows China Will Never Be Bullied – as it Happened," *The Guardian*, July 1, 2021 [https://www.theguardian.com/world/live/2021/jul/01/chinese-communisty-party-100th-year-anniversary-live-updates-centeneary-celebrations-xi-jinping-key-speech], accessed on September 8, 2023.

(7) Chin-fu Hung, "China's Policy towards Taiwan after the 20th Party Congress: US Warnings about the Situation in the Taiwan Strait," *Prospects & Perspectives*, No. 66, November 16, 2022 [https://www.pf.org.tw/tw/pfch/13-9760.html], accessed on September 8, 2023.

(8) Fabian-Lucas Romero Meraner, "China's Anti-Access/Area-Denial Strategy," *The Defense Horizon Journal*, February 9, 2023 [https://www.thedefencehorizon.org/post/china-a2ad-strategy], accessed on September 8, 2023.

(9) Lyle Goldstein, "Stop Counting Warships. China's Special-operations Forces Are Taiwan's Real Problem," *Insider*, January 3, 2022 [https://www.businessinsider.com/chinas-special-operations-forces-are-taiwan-real-problem-not-warships-2021-12], accessed on September 8, 2023.

(10) 「非軍事行動」は、台湾に対して、軍事作戦のかわりに、脅迫したり、中国側に有利な軍事的情勢を作ったりするための各種の行動を指し、グレーゾーン行動と呼ばれる場合もある。「戦争以外の軍事作戦」(Military Operation Other Than War, MOOTW) は、救難、自国民救出などの、作戦以外の軍事行動を指す。非対称作戦は、敵の優位を避け、自身のテクノロジーや能力や戦術における優位をもって、敵の弱点を突くことを指し、たとえば、小型突撃艇を使って大型軍艦を攻撃したり、遊撃戦で正規戦に応じたり、または市街戦で機動作戦に対抗することなどが、その事例である。

(11) Chin-Kuei Tsui, "China's Gray Zone Activities and Taiwan's Responses," Stimson Center, December 12, 2022 [https://www.stimson.org/2022/chinas-gray-zone-activities-and-taiwans-responses/], accessed on September 8, 2023.

(12) 『中華民国１０８年国防報告書』中華民国国防部、二〇一九年、五九頁。

(13) 同右。

(14) 呉書緯「塔江艦展現防空及制海作戦能力弾倉公開展示火力超驚人」『自由時報』二〇二三年一月七日 [https://news.ltn.com.tw/news/politics/breakingnews/3793240] 二〇二三年九月八日閲覧。

(15) 劉仲強「中共両棲作戦艦能力與登陸作戦戦術戦法運用及我克制之道」『海軍軍官』三五巻二期、八一―一七頁。

(16) 『中華民国１０８年国防報告書』、五九頁。

(17) Heena Sharma, "Taiwan Prepping for 'Asymmetrical Warfare' in Face of China Threat," *Wion*, March 14, 2023 [https://www.wionews.com/world/taiwan-prepping-for-asymmetrical-warfare-in-face-of-china-threat-571985], accessed on September 8, 2023.

(18) 『中華民国１０８年国防報告書』、五九頁。

(19) John Doston, "Taiwan's Indigenous Submarine Program Announces Milestone Goals for 2023," Global Taiwan Institute, June 14, 2023 [https://globaltaiwan.org/2023/06/taiwans-indigenous-submarine-program-announces-milestone-goals-for-2023/], accessed on September 8, 2023.

(20) Seth Cropsey, "Taiwan Needs Asymmetric Options to Defend Itself," Hudson Institute, October 3, 2016 [https://www.hudson.org/national-security-defense/taiwan-needs-asymmetric-options-to-defend-itself], accessed on September 8, 2023.

(21) Alan Taylor, "The Soviet War in Afghanistan, 1979-1989," *The Atlantic*, August 4, 2014 [https://www.theatlantic.com/photo/2014/08/the-soviet-war-in-afghanistan-1979-1989/100786/], accessed on September 8,

2023.
(22) Madoka Fukuda, "Legacy and Lessons of the Second Taiwan Strait Crisis," *Nippon.com*, Aug 23, 2023 [https://www.nippon.com/en/in-depth/a09101/], accessed on September 8, 2023.
(23) Duncan DeAeth, "Taiwan Marines Trained with US Forces in 2017, Will Do So Again in 2018," *Taiwan News*, April 12, 2018 [https://www.taiwannews.com.tw/en/news/3403932], accessed on September 8, 2023.
(24) James Black, Alice Lynch, Kristian Gustafson, David Blagden, Pauline Paillé, Fiona Quimbre, *Multi-Domain Integration in Defence*, RAND, 2022 [https://www.rand.org/pubs/research_reports/RRA528-1.html], accessed on September 8, 2023.
(25) Rira Momma, "How Will Taiwan, the United States, and Japan Respond to a Chinese Invasion of Taiwan?" *Nippon.com*, November 15, 2021 [https://www.nippon.com/en/in-depth/c10601/], accessed on September 8, 2023.
(26) Brad Lendon, "US Gains Military Access to Philippine Bases Close to Taiwan and South China Sea," *CNN*, April 4, 2023 [https://edition.cnn.com/2023/04/04/asia/us-philippines-military-base-access-intl-hnk-ml/index.html], accessed on September 8, 2023.
(27) Ryo Nakamura, "U.S. Could Break Chinese Blockade of Taiwan: Navy Commander," *Nikkei Asia*, October 5, 2022 [https://asia.nikkei.com/Politics/International-relations/Taiwan-tensions/U.S.-could-break-Chinese-blockade-of-Taiwan-Navy-commander2], accessed on September 8, 2023.

(訳：竹田宏生・北川慶)

第6章 台湾の国際法上の国家性

――対中抑止戦略における基本的留意事項

黒崎　将広

はじめに

二〇二二年八月のナンシー・ペロシアメリカ下院議長の訪台以降、習近平中国共産党総書記が武力行使も辞さずに台湾の独立を阻止し、中国を統一するとの決意を同年一〇月の党大会で示すなど、中国による台湾への軍事侵攻に対する懸念は日に日に強まっている。[1]「台湾海峡の平和と安定については、我が国を含むインド太平洋地域のみならず、国際社会全体において急速に懸念が高まっている」との日本政府の認識が示すように、その影響は単に極東の平和と安全だけにとどまらない。[2]国際社会では、ロシア・ウクライナ戦争を契機に、「自由、民主主義、基本的人権の尊重、法の支配といった普遍的価値を擁護」する「我が国を含む先進民主主義諸国」と「独自の歴史観・価値観に基づき、既存の国際秩序の修正を図ろうとする」「普遍的価値を共有しない一部の国家」との間で国際秩序の在り方をめぐる熾烈な主導権争いが繰り広げられており(3)、台湾はその次の戦場と目されている(4)。まさに岸田文雄首相の言う「今日のウクライナは明日の東アジアかもしれない(5)」というわけである。

実際、中国は、かねてより南シナ海だけでなく「東シナ海をはじめとする海空域において、力を背景とした一方的な現状変更を試みるとともに軍事活動を拡大・活発化させ」、「台湾に対しても各種の圧力を一段と強化している(6)」。G７首脳はこれを既存の国際秩序に対する挑戦と位置づけ、こうした「自由で開かれたインド太平洋を支持し、力又は威圧による一方的な現状変更の試みに反対(7)」しつつ、台湾海峡の両岸関係の平和的解決を繰り返し促してきた(8)。しかし、それでもなお中国が今後台湾への軍事侵攻を決断した場合、日本は、「自由、民主主義、基本的人権、法の支配といった基本的価値や原則を共有し、緊密な経済関係と人的往来を有するきわめて重要なパートナーであり、大切な友人である(9)」台湾をいかにして支援し、中国の侵攻を阻止すべきなのだろうか。

国際法の観点からこの問いについて考える際、まず初めに直面する問題は、中国との関係や日本その他の外国による承認の必要性も含めて、いかなる条件のもとで台湾が国際法上の国家と評価できる存在になるのかということだろう。ウクライナの場合はロシアによる侵略行為により主権国家として(10)その領土保全ないし領土一体性があらためて国際社会によって広く再確認されたのに対して、台湾の場合はそうではない。これはひとえに台湾の国際法上の地位がこれまであいまいで論争を呼ぶものであったことによる。とはいえ、ひとたび中国が台湾に侵攻しその対応を迫られるという現実に直面した場合、国際社会における法の支配を掲げる日本は果たして台湾の法的地位をあいまいにしたまま対外的に自国の行動を正当化できるのだろうか。たとえば国際法上の集団的自衛権に基づき日本が台湾を武力で援助するには、台湾自身が国家として中国による武力攻撃を受けたと宣言し日本に当該援助を要請することが求められる[11]。さらに国内法制度上も在外邦人等を日本が保護・輸送する際には当該外国の同意が必要となるほか[12]、防衛装備品移転三原則の運用上、移転先も外国か国際組織に限られている[13]。このように日本の各種対処行動を規律する規範的枠組みの多くが国家性を基軸としている以上、少なくとも日本の東アジア安全保障戦略を考える際に、台湾の国家性という問題を抜きにすることはできないように思われる[14]。二〇二三年に対中抑止策の一環としてアメリカは台湾を中国とは別の国として承認すべきとする議論が著名なアメリカの国際法専門家によって提示されていることもあり[15]、この問題の重要性はあらためて注目を集めている。

それでは、台湾は、果たして国際法上の国家であると言えるのだろうか。もし言えないのであれば、そのために必要な条件とはいったい何なのか。本章は、中国による台湾侵攻を抑止する際の戦略上の課題を国際法の観点から明らかにする第一歩として、この問題について検討することを目的としている。

1　台湾の地位に関する日本の法的・政治的立場——領有権の放棄と「一つの中国」

(1) 日中共同声明三項の意味

台湾が国際法上の国家であるか否かを検討するにあたってまず確認しておくべきは、日本政府が台湾の地位について独自の評価をする法的立場にはないとしつつも、現時点では台湾が中国と別の国家として存在することを認めていないという政治的立場にあることである。「台湾をめぐる事態は、政治的な面と、そしてそういう法律的な面」において「必ずしもしっくり合致していないのが遺憾ながら現実[16]」であるとの認識が示すように、そこには台湾の地位に関する日本の法的立場と政治的立場の両方が複雑に絡み合う形で存在していることにまず留意しておく必要がある。

まず、法的立場として、日本は、一九五一年のサンフランシスコ平和条約二条（b）で「台湾および澎湖諸島（Formosa and the Pescadores）」に対する領土権を含む「すべての権利、権原」を連合国に対して放棄しているため、それ以降「台湾の法的地位について独自の認定を行う立場にない[17]」ことをこれまで一貫して主張している。当時サンフランシスコ会議で「この地域の最終的帰属を条約上規定し得なかつたのは、……連合国間に意見の一致を見ることができない問題[18]」であったからとされるが、領有権を放棄した日本からすれば「将来これは連合国できめるべき問題[19]」にほかならなかったわけである。翌年に締結された日華平和条約でも同様に、サンフランシスコ平和条約二条に基づき、「台湾及び澎湖諸島並びに新南群島及び西沙群島に対するすべての権利、権原及び請求権を放棄したことが承認」された[20]。

このようにして日本は、台湾の地位に関する評価を一貫して避ける法的立場をとる一方、政治的立場としては「一つの中国」を十分に理解し尊重するという政策をとってきた[21]。この立場は日中国交正常化を実現した政治文書である一九七二年の日中共同声明（以下、七二年声明）で定式化されたと言える。同声明で日本は「中華人民共和国政府が中国の唯一の合法政府であることを承認」（二項）することで、それまで中国を代表する政府として外交関係を維持してきた中華民国政府との公的関係を終了させた[22]。結果、日華平和条約は失効し、以後の日台関係も「非政府間の実務関係として維持[23]」されたまま今日に至ることは周知の通りである。つまり日本は、中華人民共和国と中華民国を互いに異なる国家として別々に扱うのではなく、中国という国は一つしか存在しないことを前提に、中華人民共和国政府（北京政府）と中華民国政府（台北政府）のいずれがその国を代表するのかという政府承認の問題として両岸関係を位置づけるという政治判断をしたわけである。

もっとも、以上のことは日本政府が台湾を中国の一部であると政治的に認めたという意味ではない。七二年声明三項において中華人民共和国政府は、台湾が自国の「領土の不可分の一部である」との立場を表明したが、これに対する日本政府の認識は、台湾が中国に「現に帰属しておるというように私どもは理解いたしていない[24]」というものであった。これは事実として台湾が中華人民共和国政府の実効的支配下にはなかったからであるが、このことから日本政府は中華人民共和国政府の立場を「十分理解し、尊重」すると表明するにとどめ、あくまで「ポツダム宣言第八項に基づく立場を堅持する」方針を貫いた。

周知のとおり、日本は第二次大戦中の一九四五年九月二日に調印した降伏文書で「ポツダム宣言ノ条項ヲ誠実ニ履行スルコト」を受諾している[25]。そのポツダム宣言八項は、「台湾及澎湖諸島」を当時の中国である「中華民国ニ返還スルコト」を明記した英米中発出のカイロ宣言[26]の履行を日本に求めていた。こうした「過去の経緯に照らせば、台湾は、カイロ、ポツダム両宣言が意図したところに従い、中国に返還されるべきものであるというのが日本政府の政治的な立場」（傍点引用者）となる[27]。以上に基づき、「台湾地域について中華人民共和国の実効的支配が及んでいないという事実は踏まえながらも、その中華人民共和国政府の立場に異議を唱えたり、あるいは台湾という地域に新しい国家としての承認を与えるというようなことはしないということが、この日中共同声明の第三項というものの解釈」の「当然の帰結」であるとする政府見解が定立されるに至ったのである[28]。

(2) 日本が台湾を国家として承認するとき

しかしながら、以上の立場は台湾を日本が国家と認める道を完全に閉ざすものではなかった。というのも、以上の日本政府の立場は政治的なものにすぎず、あくまで中国が台湾問題を平和的に解決することを前提とした政策にすぎなかったからである。事実、中国が平和的手段によらず一転して武力で台湾問題を解決しようとする場合、米華相互防衛条約（当時）[29]に従ってアメリカがこれを阻止しようとすることが想定され得たため[30]、日本政府は、日米安保条約六条に基づいてアメリカを支援するという選択肢[31]を日中共同声明の発出後もなお残そうとしていた。

当時、日本政府は、「この問題が当事者間で平和的に解決されることを希望するものであり、かつ、この問題が武力紛争に発展する現実の可能性はない」という認識のもと、日中共同声明三項に従い「中華人民共和国政府と台湾との間の対立の問題は、基本的には、中国の国内問題」（傍点引用者）であると考えた上で、日米安保条約の運用については「今後の日中両国間の友好関係をも念頭に置いて慎重に配慮する」[32]との立場を示していた。しかし、当時、日中国交正常化を外務省条約局条約課長として支えていた栗山尚一によれば、ここでいう日本政府の「基本的には」とされる立場には、台湾問題が「台湾海峡の両岸の当事者間の話し合いによって平和的に解決される」限りのものであり、「将来万一中国が武力を用いて台湾を統一しようとして武力紛争が発生した場合には、事情が根本的に異なるので、わが国の対応については、立場を留保せざるを得ない」という意図が込められていた[33]。それは、少なくとも日本にとっては、日中共同声明の前提条件であった両岸当事者による台湾問題の平和的解決がなくなったことで、「中華人民共和国政府と台湾との間の対立の問題は、……中国の国内問題」ではなくなり、場合によっては、同声明「第三項というものの解釈」の「当然の帰結」ゆえに行われることがないと政府によって説明されてきた「中華人民共和国政府の立場に異議を唱えたり、あるいは台湾という地域に新しい国家としての承認を与える」[34]ことを日本政府が一転して行う可能性も排除されないことを示唆しているように思われる――むろん、それを実際に行うかどうかはその時の政府の判断によることは言うまでもない――。

2　台湾は国際法上の国家となりうるか

（1）外国による国家承認の政治的意義

では、上述のように「中国が武力を用いて台湾を統一しようとして武力紛争が発生し」、日本にとって台湾の独立国家としての地位を承認することが政治的に可能となるとして、その時、台湾が国際社会において国際法上の国家としての法的地位を確立する余地は果たしてあるのだろうか。

国際法上の国家であるためには、まず、①永続的住民、②明確な領域、③政府、および④他国と関係を取り結ぶ能力、の四つの要件を満たさなければならない（一九三三年国の権利及び義務に関するモンテビデオ条約一条）。ただし問題は、台湾がこれらすべての要件を充足しているかどうかをどのように認めるかである。これは、従来より、他国による承認が必要であるかどうかという形で問題にされてきたと言える。

かつて、他国による国家承認は国際法上決定的な意味を持つと考えられていた。また、今日でもなお、他国による承認が承認国と被承認国との間の外交関係を構築するのにきわめて重要な実務的意味を持つことは言うまでもない。しかし現代国際法において外国による承認はもはや国家となるために必須の条件とは考えられておらず、たとえ承認がなくても国家は成立しうるというのが一般的な理解であることには留意しておく必要がある。それはあくまで国家要件の充足という事実を確認する意義を国際法上有するにすぎない。

（2）自決権行使としての国家性の主張の重要性

そこには、国家としての独立を求める人々の運命を他国の意思に委ねることは自己の政治的地位を自由に決定する人民の自決権を基礎とした現代国際法の理念に相反するという考えがある[35]。また、他国による恣意的な承認ないし不承認によって国家としての地位の有無が決まることになれば、国際秩序の安定性が著しく損なわれてしまう可能性もある。「国の政治的存在は、他国による承認とは無関係である」（モンテビデオ条約三条）ことが国際法において重視され、さらに台湾侵攻の文脈ではとくに重要となる「侵略の定義に関する決議」（国連総会決議三三一四）において「国」とは「承認の問題又はある国が国際連合加盟国であるかどうかとは関係なく用いられ」ることが強調されているのもこのことと無関係ではない。現代国際法において「国家性とは権利の主張（a claim of right）である」[36]とされるように、国家要件の充足は、いまや他国の承認よりも独立（外的自決）を求める人民の自発的意思に基づいて宣言されることが肝要なのである[37]。

ゆえにここでは、上述した国家要件を客観的に満たす形で「台湾自身が国家性の主張（a claim to statehood）を表明したかどうかが決定的[38]」となる。問題はその表明の形式であるが、この点については「明示的な宣言を欠いた声明または行動からは推定されるべきではない[39]」とする見解がある一方、そうした「狭い立場には正当な根拠がない[40]」として暗黙の形式を認める見解も存在する。現に台湾の国家性を認める論者は、一九九一年の憲法改正[41]または二〇〇七年の国連加盟のための住民投票を通じて台湾が自決権を行使し[42]、国家性の主張を黙示的に表明することで中国とは別の国としての法的地位を獲得したと主張している[43]。

こうした主張は果たして国際法上妥当なものと言えるだろうか。その是非を判断するには、少なくとも次の点が検証されねばならない。すなわち、台湾住民はそもそも国家性の主張を表明する——すなわち外的自決を行う——権利主体となりうるのか、また、なりうるとしても、その住民の意思に基づき台湾当局は適切に国家性の主張を表明していると言えるのか、である。

(3)「一つの中国」の呪縛——台湾が現時点では国際法上の国家であるとは言いがたい理由

まず、台湾住民が自決権の主体となるには、国連憲章が「人民の同権及び自決の原則」(一条二項)と規定しているように、「人民(people)」であることが求められる。この場合、台湾の全人口の九五パーセント以上が中国本土から移住してきた漢民族であることに鑑みれば[44]、台湾住民が中国本土に住まう人民とは区別される固有の権利主体と位置づけることはできないとの主張もありうるだろう。しかし他方で台湾は、一八九五年から一九四五年までの日本による統治やその後の国民党による一党独裁、さらには自由民主化へと至る過程の中で、共産党が支配する中国本土とは異質の「独自の歴史、文化、アイデンティティ、そして国としての誇りの意識(sense of national pride)[45]」を醸成していったのも事実である[46]。議論の余地がありうるものの、こうした歴史的背景によって台湾住民が自らの政治的地位を獲得したと見ることには十分合理的な理由があるように思われる[47]。

ただ、そうした中国とは別の「国としての誇りの意識」を台湾住民が持っているとしても、問題は、彼らを代表する台湾当局の公式の立場がそれと一致していないことにある。台湾住民が国家としての独立を望んでいると主張される際、それは実効的支配の及ぶ台湾地域を領域的基盤とする国を指すものと解されてきた。[48] ところが、これに対して実際に台湾当局が憲法その他関係法律に基づき公式に主張しているのは、台湾、澎湖、金門、馬祖を含む「台湾地区」だけでなく、実効的に支配していると は言いがたい「大陸地区」にまで及ぶ領域を基礎とした国である（たとえば、二〇〇五年中華民国憲法追加修正条文一一条、二〇二二年六月八日修正臺灣地區與大陸地區人民關係條例二条）。[49] これは、台湾当局が、自由民主化とともに「新たな中華民国」[50] 政府へと政治的に生まれ変わった今でもなお、「一つの中国」を代表する政府の座をめぐって中華人民共和国政府と争う旧来の立場を法的にはいまだ完全に放棄しているわけではないことを意味している。このように、台湾当局による国家性の主張は中国とは別の国として独立することを前提に定式化されていないため、台湾という「国としての誇りの意識を持つ」人民による自決の表明とはかけ離れたものになってしまっているのである。国家性を主張する前提となる国家要件の充足という点からしても、台湾当局の主張には国際法上求められる「明確な領域」と「永続的住民」に中国本土とその住民が含まれているため、現状では同当局がそれらを実効的に支配し「他国と関係を取り結ぶ能力」を持つ「政府」であると認めることは難しい。[51]

台湾がこうした問題を克服し国際法上の国家の地位を手にするには、その主張を人民たる住民の自決と一致する形で当局が再定式化する必要があるだろう。いかなる形で人民の意思を表明すべきであるかについては、レファレンダム等の民主的手続きを必要とするか否かを含め、さまざまな議論がこれまでなされてきた。[52] しかし、少なくとも台湾住民は、自らを固有の人民と法的に位置づけた上で、自己の発意により人民としての意思を反映した憲法その他関係法令に改正し、「政府」の主張する「明確な領域」を実効的支配が及ぶ「台湾地区」に限定することで、そこから中国本土（「大陸地区」）

を切り離す必要があるだろう。むろん、憲法改正一つとってもその実現がきわめて困難であることは言うまでもない。しかし、住民が真に独立を望むなら、こうした困難に立ち向かう覚悟なくして台湾が日米その他の国々と対等な国際法上の国家となる道は開けないように思われる。

問題はそれを行うタイミングである。かねてより中華人民共和国政府は、反国家分裂法で「台湾の中国からの分離をもたらしかねない重大な事変が発生し、または平和統一の可能性が完全に失われたとき」に「非平和的方式その他必要な措置」をとるという断固たる立場を示している（八条）。上述のように、国家性の主張が明確な独立宣言によってなされることは国際法上必ずしも求められないとはいえ、仮に侵攻前の段階で台湾が独立に向けた法改正を試みれば、かえって同法に基づき軍事侵攻する口実を中国に与えることにもなりかねない[53]。こうしたリスクに鑑みれば、現在台湾が明確な独立宣言を控える中でアメリカなどが行っているように、台湾を国家として承認しないまま台湾の安全を確保する手段を強化するのは、日本にとっても合理的な選択であるように思われる。ただし、中国が平和的統一の可能性を自ら放棄して台湾侵攻に踏み切る決断をしたその時、あるいはそれが差し迫った時には、台湾が国際法上の国家であると主張するタイミングが訪れるのかもしれない。

おわりに

台湾の法的地位に関するこれまでの日本政府の見解は、独自の評価をする立場にないというものである。しかしながら国際社会において台湾が国際法上の国家であるか否かは、そうした日本の主観的評価とは関係なく客観的に決まるというのが今日の国際法の理解である。現代国際法において最も重要なのは、台湾住民が人民として自発的に中国とは独立した国家であると自ら選択し主張することであり、他国が台湾を国家として認めることではない。

むろん、国家性を主張する際には、伝統的な国際法上の国家要件を満たさなければならない。しかしこの点で台湾当局が旧来の「一つの中国」の立場に基づき中国本土をも統治する政府であることを主張していることは無視できないだろう。「台湾は容易に国際法上の国家性基準を満たす[54]」と言われることもあるが、本章で明らかにしたように、国際法上の国家要件である「政府」と「明確な領域」に関する当局の主張と、実際の実効的支配区域および台湾住民の意思にかかる実態とが乖離している今、国際法上の国家として中国とは独立した地位を台湾に認めることは難しいと言わざるを得ない。

以上のことから、台湾が国際法上の国家であると適法に主張するためには、何よりもまず、台湾住民が本土住民とは異なる固有の人民の地位に立つことを明確に位置づけた上で、自己の意思と統治の実態を反映する形で台湾および澎湖諸島を領域的基礎とした国家性の主張をするよう、憲法その他関係法令を改正することが必要になるだろう。

むろん、上述のように、そのようなことをすればかえって中国が軍事侵攻する口実を自ら与えることにもなりかねないことから、そのタイミングは中国が平和的統一の可能性を自ら放棄して台湾侵攻に踏み切る決断が差し迫った時をおいてほかにはないかもしれない。その際に日本は、中国が実際に軍事侵攻するのを抑止し、台湾海峡の平和と安定を回復するために、アメリカとともにいかなる形で当該事態に対応し台湾を支援していくべきなのか。その国際法上の根拠とあわせて事前に日米台の間で慎重に検討し認識を共有しておくことが不可欠となるだろう。

注

(1) 『防衛白書 令和5年版』、五六―五七頁。
(2) 「国家安全保障戦略」国家安全保障会議決定・閣議決定、二〇二二年一二月、九頁。
(3) 「国家安全保障戦略」、三頁。
(4) たとえば Jeffrey W. Hornung, "Ukraine's Lessons for Taiwan," *War on the Rocks*, March 17, 2022; John K. Culver and Sarah Kirchberger, "US-China Lessons from Ukraine: Fueling More Dangerous Taiwan Tensions," *Atlantic Council*, June 15, 2023 を参照。
(5) 「令和4年度　防衛大学校卒業式　内閣総理大臣訓示」首相官邸、二〇二三年三月二六日 [https://www.kantei.go.jp/jp/101_kishida/statement/2023/0326kunji.html]、本章でのウェブサイト閲覧日はすべて二〇二四年七月一五日。
(6) 『防衛白書 令和5年版』、七三頁。
(7) 「G7広島首脳コミュニケ（仮訳）」外務省、二〇二三年五月二〇日、一頁。
(8) 「G7広島首脳コミュニケ（仮訳）」三四頁。「台湾海峡の平和及び安定の維持に関するG7外相声明」外務省、二〇二二年八月四日 [https://www.mofa.go.jp/mofaj/press/release/press3_000891.html] も参照。
(9) 『外交青書 令和5年版』、五一頁、「国家安全保障戦略」、一四頁。
(10) UN Doc. A/RES/ES-11/1 を参照、また、UN Doc. A/RES/11-4 を参照。

(11) たとえば *Military and Paramilitary Activities in and against Nicaragua (Nicaragua v. United States of America). Merits, Judgment. I.C.J. Reports 1986*, paras. 195-199を参照。国際法上の集団的自衛権の限定行使を可能にする存立危機事態については、現在、「我が国と密接な関係にある他国に対する武力攻撃」の場合にのみ限定されており、「国に準ずる組織」に対する武力攻撃の場合は明示的に認められていない点にも留意しておく必要がある（武力攻撃事態・存立危機事態対処法二条四項）。

(12) 自衛隊法八四条の三・四、および『第２１１回国会参議院外交防衛委員会会議録』第一一号、二〇二三年四月二七日、八頁（西永知史外務省大臣官房参事官答弁）を参照。

(13) 「防衛装備移転三原則の運用指針」国家安全保障会議決定、二〇一四年四月一日。

(14) 台湾の地位をめぐる現状に変化のないまま台湾有事に対処する際の問題を海上交通妨害の文脈で検討した貴重な論考として、真山全「中国による対台湾海上交通妨害の国際法的検討――中国の試みるzonal measure」『交流』九八六号、二〇二三年も参照。

(15) David Scheffer, "Deterrence Lawfare to Save Taiwan," *Just Security*, August 7, 2023を参照。また、Masahiro Kurosaki, "Reformulating Taiwan's Statehood Claim," *Lawfare*, September 14, 2023を参照。

(16) 『第70回国会衆議院予算委員会議録』第二号、一九七二年一一月二日、一八頁（大平正芳外務大臣答弁）。

(17) 『第70回国会参議院本会議会議録』第二号、一九七二年一〇月二八日、四頁（大平正芳外務大臣答弁）。

(18) 『第12回国会参議院平和条約及び日米安全保障条約特別委員会会議録』第四号、一九五一年一〇月二六日、二頁（西村熊雄外務省條約局長答弁）。

(19) 『第46回国会衆議院予算委員会議録』第一七号、一九六四年二月二九日、二一頁（池田勇人内閣総理大臣答弁）。『第１６２回国会衆議院外務委員会議録』第七号、平成一七年五月一三日、一八頁（町村信孝外務大臣答弁）も参照。

(20) したがって、日華平和条約三条（財産・請求権）および一〇条（中華民国の国民・法人）における台湾および澎湖諸島に関する規定は中華民国の施政権を前提としたものにすぎない（山本草二『国際法（新版）』有斐閣、一九九四年、一九七頁も参照）。つまり、彭と黄が指摘するように、同条約において「台湾人は必ずしも『中華民国の国民』とは定義されておらず、単に中華民国国民とみなされているだけ」（一六一頁）であって、同条約によって台湾の中華民国への帰属が認められたわけではない。彭明敏・黄昭堂『台湾の法的地位』東京大学出版会、一九七六年、一五九―一六七頁。

(21)「日本国政府と中華人民共和国政府の共同声明」一九七二年九月二九日。

(22)『第70回国会参議院本会議会議録』第二号、一九七二年一〇月二八日、四―五頁（大平正芳外務大臣答弁）。

(23) 外務省「台湾（Taiwan）　基礎データ」二〇二三年四月二〇日 [https://www.mofa.go.jp/mofaj/area/taiwan/data.html]。

(24)『第70回国会衆議院予算委員会議録』第二号、一九七二年一一月二日、一八頁（大平正芳外務大臣答弁）。

(25)「降伏文書」一九四五年八月一四日。

(26)「カイロ宣言」一九四三年一二月一日。

(27) 栗山尚一「日中共同声明の解説」時事通信社政治部編『日中復交』時事通信社、一九七二年、二一七頁。

(28)『第72回国会衆議院内閣委員会議録』第二五号、一九七四年四月二六日、三三頁（松永信雄外務省条約局長答弁）。

(29) 米華相互防衛条約は一九八〇年一月一日に失効したが、一九七九年以降、アメリカは国内法である台湾関係法に基づいて台湾を支援している。

(30) Joint Statement Following Discussions With Leaders of the People's Republic of China, Shanghai, February 27, 1972 を参照。

(31) 一九六九年一一月の日米共同声明で佐藤栄作総理大臣は「台湾地域における平和と安全の維持も日本の安全にとってきわめて重要な要素である」と述べた。これは、沖縄の「本土並み」返還を実現するために、日米安保条約六条および「条約第六条の実施に関する交換公文」（「岸＝ハーター交換公文」）に基づく日米間の事前協議の際、台湾防衛のためにアメリカが戦闘作戦行動を行う基地として日本の施設・区域を使用することを日本政府が拒否しないよう確保するためであったとされる。「佐藤栄作総理大臣とリチャード・M・ニクソン大統領との間の共同声明」一九六九年一一月二一日。『第34回国会衆議院日米安全保障条約等特別委員会議録』第四号、一九六〇年二月二六日、九頁（岸信介内閣総理大臣答弁）も参照。

(32) 『第70回国会衆議院予算委員会議録』第五号、一九七二年一一月八日、二頁（大平正芳外務大臣答弁）。

(33) 栗山尚一「台湾問題についての日本の立場――日中共同声明第三項の意味」日本国際問題研究所コラム／研究レポート、二〇〇七年一〇月二四日 [https://www.jiia.or.jp/column/column-141.html]。栗山尚一「日中国交正常化」『早稲田法学』七四巻四号、一九九九年、四四―五一頁も見よ。

(34) これは日本だけでなく、アメリカにも当てはまる方針である。Scheffer, "Deterrence Lawfare to Save Taiwan"を参照。

(35) UN Doc. A/RES/3314(XXIX), para. 2.

(36) James Crawford, *Creation of States in International Law*, 2nd ed., Clarendon Press, 2007, p. 211.

(37) もっとも、たとえ国家性の主張という意思表明がなくても、伝統的要件さえ満たせば国際法上の国家になるとの見解も存在する。たとえばYaël Ronen, "Entities that can be states but do not claim to be," in Duncan French, ed., *Statehood and Self-Determination: Reconciling Tradition and Modernity in International Law* Cambridge University Press, 2013, p. 45を参照。

(38) Björn Ahl, "Taiwan," *Max Planck Encyclopedias of International Law*, February 2020, para. 18.

(39) Crawford, *Creation of States in International Law*, p. 211.

(40) Ronen, "Entities that can be states but do not claim to be," p. 47.

(41) Ching-Fu Lin and Chien-Huei Wu, "Is Taiwan a State? The Creation of a State in Formosa through Quiet

Revolution and Democratization," *Verfassungsblog*, Oktober 18, 2022を参照。

(42) Lung-chu Chen, *The U.S.-Taiwan-China Relationship in International Law and Policy*, Oxford University Press, 2016, p. 91を参照。

(43) Nathan F. Batto, "Taiwan Is Already Independent: Why Most of the Island's People Don't Desire a Formal Declaration," *Foreign Affairs*, December 12, 2022も参照。

(44) Government Portal of the Republic of China (Taiwan), People: Fact Focus [https://www.taiwan.gov.tw/content_2.php].

(45) Batto, "Taiwan Is Already Independent: Why Most of the Island's People Don't Desire a Formal Declaration."

(46) この点については、一世紀にわたる中国大陸からの分離の中で「意図せざる国民形成」を遂げて顕在化した国際関係における「異例」と評される「逆説的国民国家」としての中華民国を論じた論考として、若林正丈「現代台湾の『中華民国』――例外国民国家の形成と国家性」『東洋文化』九四号、二〇一四年、九―二七頁もあわせて参照。

(47) Lin and Wu, "Is Taiwan a State?: The Creation of a State in Formosa through Quiet Revolution and Democratization." 彭・黄『台湾の法的地位』四七頁、注二〇。伊藤一頼「台湾に国際法の保護は及ぶか」『法律時報』九四巻二号、二〇二二年、三頁も参照。

(48) たとえばBatto, "Taiwan Is Already Independent: Why Most of the Island's People Don't Desire a Formal Declaration"を参照。

(49) 二〇〇五年中華民国憲法追加修正条文一一条：「自由地区と大陸地区間の人民の権利義務関係及びその他の事務の処理は、法律をもってとくにこれを規定することができる」。臺灣地區與大陸地區人民關係條例（二〇二二年六月八日修正）二条：「本條例用詞、定義如下：一、臺灣地區：指臺灣、澎湖、金門、馬祖及政府統治

権所及之其他地區。二、大陸地區：指臺灣地區以外之中華民國領土。三、臺灣地區人民：指在臺灣地區設有戶籍之人民。四、大陸地區人民：指在大陸地區設有戶籍之人民」。

(50) Lin and Wu, "Is Taiwan a State?: The Creation of a State in Formosa through Quiet Revolution and Democratization." Chen, *The U.S.-Taiwan-China Relationship in International Law and Policy*, p. 316 も参照。

(51) 「『中華民国』側の主張はともかく、事実上、『中華民国政府』はいくつかの極めて小さい大陸沿岸諸島を除けば、中国大陸になんら支配を及ぼしていないにもかかわらず、あくまで中国大陸にたいする主権を主張する以上、中華民国とは、現実に中国大陸を領土とする中華人民共和国内部の『反乱団体』(insurgency) もしくは、『交戦団体』(belligerency) でしかない、ということになる」。彭・黄『台湾の法的地位』一八六頁。

(52) たとえば Ming-Sung Kuo, "The Unredeemable Republic of China: Why Professor Lung-Chu Chen's Theory of Effective Self-Determination May Be Harmful to Taiwan's Statehood Claim," *Opinio Juris*, May 20, 2016 および "Democracy and the (Non)Statehood of Taiwan," *EJIL: Talk!*, November 3, 2022 を参照。

(53) Susan M. Gordon and Michael G. Mullen, eds., "U.S.-Taiwan Relations in a New Era Responding to a More Assertive China," *Council on Foreign Relations*, June 2023, pp. 24-28 も参照。

(54) Scheffer, "Deterrence Lawfare to Save Taiwan."

第Ⅲ部　ロシア・ウクライナ戦争の教訓

第7章　ロシア・ウクライナと中国・台湾
——比較して見える含意と教訓

尾上　定正

はじめに

「今日のウクライナは明日の東アジアかもしれない」と岸田文雄首相はたびたび危機感を示している[1]。岸田首相の認識のとおり、ロシアによるウクライナ侵略は、ヨーロッパのみの問題ではなく、領土不可侵や主権の尊重という国際社会全体のルール・原則そのものへの挑戦であり、まさにポスト冷戦期の終焉をわれわれに告げるものである。では、この力による一方的な現状変更の試みは、台湾有事の可能性を高めるのだろうか、それとも下げるのだろうか。

二〇二二年二月二四日に始まったロシアのウクライナ侵攻は、本章執筆時点（二〇二三年一〇月三日）においてもウクライナ軍の反転攻勢が継続しており、その決着は見通せない。ロシアがこの暴挙によって「何を得て何を失ったか」はまだ結論が出ていないので、戦況を注視する中国の習近平国家主席がどのような教訓を学びとるかは不確定だ。逆に言えば、台湾有事の可能性を下げるためには、侵略が成功するという前例を作ってはならないのであり、国際社会はロシアの利得を許さず、侵略の代償を払わせる必要がある。一方で、台湾海峡有事がウクライナ戦争の決着を待ってから起きるとは限らないので、勃発して二年半以上が経過したウクライナ情勢から、現時点における台湾海峡危機のエスカレートを抑止するための教訓を抽出することは有益である。本章では、ウクライナ戦争と台湾海峡危機の相違点と類似点を分析し、台湾海峡危機への含意と教訓を考察する。つぎに、ロシアのウクライナ侵略に対する国連等の対応を踏まえ、中国の台湾侵攻を抑止するための教訓を抽出する。

1　ウクライナ・台湾の相違点とその含意

(1) 戦略環境

一つ目の相違点としてはまず、戦略環境が内陸広域のウクライナに対し、台湾は海洋島嶼と全く異なっている。ロシアのウクライナ侵攻は大規模陸上兵力による地上戦だが、中国の台湾侵攻には、最狭部でも一三〇キロの台湾海峡を渡る着上陸戦が台湾本島の占拠に必要となり、その前提となる海空優勢の獲得を含め、海空戦力が作戦の帰趨を左右する。ロシアは侵攻開始までにウクライナ国境周辺に一七万人以上の兵力を集中したが、作戦計画の本質はキーウの政権中枢を電撃的に強襲する斬首作戦であり、ウクライナ全土を軍事占領する本格的な統合軍事作戦計画は用意されていなかった。[2] 最も重要な作戦は、キーウ近郊のホストメリ飛行場を制圧した空挺部隊がウクライナ首脳部を強襲し、ロシア連邦保安庁（ＦＳＢ）第五局が傀儡政権を設置するという「特別軍事作戦」であった。この作戦はウクライナ側の反撃とウォロディミル・ゼレンスキー大統領の徹底抗戦によって失敗に終わり、ロシアはウクライナ北部からの撤退を早々に決め、その後はウクライナ東部・南部の領土獲得戦へと様相を変えた。しかし、現在に至るもロシアはウクライナ全域の航空優勢を獲得できておらず、ミサイルやドローンによる無差別攻撃も戦況を左右する効果を挙げていないため、反転攻勢するウクライナ軍から獲得した領土を死守する塹壕戦を戦う状況にある。

習近平はじめ中国人民解放軍（中国軍）指導部はこの戦況を踏まえ、台湾侵攻作戦を計画するであろう。中国は台湾統一のためのさまざまな選択肢、電撃的斬首作戦や封鎖による兵糧攻めなどを選択し、組み合わせることができるが、それらによって目的を達成できない場合には、台湾本島占領のための洋上侵攻・着上陸作戦を実施せざるを得ない。特別軍事作戦の失敗から本格的統合軍事作戦への移行ができなかったロシアを反面教師とし、中国は、斬首作戦や封鎖をオプションとしつつ、本格的な洋上侵攻を準備すると考えられる。[3]

本格的な洋上侵攻には、大規模な陸上兵力や武器弾薬・補給品の集結と海上輸送に必要な軍民両用船舶の動員が必要であり、準備には相当の期間を要するので、演習を偽装しても奇襲攻撃は難しい。隠ぺいができず、防御も困難な洋上侵攻を成功させるには、少なくとも台湾海峡から台湾本島周辺区域の航空優勢および海上・水中優勢の獲得が不可欠であり、中国軍は洋上侵攻に先立って、台湾の（場合によっては日米を含む）航空基地、対艦攻撃部隊、潜水艦、機雷敷設能力等を各種ミサイルやドローンによって徹底的に攻撃し、無力化を図るだろう。

台湾側としては、このミサイル等大規模攻撃からいかに自軍の戦力を防護し、後続する中国軍の洋上侵攻戦力を撃破できるかどうかがカギとなる。また、この大規模火力打撃攻撃に前後して、台湾本島の封鎖作戦が行われる可能性が高い。陸続きで隣国からさまざまな補給支援を受けているウクライナと異なり、台湾への補給支援の手段は海上・航空輸送しかなく、日米等の支援国がどのように封鎖を突破し、海上・航空輸送を継続できるか、難度の高い課題に直面することになる。くわえて、台湾の通信網の大動脈である海底ケーブルが切断・遮断された場合の通信手段の確保も重要課題である。

（2）被侵略国への支援

二つ目の相違点は、被侵略国を支援する体制が大きく異なることである。いずれの場合もアメリカの介入がカギとなる一方、ロシアがウクライナの背後にある強大な北大西洋条約機構（ＮＡＴＯ）を意識せざるを得ないのに対し、中国はアメリカ中心の二国間同盟（日豪韓比）、実質的には日米同盟の介入だけを考慮すればよい。ジョー・バイデン大統領はウクライナに直接軍事介入しないことを明言し、現時点でも直接介入はしていないが、台湾に関しては「前例のない攻撃があった場合、アメリカは台湾を守る」と明言し、米軍の介入を繰り返し示唆している(4)。

アメリカ議会が制定した台湾関係法（ＴＲＡ）は、①平和手段以外によって台湾の将来を決定しようとする試みは、ボイコット、封鎖を含むいかなるものであれ、西太平洋地域の平和と安全に対する脅威であり、アメリカの重大関心事と考える、②防御的な性格の兵器を台湾に供給する、③台湾人民の安全または社会、経済の制度に危害を与えるいかなる武力行使または他の強制的な方式にも対抗しうるアメリカの能力を維持する、ことを明文化している(5)。台湾は第一列島線の中央という戦略的要衝に位置する、民主主義の最大の成功例であり、超党派で対中国強硬姿勢を維持しているアメリカ議会が台湾防衛への米軍介入を支持する可能性は高い。

ロイター／イプソスが二〇二三年八月にアメリカで行った世論調査では、回答者の半数が、中国の攻撃抑止のために台湾に軍事支援することを支持した。ただし、中国が台湾を攻撃した場合の台湾防衛のための米軍派遣を支持する割合は三八パーセントにとどまり、四二パーセントは反対、「わからない」は二〇パーセントだった(6)。これらを踏まえると、アメリカの軍事的介入に関する習近平の戦略的見積もりが、中国の軍事侵攻を抑止するカギとなるだろう。

ロシアは、NATO諸国によるウクライナへの戦車、F-16戦闘機、武器弾薬の提供や通信・ISR（情報・監視・偵察）等の機能支援を苦々しく思いつつも、NATOとの直接交戦にエスカレートしないよう作戦行動を自己規制している。NATO軍と正面から交戦した場合、ロシアに勝ち目がないことが明らかだからだが、台湾をめぐる攻防では、中国とアメリカの勝敗は必ずしも明らかではない。中台の戦力比から見て、台湾の単独防衛はほぼ不可能であり、米軍介入は台湾防衛に必須である。中国は米軍との交戦を辞さない覚悟で臨むであろう。

さらに、アメリカのシンクタンク戦略国際問題研究所（CSIS）のウォーゲーム報告書が指摘するとおり、米軍介入に際し、在日米軍基地の使用、すなわち日米安保条約第六条に基づく日米同盟の発動がなければ、台湾防衛作戦の遂行は困難となる(7)。中国から見れば、①米軍介入の阻止・遅延、②日米同盟発動の阻止・遅延という二段階で、台湾に対する軍事支援を阻止・遅延させることが可能であり、そのための世論工作や核兵器による「エスカレーション抑止」など、さまざまな手段を講じることができる。これは台湾防衛側の大きな脆弱点であり、早期に対応策を検討しておく必要がある。

(3) 侵略側への支援と侵攻の波及

三つ目の相違は、侵略側に対する軍事支援の有無と侵攻の波及の可能性である。ロシアに対する直接的な軍事支援はベラルーシによるロシア軍の受け入れのみであり、中国は武器弾薬の提供を含めロシアへの直接的な軍事支援には慎重な姿勢を崩していない。イランによるドローン提供や北朝鮮からの弾薬調達など、ロシアが得られる外国からの支援は限定的である。他方で、中国が台湾侵攻を決断する場合、北朝鮮とロシアが中国の支援を意図し、あるいは機会主義的に軍事行動を起こす可能性を考慮する必要がある。歴史的にも台湾海峡危機と朝鮮半島危機は連動しやすく、日米の関心と戦力を分散させるため、中国が北朝鮮やロシアに軍事的挑発を督励したり、陽動のための共同演習等を計画したりすることは十分考えられる。

(4) 経済制裁

最後に、中国はアメリカに次ぐ世界第二位の経済大国であり、二〇二二年の名目GDPは約一八・

一〇兆ドルに上る。対してロシアは第八位、約二・二兆ドルと中国の一二パーセントにすぎない。[8]バイデンは、二〇二一年一二月七日のウラジーミル・プーチン大統領とのビデオ首脳会談で、「今まで見たこともないような経済的影響」に直面することになると明確に伝えたが、[9]プーチンの堅い決意を前に、経済制裁は抑止力として機能しなかった。ウクライナ侵攻を受け、西側諸国は結束して、ロシアに対し異例の速さで広範な経済制裁を決断し、金融制裁（ロシアの銀行のＳＷＩＦＴ（国際銀行間通信協会）からの切り離し、ロシア連邦中央銀行の国外資産凍結など）、暗号資産の取引の制限強化や半導体などのハイテク製品の規制等の措置を実施した。しかし、ロシアに化石燃料・天然ガスや鉱物を依存するヨーロッパ各国は、その輸入をいきなり止めることはできず、また、ロシアは原油や天然ガスを中国やインドに売ることで継続的に外貨収入を得ており、ロシア経済に決定的なダメージを負わせられていない。西側の経済制裁は、「早く、固く、広い制裁だが強くはない」ので、ロシアの行動変容（停戦・撤兵）を強いることはできていない。[10]

このような状況を踏まえると、西側諸国やグローバル・サウスの経済依存度がはるかに大きい中国に対して、経済制裁が抑止力となるのか、はなはだ疑問である。ＳＷＩＦＴから締め出されると銀行間の国際間の送金や決済ができなくなり、中国にとって受け入れがたい効果を持つので抑止力となりうるとの見方もあるが、その反射的影響を制裁実施国が受け入れられなければ、抑止力としての実効性はきわめて低い。逆に、中国は経済的手段を利用して自国の意思を強要することに長けており、台湾侵攻に際しても経済的手段を併用して国際社会の介入を阻止したり、中国に有利な環境を作為したりするだろう。西側諸国は、中国が梃子として利用できる重要資源への依存等、サプライチェーンの脆弱性を平時から段階的に低下させていくことが必要である。

ウクライナはロシアに対して経済的なボトルネックを持っておらず、ロシアはウクライナとの貿易の途絶を懸念する必要はなかった。一方台湾は、半導体生産で大きな存在感を示しており、世界のファウンドリー（半導体の受託生産）企業の収益額の六割以上を台湾企業（台湾積体電路製造（TSMC））だけで五六・一パーセント）を占めている[11]。中国の台湾産ICへの依存度は高く、二〇二一年の中国のIC輸入全体の三五・九パーセントが台湾からである[12]。このような中国のサプライチェーンの脆弱性を明らかにすることは、抑止力の強化に有効であろう。

2　ウクライナ・台湾の類似点とその含意

(1) 権威主義対自由主義

ウクライナと台湾に共通する点も多い。まず、権威主義独裁体制の国家が、自由主義民主体制の国・地域に対し、歴史的・民族的な独自の主張を理由に、一方的な統一を強要していることが共通する。ロシアのプーチンは、二〇二一年七月に発表した「ロシア人とウクライナ人の歴史的一体性について」という論文で、「ロシア人とウクライナ人は一つの全体」[13]であると主張し、中国の習近平は二〇二二年一〇月の第二〇回共産党大会で、「台湾問題を解決して祖国の完全統一を実現することは、中華民族の偉大な復興を実現する上での必然的要請」[14]だと述べている。いずれの主張も史実に照らせば偏向した独善的な主張だが、その主張を受け入れ、同調する人々や国家があることも事実だ。とりわけ、中国は三戦（世論戦、心理戦、法律戦）を駆使し、自己主張を正当化するナラティブ（言説）を意図的かつ積極的に流布しており、同調者（国）の広がりを注視する必要がある。

（2）核軍事大国対非核軍事小国

つぎに、一方的な統一を企図する国（侵攻国）が国連安保理常任理事国（P5）であり、核を保有する軍事大国である一方、統一を強要される側（被侵攻国）は非核保有の軍事小国であり、同盟国がないことも共通する。ロシアは、武力による威嚇や行使を禁止する国連憲章を擁護し実現すべきP5の一員でありながら、自国に不利な決議には拒否権を行使できるため、安保理を機能不全にしている。

国連では、「平和のための結集決議」（一九五〇年一一月採択）に基づき開催された緊急特別総会が、二〇二三年四月末までに、ウクライナ情勢に関する六つの決議を採択している[15]。これらの決議に強制力はないが、ロシアの行為に関する正当性の有無を明示する意義は大きい。仮に中国が台湾統一のために武力を行使した場合も、国連憲章違反ではあるが、ロシアによる侵攻と同じく中国の拒否権によって安保理決議の採択はできないだろう。その際、緊急特別総会が開催されるかどうか、またどのような決議が採択されうるかという見通しは、中国の侵攻に正統性を与えない要因の一つとなる。

プーチンは、アメリカ・NATOの介入を抑止するため、核兵器の使用をたびたび示唆し、「エスカレーション抑止（escalate to de-escalate）[16]」戦略を実行している。バイデンは「ウクライナの地で第三次世界大戦は戦わない」と早々に表明し、ウクライナに対する武器提供もロシアとの直接衝突を避けるため、慎重に対応している。これらを踏まえると、プーチンの「エスカレーション抑止」戦略が有効に機能していると評価せざるを得ないだろう。中国は、「核兵器の先行不使用」を宣言政策としているが、近年の急激な核戦力の増強は、最小限抑止から相互確証破壊への核戦略の変更を懸念させる。[17]台湾侵攻に際し、米軍や日米同盟の介入を阻止するため、中国が「エスカレーション抑止」を実行する可能性は排除できない。ウクライナと台湾はともに非核保有国であり、国際社会は、中ロの「エスカレーション抑止戦略」に対抗する拡大抑止の戦略を問われている。

軍事バランスの著しい不均衡も共通する。国際戦略研究所（IISS）の二〇二二年版「ミリタリー・バランス」によると、ウクライナの二〇二一年の国防費は四七億ドル（約五四〇〇億円）であり、ロシアの四五八億ドルの一〇分の一程度にすぎない。二〇二二年二月二四日開戦時のウクライナ対ロシアの戦力比は、現役兵力約二〇万対約九〇万（四・五倍）、装甲戦闘車輛約三〇〇〇対約一万五〇〇〇（五倍）、航空機一二三機対一三九一機（一〇倍）等、圧倒的な格差があった。[18]中台の戦力比は、令和五年版防衛白書によると、二〇二三年度の国防費は中国が約一兆五五三七億元、台湾が約四〇九二億台湾ドルであり、米ドル換算した場合、中国の国防費は台湾の一七倍に相当する。陸海空戦力およびミサイル攻撃力も中国が圧倒しており、「中台の軍事バランスは全体として中国側に有利な方向に急速に傾斜する形で変化している」としている。[19]

ウクライナは長年NATO加盟を要望してきたが、二〇〇八年のNATO首脳会議は「ウクライナの将来的な加盟を支持」するにとどまり、加盟は実現しなかった。二〇一四年にロシアがクリミアを併合し、翌年からウクライナ東部での紛争が始まると、紛争当事国となったウクライナの加盟は事実上不可能となった。NATOは「将来的な加盟を支持」する証として、ウクライナに対して「自衛する能力を高めるための支援」をしてきた。数年にわたる軍の組織改革の支援や訓練を通した人材育成、さらに兵器供与や情報提供などの間接的な作戦支援が功を奏し、ウクライナ軍は善戦している。同様に戦力で圧倒的に劣勢な台湾は、ウクライナの非対称的な戦い方やNATO加盟国等による直接・間接の作戦支援から得る教訓は多い。

(3) 国内における侵略側への親和勢力の存在

最後に、侵攻に際してのアメリカを始め国際社会の支援が不透明かつ流動的であり、侵攻国に親和する勢力（親ロ派、親中派）が国内に相当数存在することも共通する。一方的な侵攻を受けたウクライナに対し、国際社会は一致して支援しているが、支援の具体的内容は国によって異なっている。侵攻当初のヨーロッパやアメリカの支援はウクライナの要望に応えるものではなかった。戦車や戦闘機、長射程のミサイルや火砲の提供を躊躇し、逐次支援された兵器の戦力化には長期を要している。欧米諸国の中国に対する重要資源や市場の依存度を踏まえると、台湾に対する支援がどのような内容となるか、見通すことは難しい。

また、ロシアはクリミア半島やウクライナ東部二州のロシア系住民を利用し、住民投票による親ロ派地方政府を樹立、占拠を正当化している。国際防衛安全保障センター（エストニア）の保坂三四郎研究員によれば、クリミア半島に接するヘルソン州では、ロシア軍や占領行政府への利敵協力者が多く出ただけでなく、防諜機関のウクライナ保安庁（SBU）の内部にも複数のロシアのエージェントが浸透していた。二〇二〇年一〇月にゼレンスキーが任命したSBUクリミア総局長オレフ・クリニチは、全面侵攻直後に同職を解かれ、二〇二二年七月に国家反逆罪の容疑で逮捕されている。[20]
台湾民衆の意識調査によれば、自らを台湾人と自己認識する比率は年々増加し、二〇二〇年には六七パーセントに達する一方、中国人（二・四パーセント）もしくは中国人台湾人の両方（二七・五パーセント）と自己認識する民衆が約三割存在する。[21] さらに近年、台湾では、中国のスパイ活動が政治、経済、国防などあらゆる分野に浸透し、その活動が一段と強化されている。二〇二二年には、国防部のナンバー三である副部長（国防次官）を務めた張哲平空軍上将が、中国に機密情報を漏らした疑いで台湾の情報機関と治安当局の捜査対象となり、この事件に関わった張氏の元部下の軍人二人が国家安全法違反の罪で起訴された。翌二〇二三年一月には、台湾軍の部隊配置や軍用機・軍艦の性能に関する情報を中国側に漏洩した「国家機密保護法」違反などの容疑で台湾空軍の元大佐一人と海・空軍の現役将校三人の計四人が検挙されている。[22] このような状況を踏まえると、ロシアと同じく、中国も台湾在住の親中勢力を利用し、台湾社会に浸透させている中国のスパイや工作員によるハイブリッド戦を展開する可能性が高い。

3　分析と教訓

(1) 教訓と留意すべきこと

ロシア・ウクライナと中国・台湾を対比し、その類似点と相違点から教訓を導くアプローチには、気をつけるべき点が二つある。一つは、「二度目は二度目であるがゆえに一度目とは異なる」ということだ。習近平は、ロシア・ウクライナ戦争を徹底的に学習し、最大限の教訓を得ようとするであろう。とりわけプーチンの犯した失敗、たとえば本格的軍事侵攻の準備不足や国際社会からの孤立の回避に努力することは確実である。したがって、台湾有事の抑止に有効な教訓を得るには、習近平個人が二つの情勢をどう評価するかまで踏み込んで教訓を導出し、その適用を考える必要がある。

二つ目は、逆説的であるが、その習近平の戦略的計算（腹の内）を読むことの難しさ、不確実さを肝に銘じておくことである。プーチンがウクライナ侵攻を決断した経緯については、開戦から二年以上が経過しロシアの開戦経緯をめぐる公開情報の量が増大したため、その実相に迫ることが一定程度可能となりつつある[23]。しかし、現実に侵攻が開始されるまでは、ゼレンスキーを含め国際社会の大半が、プーチンの決断を正確に読めなかった。バイデンはアメリカ独特の情報能力でほぼ正確に侵攻を予言したが、プーチンを翻意させることはできなかった。中国の台湾侵攻については、二〇二七年までに起きる可能性が取りざたされている。習近平の台湾統一の意図は明白だが、いつどのような手段・方法で実行に移されるかは、未決定であろう。したがって、中国の軍事侵攻の難易度を高め、コストとリスクを拡大することで、習近平の戦略的計算を複雑にし、決断を猶予させることが重要となる。

(2) 国際社会と欧米の関心

ロシアのウクライナ侵攻を招いた一因は、ウクライナ情勢に対する国際社会の関心の低さにある。

プーチンは、早くも二〇〇七年二月の「ミュンヘン演説」でアメリカ一極支配体制やＮＡＴＯ拡大を痛烈に批判し、翌二〇〇八年四月に開かれたNATOサミットでは、ロシア系国民が多数いるウクライナについて「NATO加盟問題が発生すれば、国家としての存立が危機を迎える」と脅した。[24]これに対してNATOは、ロシアを刺激しないことを優先し、ウクライナ、ジョージアの将来的な加盟を支持するにとどまったが、ロシアはその四か月後にジョージアに侵攻、六年後の二〇一四年にはウクライナに侵攻してクリミアを軍事併合した。さらに、二〇二一年七月に公表された「ロシア人とウクライナ人の歴史的一体性について」という論文[25]は、プーチンの反西欧姿勢と独特の歴史観・民族主義の過激化を明示していたが、欧米の反応は鈍かった。バイデンは、二〇二一年九月一日、ゼレンスキーと初の首脳会談を行い、アメリカは「ロシアの侵略に直面するウクライナの主権と領土保全にしっかりと関与し続ける」と表明したが、一二月には軍事不介入を明言している。

アメリカとNATOの宥和政策、そして日本を含む国際社会の関心の低さがプーチンの誤算を増長し、軍事侵攻を誘発したことは否めない。台湾有事の抑止には、国際的な関心と日米等の関係国の関与を高めておくことが必要である。

(3) 国連決議

ロシアのウクライナ侵略に対して国連は、緊急特別総会において二〇二三年四月末までに六つのウクライナ情勢に関する決議を採択した。このうち、最初の「ウクライナに対する侵略」決議（二〇二二年三月二日）を始めとする四つの決議は一四〇か国以上の賛成によって採択された。決議に強制力はないが、ロシアの侵略を非難し、武力行使の即時停止、即時・完全・無条件の撤退を要求するなど、国際社会が一致してロシアの不当性を明示する意義は大きい。

その一方で、いずれの決議にも反対・棄権する国が存在し、二つの決議では賛成が加盟国全体（一九三）の過半数に届かなかったことから、いわゆるグローバル・サウスの動向が注目された。参議院特別調査室の報告[26]によると、投票には地域ごとに異なる傾向がみられ、中東や太平洋島嶼国、中南米諸国では決議への賛成が比較的多いのに対して、東アジア・南アジアやアフリカ諸国では一定数の国々がつねに棄権や反対に回り、決議への賛成が比較的少なく、さらに中央アジアでは決議への賛成が全く見られない。各国はさまざまな理由で投票を決めており、欧米のダブルスタンダードに対する不信感は決議に賛成する国にも根強く存在している、と分析している。

これらを踏まえると、中国の台湾侵攻に際し、国連総会等において国際社会が中国を非難する姿勢で一致するためには、各国の投票行動に影響する中国への経済的・軍事的依存やグローバル・サウスの欧米に対する不信感の低減を普段から図っておくことが必要である。また、中国は、「一つの中国」を掲げ、「台湾問題は純粋な中国の内政であり、いかなる外部からの干渉も許さない」と繰り返し主張している[27]。この中国のナラティブに国際社会が支配されないことが重要だ。

（4）法の支配

国際機関や国際法・条約によって国際安全保障の秩序を維持する「法の支配」を強めておくこともウクライナ戦争の重要な教訓である。プーチンは侵攻の早い段階から核兵器の使用をほのめかす言動を繰り返し、いわゆる「エスカレーション抑止」戦略を実行している。前述の国連決議は、核戦力の即応態勢を高めるロシアの決定を非難しているが、中国が米軍や日米同盟の介入を抑止するために同様の戦略を使ってくる可能性は否定できない。

中国とロシアは核不拡散条約（NPT）の署名国であるが、二〇二二年八月の再検討会議では、ロシアの反対で最終文書が採択できなかった。中国も、核軍縮は米ロの大幅削減が必要と主張し、米英豪安全保障枠組み（AUKUS）によるオーストラリアへの原子力潜水艦導入計画は核拡散リスクと批判する一方、兵器用核分裂性物質の生産一時停止や透明性確保については、最終文書への記載に強く反発するなど、自国中心の強硬姿勢を貫いている。二〇二六年の再検討会議に向けた準備会合を通じ、西側諸国は、中ロの「エスカレーション抑止」戦略を非難・非合法化し、実行のハードルを高めていく必要がある。

また、国際刑事裁判所（ICC）は二〇二三年三月、ウクライナの児童をロシアへ不法に移送するなどの戦争犯罪の責任を追及し、プーチンに逮捕状を出した(28)。ICCには容疑者を逮捕する権限はなく、ICC加盟国内でしか管轄権を行使できない。ロシアは非加盟国のため、この動きが直接影響をもたらす可能性は低いが、加盟国には逮捕に協力する義務が生じるので、プーチンの加盟国への訪問は難しくなる。事実、ICC加盟国の南アフリカで八月に開催されたBRICS首脳会議には、プーチンの代わりにセルゲイ・ラヴロフ外相がロシア代表として出席した。ICCの逮捕状はプーチンを犯罪容疑者に指定し、国家元首としての権威をはく奪するとともに、ロシアの外交活動を大きく制限する効果を発揮している。ロシアは一貫してICCの逮捕状を批判し、ドミトリー・メドヴェージェフ前大統領は、逮捕状をトイレットペーパーに例えるツイートを投稿した。この投稿は、常設仲裁裁判所が南シナ海の中国の主張を退けた裁定を、中国が「違法、無効な紙くずだ」と非難したことを想起させる。中国が武力侵攻を行った場合、「法の支配」に従わず一方的に現状変更や戦争犯罪を強行する国家として、中国を国際社会から孤立させるカードを複数用意することが中国の武力行使に対抗する側の正統性根拠として有効である。

おわりに

中国は、台湾を一方的に併合する観点から、ロシアと同等もしくはそれ以上のパワー（外交、軍事、経済）と意思を保有している。台湾を占拠する着上陸侵攻は、ロシアのウクライナ侵攻よりも難度が高いが、ウクライナを支援するＮＡＴＯに比べ、アメリカおよび日米同盟による台湾支援は不透明かつ限定的で実行が難しい。中国は、地域の軍事バランスで優位にあることに加え、核兵器のエスカレーション抑止による介入阻止や経済制裁への反撃が可能であり、台湾国内および海外の親中派を利用した影響工作による政権転覆等、さまざまな手段をとりうる。台湾有事の抑止には、このような特性を踏まえた教訓の活用が必要だ。ウクライナ戦争の経緯からは、国際社会や関係国が強い関心をもって抑止に関与し、国際法に基づく秩序維持の取り組みを強化することの重要性が示されている。国際社会は、習近平の戦略的計算に影響を及ぼすあらゆる方策を平時から講じ、武力侵攻の決断を猶予させ続けなければならない。

注

（1）「岸田総理による外交専門誌『外交』への寄稿文」首相官邸、二〇二三年三月三一日 [https://www.kantei.go.jp/jp/101_kishida/discourse/20230331contribution.html]、二〇二三年九月一五日閲覧。

（2）神余隆博・松村五郎『ウクライナ戦争の教訓と日本の安全保障』東信堂、二〇二二年。

（3）*Chinese Invasion Threat* (Eastbridge Books, 2017) の著者イアン・イーストンは、中国人民解放軍は台湾統一のための次の五つの作戦計画を用意していると分析している。①台湾への大規模統合火力打撃戦、②台湾への大規模封鎖作戦、③台湾への統合侵攻作戦、④統合対航空作戦、⑤国境地域統合作戦。Ian Easton, "China's Top Five War Plans," Project 2049, January 6, 2019 [https://project2049.net/2019/01/06/chinas-top-five-war-plans/], accessed on September 21, 2023.

（4）「中国侵攻なら台湾防衛、バイデン米大統領が明言　中国は反発」ロイター、二〇二二年九月一九日 [https://jp.reuters.com/article/usa-taiwan-biden-idJPKBN2QK045]、二〇二三年八月二八日閲覧。

（5）「台湾関係法」一九七九年四月一〇日、データベース「世界と日本」[https://worldjpn.net/documents/texts/JPCH/19790410.O1J.html]、二〇二三年九月二一日閲覧。

（6）「中国の軍事的脅威へ対応を、米世論調査　追加関税も支持」ロイター、二〇二三年八月一六日 [https://jp.reuters.com/article/usa-china-poll-idJPKBN2ZR0T8]、二〇二三年九月二一日閲覧。

（7）Mark F. Cancian, Matthew Cancian, and, Eric Heginbotham, "The First Battle of the Next War," CSIS, January 9, 2023, pp. 116-119 [https://www.csis.org/analysis/first-battle-next-war-wargaming-chinese-invasion-taiwan], accessed on September 21, 2023.

（8）「世界の名目ＧＤＰ 国別ランキング・推移（ＩＭＦ）」Global Note、二〇二三年四月一四日 [https://www.globalnote.jp/post-1409.html]、二〇二三年九月二二日閲覧。

(9)「バイデン氏、ウクライナへの米軍派遣『検討していない』ロシア軍への対抗で」BBC News、二〇二一年一二月九日 [https://www.bbc.com/japanese/59589392]、二〇二三年九月二四日閲覧。

(10) 鈴木一人「ロシアへの経済制裁は一体どの程度効いているか」東洋経済オンライン、二〇二三年九月一九日 [https://toyokeizai.net/articles/-/618848]、二〇二三年九月二二日閲覧。

(11) 柏瀬あすか「ファウンドリーは海外進出も、最先端技術は台湾に」JETRO、二〇二三年二月六日 [https://www.jetro.go.jp/biz/areareports/special/2023/0101/bb522afa2b6f40bc.html]、二〇二三年九月二五日閲覧。

(12)「中国の輸入相手先首位は2年連続で台湾、半導体が牽引（中国、台湾、アメリカ）」JETRO中国北アジア課、二〇二二年四月六日 [https://www.jetro.go.jp/biznews/2022/04/2dee31d5a82d9125.html]、二〇二三年九月二五日閲覧。

(13) "Статья Владимира Путина «Об историческом единстве русских и украинцев»," Открыть. July 12, 2021 [http://kremlin.ru/events/president/news/66181], accessed on September 15, 2023. 和訳は「プーチン大統領の、２０２１年7月12日の論文『ロシア人とウクライナ人の歴史的一体性について』」[http://www.a-saida.jp/putin/putin.htm]を参照、二〇二三年九月二五日閲覧。

(14)「中国共産党第20回全国代表大会における報告（全文）」『人民中国』二〇二二年一〇月一七日 [http://www.peoplechina.com.cn/tjk/20da/202210/t20221017_800310426_15.html]、二〇二三年九月一九日閲覧。

(15)「今世紀初の国連緊急特別総会を招集へ…米、露軍即時撤退など求める決議案採決はかる」読売新聞オンライン、二〇二二年二月二八日 [https://www.yomiuri.co.jp/world/20220228-OYT1T50058/]、二〇二三年九月一九日閲覧。

(16)「バイデン米大統領、ウクライナのために第3次大戦は戦わない」Bloomberg、二〇二二年三月一二日 [https://www.bloomberg.co.jp/news/articles/2022-03-11/R8LFLBDWX2PS01]、二〇二三年九月一九日閲覧。

(17) 小林祐喜「透明性なき中国の核軍拡に関する考察――NPT再検討会議を前に」笹川平和財団、二〇二二

年七月一五日 [https://www.spf.org/spf-china-observer/document-detail039.html]、二〇二三年九月一九日閲覧。

(18) 「ロシア軍とウクライナ軍では『巨人と少年』、両国の戦力を比較」ＣＮＮ、二〇二二年二月二六日 [https://www.cnn.co.jp/world/35184093.html]、二〇二三年九月一九日閲覧。

(19) 『防衛白書 令和5年版』[https://www.mod.go.jp/j/press/wp/wp2023/pdf/R05zenpen.pdf]、二〇二三年九月一九日閲覧。

(20) 保坂三四郎「『反戦』の弱い指導者から『領土解放戦争』の象徴へ――ゼレンスキー大統領の変貌とウクライナの課題」『地経学ブリーフィング』一六二号、ＡＰＩ、二〇二三年七月三日 [https://apinitiative.org/2023/07/03/48465/]、二〇二三年九月一九日閲覧。

(21) 若林正丈「『台湾のあり方』を見つめ続けてきた世論調査」『交流』九五三号、二〇二〇年八月 [https://www.koryu.or.jp/Portals/0/images/publications/magazine/2020/%EF%BC%98%E6%9C%88/06_taiwannoarikata.pdf]、二〇二三年九月一九日閲覧。

(22) 樋口譲次「台湾にいる中国のスパイは『５０００人』以上…。中国の工作活動が〝警戒レベル〟に到達――台湾と『沖縄』が標的　米シンクタンクが警告」The Gold Online、二〇二三年五月二四日 [https://gentosha-go.com/articles/-/51477]、二〇二三年九月一三日閲覧。

(23) たとえば、河西陽平「ロシアの対ウクライナ『特別軍事作戦』開戦経緯の再検討」中曽根平和研究所、二〇二三年四月一三日 [https://www.npi.or.jp/research/data/npi_commentary_kawanishi_20230213_revised.pdf]、二〇二三年九月二五日閲覧。

(24) "Text of Putin's speech at NATO Summit (Bucharest, April 2, 2008)," UNIAN, April 18, 2008 [https://www.unian.info/world/111033-text-of-putin-s-speech-at-nato-summit-bucharest-april-2-2008.html], accessed on September 25, 2023.

(25)　"Статья Владимира Путина, «Об историческом единстве русских и украинцев»."

(26)　藤生将治「ウクライナ情勢をめぐるグローバル・サウスの動向――国連総会決議をめぐる各国の投票行動を中心に」『立法と調査』四五七号、二〇二三年、四八―七〇頁。

(27)　「習氏『台湾問題は純粋な中国の内政』…中台統一へ『中華民族の偉大な復興』強調」読売新聞オンライン、二〇二一年一〇月九日 [https://www.yomiuri.co.jp/world/20211009-OYT1T50223/]、二〇二三年九月二五日閲覧。

(28)　"Situation in Ukraine: ICC judges issue arrest warrants against Vladimir Vladimirovich Putin and Maria Alekseyevna Lvova-Belova," ICC, March 17, 2023 [https://www.icc-cpi.int/news/situation-ukraine-icc-judges-issue-arrest-warrants-against-vladimir-vladimirovich-putin-and], accessed on September 25, 2023.

第8章

情報・物流・ライフラインの遮断
――ハイブリッド戦への教訓

小原　凡司

はじめに――ハイブリッド戦とは何か

ハイブリッド戦の概念は一様ではない。たとえば、日本の防衛白書二〇二二年版はハイブリッド戦について、「いわゆるハイブリッド戦は、軍事と非軍事の境界を意図的にあいまいにした手法であり、このような手法は、相手方に軍事面にとどまらない複雑な対応を強いることになります」としている。(1)その上で、具体的な手法として、「例えば、国籍を隠した不明部隊を用いた作戦、サイバー攻撃による通信・重要インフラの妨害、インターネットやメディアを通じた偽情報の流布などによる影響工作を複合的に用いた手法が、『ハイブリッド戦』に該当すると考えています。このような手法は、外形上、『武力の行使』と明確には認定しがたい手段をとることにより、軍の初動対応を遅らせるなど相手方の対応を困難なものにするとともに、自国の関与を否定する狙いがあるとの指摘もあります」と述べている。対応に焦点を当てるのはハイブリッド戦の概念を、認定された事態ごとに自衛隊の行動を規定する日本の関心や課題に基づいて解釈したものとも捉えられる。

ハイブリッド戦はアメリカで提起された概念である。アメリカがハイブリッド戦という概念を必要としたのは、二〇〇一年九月一一日に生起したアメリカ同時多発テロを契機として、通常兵力による正規戦ではアメリカに全く及ばない主体が、テロ行為や影響工作を始めとする正規戦以外の種々の手法を用いてアメリカに挑戦しているという認識が高まったからだ。アメリカの「国家防衛戦略（National Defense Strategy）二〇〇五」は、「挑戦」を、伝統的挑戦（Traditional challenges）、伝統的・古典的戦争の規範に則らない挑戦（Irregular challenges）、大量破壊兵器等を用いる破滅的挑戦（Catastrophic challenges）、アメリカの優位を覆す新興・破壊的技術を用いた破壊的挑戦（Disruptive challenges）の四つに分類している(2)。

二〇〇〇年代半ば、国家間の伝統的・古典的な戦争の規範に則らない多様な脅威が表面化したことに対し、米軍が保持すべき能力について議論する中でハイブリッド戦という概念が提起された。テロ行為、反政府活動・内乱、制約のない戦闘、ゲリラ戦、麻薬犯罪者による支配などの伝統的・古典的戦闘以外の手法を用いる挑戦者（Irregular Challengers）は、これまでの戦争のルールに従わず、その手法は民主主義国家であるアメリカの脆弱性をターゲットとしてデザインされる。アメリカはさまざ

まな戦争の形態と手段の融合に直面することになり、この前例のない融合をハイブリッド戦と呼称したのである。(3)

ハイブリッド戦は国家および種々の非国家主体によって実行されうる。いずれが主体であっても、自らの通常兵力がアメリカのそれに大きく劣り、国家間の伝統的・古典的戦争では自らの目的を達成できないと考えれば、正規戦の戦場以外の領域で、正規戦における戦闘以外の手法を用いてアメリカの脆弱性を攻撃し、目的を達成しようとするのである。アメリカが提起した本来のハイブリッド戦の概念に基づけば、ウクライナで展開されているロシアの戦い方をハイブリッド戦と呼ぶことには議論の余地がある。ロシアはウクライナに対して通常兵力において劣るわけではなく、ロシアによるウクライナ侵攻の戦闘領域および手段の中心が、伝統的・古典的な国軍間の戦争であり、その規範に則った手段であるからだ。ロシアは、主として、自軍とウクライナ軍との伝統的・古典的な通常兵力による戦闘を通じてウクライナ侵略を達成しようとしているのである。

一方で、ロシアの戦い方は、用いる手段や戦争形態の比重が異なるとはいえ、伝統的・古典的な通常兵力による戦闘に加え、非伝統的・非古典的な戦術、無差別の暴力や強制を含むテロ行為、犯罪行為による無秩序の創出など、さまざまな戦争形態が同時・同期的に展開されるというハイブリッド戦の特徴を備えている。

ロシアは、軍事侵攻に際してウクライナ軍との戦闘以外に、通信事業者等に対してサイバー攻撃を仕掛けているだけでなく、ウクライナ国民を精神的に追い込み、ロシアの軍事侵攻に抵抗する気力を失わせるために、ミサイルやロケット、長射程砲などを用いて物理的打撃も行った。国民が電気等を利用できなくするために発電所等のライフラインを攻撃し、食糧や日用品の供給を遮断するために鉄道や道路を攻撃し、恐怖を与えて精神的に疲労させるために民間人が暮らす都市を攻撃したのである。それでもウクライナ社会が結束して自国軍を支援してロシア軍に抵抗し続ける状況の中で、ロシア軍は通りで無差別に市民を狙撃したり、国民そのものを強制移住させたりするなどの行為を行っているとされる。また、ウクライナを経済的苦境に陥れるために、黒海を封鎖するとともにウクライナの港湾を攻撃し、ウクライナからの穀物輸出を遮断している。

本章では、非伝統的・非古典的な手段や戦闘形態を用いてロシアがウクライナに対して行っている戦闘のうち、ロシアが企図したウクライナの情報、物流およびライフラインの遮断に焦点を当てる。その上で、台湾武力侵攻において中国人民解放軍等が実施すると考えられる情報・物流等の遮断について、ロシアの作戦と比較し、考察する。

1　情報戦、認知戦、影響工作の定義

情報戦（Information Warfare）、認知戦（Cognitive Warfare）、影響工作（Influence Operation）という用語について、日本では定義があいまいなまま使用されることが多い。これらは目的や手法において重複する部分もあるが、本来の概念は異なる。しかし、国あるいは論者によっても定義が異なり、時間の経過とともに本来の概念からの拡大・変化も見られる。情報戦、認知戦、影響工作もサイバー空間で展開されることが増えている。また、権威主義国家が言う「民主主義の脆弱性」が標的にされ

る活動に対処するのであれば、アメリカを中心とした民主主義国家と協力すべきである。このことからも、日本は情報戦、認知戦、影響工作についてアメリカの概念と同様の概念を用いるか、あるいは最低でもアメリカの概念を理解しておく必要がある。

米空軍が一九九五年に発表した「情報戦の基礎」は、「情報戦とは敵の情報とその機能を否定、悪用、破損、または破壊するあらゆる行為であり、一方で、敵のそれら行為から自身を防御し、自身の軍事情報機能を維持することである」と定義し、心理戦（Psychological Operations）、電子戦（Electronic Warfare）、軍事的欺瞞（Military Deception）、物理的破壊（Physical Destruction）、安全対策（Security Measures）、情報攻撃（Information Attack）という六つの手段が含まれるとしている。(4)

二〇二二年一二月九日にアメリカの議会調査局がリリースした「国防の手引き――情報作戦」の中では、「現在、アメリカ政府による情報戦の公式の定義はないが、専門家は通常、情報戦を、攻撃作戦と防御作戦の両方を含む、競争上の優位性を追求するための情報の使用と管理の戦略として概念化している」とし、「戦略は、国益にかなう目的や目標を達成するための計画のプロセスと定義でき、作戦（operation）は、戦略目標を戦術、技術、手順と結び付け（link）る。情報戦の戦略の場合、その結び付きは情報作戦（Information Operations: ＩＯ）である」としている。(5) ＩＯはアメリカにおいてよく用いられる概念である。現在のアメリカが言う情報戦は、情報ネットワークの破壊、妨害、防御といった手段を中心としたものから情報の内容や発信の仕方にまで概念が広がっているが、その主たる関心は、引き続き、情報空間において自らの優勢を獲得することにある。

認知戦については、北大西洋条約機構（ＮＡＴＯ）が二〇二三年に発表した「認知戦――意識の強化および防護」において、「他の権力手段と同期して行われ、個人およびグループの認知（精神的な作用または理解のプロセスであり、人間の意思決定の大部分を動かす潜在意識や感情的な側面を含む、知的機能のすべての側面を含む）に影響を与え、保護し、または混乱させることで態度や行動に影響を与え、優位性を得る活動である」と定義している(6)。その上で、認知戦の活動は非常に多様であり、文化的または個人的な要素を含むものであり、社会心理学、ゲーム理論、倫理といったもののすべてが活動を決定する要因であるとしている。情報戦と同様、認知戦も対象の態度や行動に影響を与えようとするものであるが、対象の認知に影響を及ぼすという手段に焦点を当てた概念である。

影響工作は、アメリカ国防省の支援を受けた研究が、「平時、危機、紛争、紛争後において、国家の外交、情報、軍事、経済、その他の能力を調整、統合、同期して適用し、外国の対象者の態度、行動、または決定がアメリカの更なる利益と目標に沿ったものになるよう促すこと」と定義している(7)。影響工作は、対象に我の意に沿った態度・行動をとらせるという目的に焦点を当てた概念であり、手段を問うものではない。極論すれば、影響工作という概念においては、情報優勢の有無にかかわらず、また対象の認知の変化の有無にかかわらず、対象が我の利益に沿って行動すればよいのである。実際、金品の贈与や脅迫、強制は、権威主義国家が行う影響工作の主要な手段の一部となっている。

先述のとおり、本章では、情報戦の中でも対外的通信の遮断、国内社会の情報の遮断といった、情報の面で敵国およびその社会を孤立させる活動に焦点を当てる。

2　サイバー攻撃による情報の遮断

ウクライナ社会の強靱性を失わせる重要な手段の一つが、ウクライナを国際社会から情報の面で孤立させ、ウクライナ国民個々人の情報発信・取得の手段を奪うことであった。ロシアは、ウクライナ国内の情報を遮断するために、サイバー攻撃やミサイル攻撃、砲撃などを行っている。

ロシア政府関連の組織あるいは個人がウクライナに対して組織だったサイバー攻撃を仕掛け始めたのは二〇二二年二月二四日に軍事侵攻するはるか以前である。ウクライナに対するサイバー攻撃を監視していたグーグルは、侵攻前の一年間だけで数百のロシア政府関連の攻撃に警告を出している。しかし異変はロシアのウクライナ侵攻前日の二三日に起きた。マイクロソフト本社のサイバー攻撃を監視する部署である「ＭＳ脅威インテリジェンスセンター」が、一九のウクライナ政府関連施設および重要インフラに対する大規模なサイバー攻撃を観測したのである。同センターは、ただちに、マルウェアを特定するためのソフトウェアを作成し、三時間以内にウクライナに送付した(8)。

また、支配的な影響力を有するＩＣＴ企業群ビッグテックの一つであるアマゾンのクラウド事業を担当するアマゾン・ウェブ・サービス（ＡＷＳ）は、ウクライナのデータを国外に移転する支援を行っている。ＡＷＳのスタッフが三台の携帯型データ転送サーバー「スノーボール」とともにポーランドに飛び、そこからサーバーだけを陸路でウクライナに輸送し、同国の担当者と遠隔で連絡をとりつつ、データをヨーロッパに運び出したというのだ。ほかにも、世界二七〇以上の都市に拠点を持つ大手通信事業者のクラウドフレアが、ロシアによるウクライナ侵攻開始後、ロシア国内からウクライナ政府のウェブサイトに接続できないよう対策を施したとされる。

ロシアによるウクライナ侵攻当初、ロシアの大規模なサイバー攻撃にもかかわらず、ウクライナがデータ・通信ネットワークを維持できたのは、アメリカのICT企業が直接、間接にウクライナを支援したことも主要な理由の一つである。アメリカ政府は、遅くとも二〇二一年八月の段階で、ウクライナ政府に対してロシアのウクライナ軍事侵攻の可能性を警告していたが、ビッグテックなどはそれ以前からウクライナに対する支援、あるいはその準備を行っていたことになる。

ビッグテックは世界のクラウド市場のほとんどを占めており、民間企業に加え、日本を含む各国のデータ管理なども行っている。現在の各国政府は、とくにサイバー分野において、ビッグテックを含む大手ICT企業に頼らざるを得ない。一方のアメリカICT企業も民間の立場で実施できることには限界があり、政府の協力を得なければ、グローバルなサイバー・セキュリティを展開することはできない。このため、アメリカを中心とした機密情報共有の枠組みであるファイブアイズの各国政府とビッグテック等との意思疎通や協力が増加していると言われる。ウクライナにおける戦争は、サイバー・セキュリティにおける政府と民間企業の協力の現状も明らかにした。

それでも、ロシアはサイバー攻撃を継続し、完全に崩壊することはなかったとはいえ、ウクライナ国内のデータ・通信ネットワークはダメージを受けている。たとえば、二〇二二年三月二八日、ウクライナ政府関係者とウクライナ国営電気通信会社ウクルテレコム社の代表が、同社が強力なサイバー攻撃を受けてインターネット・サービスに混乱が生じたと述べている。(9) 両者は、「攻撃は撃退され、サービスの提供は徐々に再開されている」とした。

しかし、インターネット・サービスの混乱を監視しているネットブロックスは、同日早朝、「国家規模の混乱が継続し、かつ悪化しており、接続が崩壊している」とツイッターに投稿した。同様のサイバー攻撃は、同月初め、ウクライナの小規模通信会社トリオランでも発生したとフォーブスが報じている。トリオラン社はハッキングを受けて一部の内部システムがリセットされ、一部のローカル加入者がアクセスできなくなったという。サイバー攻撃を完全に防御することは困難なのである。

ロシアは、二〇二三年に入っても、ウクライナに対するサイバー攻撃を継続した。ウクライナにおける戦争の状況を見れば、サイバー攻撃を始めとする伝統的・古典的戦争の規範に則らない手段を用いた攻撃は、平時およびグレーゾーンだけでなく、軍事侵攻を開始した以降も継続されることが理解できる。

たとえば、二〇二三年一月一七日、テレグラム・チャネル「CyberArmyofRussia_Reborn」に、ウクライナの国営報道機関ウクルインフォルムの情報通信システムを侵害したとする情報が公開された。(10)調査の結果、五種類のマルウェアや攻撃者が持ち込んだツールが発見されている。この攻撃には、ロシア軍参謀本部情報総局（GRU）の支援を受ける標的型サイバー攻撃者グループ・サンドウォーム（別称：VOODOO BEAR）の関与が指摘されている。トレンドマイクロ社は、この攻撃が、ウクライナ国営メディアからの情報公開を阻害し、ウクライナ国民や軍隊の士気低下を招く目的を持った攻撃であると分析している。サンドウォームが関与していたとするならば、この攻撃はウクライナ国民や軍の士気を奪うために行われたロシア軍の作戦であると言える。

また、ロシアにも政府や軍の支援を受ける民間のサイバー攻撃集団や個人が存在する。ロシアを本拠とするハクティビスト（社会的・政治的な主張を目的としたハッキング活動（ハクティビズム）を行う者）やランサムウェア・グループのほとんどは、犯罪者やロシアに愛国心を持つ市民によって構成され、独自に違法な活動を行いつつロシア政府や軍につねに何かしらの貢献を行い、時には直接的にロシア政府に協力することで、彼らの活動は黙認されていると言われる。[11] 民間のサイバー攻撃集団や個人を政府の目的に沿って利用することで、非常に大規模で多様なサイバー攻撃を仕掛けることができるのである。

3　物理的打撃による情報の遮断

ロシアは、ウクライナのデータ・通信ネットワークを無力化するために、サイバー攻撃以外にも物理的打撃による破壊を企図した作戦を展開している。たとえば、二〇二二年三月一日、ウクライナ当局は、同日午後にロシア軍の爆撃でキーウのテレビ塔が砲撃され、五人の死者が確認されたと公表した。[12] テレビ塔は民間企業が運営するものであり、この攻撃で複数の放送が中断された。キーウ以外の都市でも、ロシアの砲撃・空爆は通信塔などを標的に含んでいた。それでも、ウクライナのデータ・通信ネットワークが完全に崩壊しなかったのは、ウクライナが事前にロシアのサイバー攻撃や物理的打撃に備え、被攻撃後に修復の努力をしたからでもある。

同年三月二五日、ウクライナの通信最大手キーイウスターは、南東部マリウポリがロシアの激しい砲撃にさらされるなか、市内に残った最後の通信塔が遮断されないよう、作業員がさらに数日にわたって修復に当たると表明した。[13] ロシアがウクライナ侵攻を開始して一か月が経過した時点で、ロシアの砲撃・空爆を受けるという状況にもかなり耐え、ブロードバンド接続や無線信号は維持されており、通信が遮断されたのは激しい爆撃にさらされている地域に限定されると分析されていた。危険を顧みない修復作業や民間企業の信頼性の高い技術といった要素が、通信サービスの維持を支えたとされる。

通信監視サービスを提供するケンティック（アメリカサンフランシスコ）の分析によれば、二〇二二年三月末の、ウクライナからのネットデータ量は侵攻前の水準を約二割下回っている。[14] 前線にあるウクライナ都市部が集中的な砲撃を受け、住民が避難して居住者がほとんどいない地域があることを考慮すれば、データ量が約八割維持されている状況は相対的に高水準だという。ウクライナ東部で何年も戦闘が続いていたことが理由で、同国の通信業界が全面的な侵攻の発生に対する備えを進めていたことが功を奏したのだと言われる。

ウクライナの通信事業各社は、居住地を遠く離れたり防空壕等に避難したりして行動の自由が制限されている国民も利用できるよう、サービスの対象区域を拡大している。二〇二二年三月中旬、キーイウスターは二〇〇か所余りの防空壕に Wi-Fi サービスを設置した。[15] キーイウスターのライバル企業であるライフセルは、侵攻が始まる約二か月前に、ウクライナ東部にある設備の一部を移動して、同国西部の無線通信サービスを強化した。ロシアがウクライナに軍事侵攻すれば、ウクライナ東部の住民は西部に避難しなければならず、同社はその状況に備えたのである。実際、ウクライナ西部には戦火を逃れた数百万人の市民が避難することとなった。

ウクライナの通信事業者がとりわけ力を入れたのが、携帯電話の接続である。ウクライナ政府や軍も通信事業者に対して携帯電話の接続を維持するよう指示あるいは依頼していたかもしれない。ウクライナ政府や軍は、国民一人一人が携帯電話の接続を維持していることによって大きな恩恵を受けているからだ。ウクライナ国民がロシア軍部隊の位置情報をウクライナ軍に提供する、あるいは直接提供しなくともSNS上にアップしてロシア軍部隊の位置情報を暴露する、あるいは集合住宅や病院など民間人が攻撃の標的となっている実態を画像や映像で拡散するという状況は、各国のメディアで報じられている。携帯電話の接続が維持されていることがウクライナ軍の作戦に直接寄与しているのだ。ウクライナ国家特殊通信・情報保護局の副責任者は、「これはおそらくウクライナの抵抗が成功している理由の一つだ」と述べている(16)。

4　ライフライン・食料品等物資輸送路の遮断

ロシアは、ウクライナのライフラインや食料品等の物資の輸送路を遮断するためにも、サイバー攻撃と物理的打撃を併用している。たとえば、二〇二二年一〇月一四日、マイクロソフトは同社のブログ投稿にて、ウクライナおよびポーランドの運輸および物流関連業界をターゲットにした、既存のランサムウェア・グループのいずれにも関連しない新種のランサムウェア「プレスティージ（Prestige）」を用いた攻撃について報告した(17)。また、発電所などの制御システムに侵入し、設備そのものの破壊など、直接的な実害を与えるサボタージュ攻撃も行われている。

サボタージュ攻撃に分類されるサイバー攻撃は、ウクライナの重要インフラや政府機関等のサービス提供を阻害することで市民生活や民意に影響を与えることや、ウクライナ軍への武器や燃料・食料等の物資補給路を縮小させ、戦況を好転させることを目的として実施されたと推測されている。ロシアは、空爆や砲撃と同様の目的でサイバー攻撃を用いていると言える。一方、サイバー攻撃は空爆や砲撃と比較し、実際に相手に影響を与える確度が低いため、使用できる弾薬が十分でない場合等に、マルチドメイン作戦として、軍事的要衝や補給路等への物理的打撃と並行して実施されていると分析されている。

ウクライナの重要インフラ等の機能を確実に麻痺させるために、ロシアは空爆や砲撃を主要な手段としている。ロシアの物理的打撃は、ウクライナの電力システムにも大きなダメージを与えている。二〇二二年一二月九日、ウクライナ当局は、ロシア軍の砲撃を受けている国内のエネルギーシステムについて、安定しつつあるものの、冬の間は電力不足が続くとの見方を示した[18]。国営電力会社ウクルエネルゴ社のヴォロディミル・クドリツキー最高経営責任者（ＣＥＯ）によると、ウクライナのエネルギー・インフラは二〇二二年一〇月以降一二月初旬までの間に、一〇〇〇発以上のミサイルとドローンによる攻撃を受けたという。

ロシアによるウクライナ侵攻以前、ウクライナの送電網はロシアの送電網に接続されていた。ロシアがウクライナ侵攻を開始した二月二四日、先述のウクルエネルゴ社は近隣諸国とウクライナとを結ぶ電力系統を試験的に切断するテストを行っていた。これはウクライナとヨーロッパの送電網をつなぐプロセスの最後の段階で行われるテストの一つであった。ヨーロッパの送電網と接続する前に、ウクライナは、ベラルーシとロシアに依存することなく国の電力をまかなえることを証明する必要があったのである。

外部との接続を切っても電力網が動作するかどうかを確かめるこのテストは、当初の計画では数日で終了し、その後、ロシアの送電網に再び接続して、二〇二三年からヨーロッパの送電網に切り替えるはずだった。しかし、同日にロシア軍による侵攻が始まったため、ウクライナは同日正午から、モルドバの協力を得ながら単独で電力供給を開始した。この時点でウクライナの電力供給は余裕のない状態にあった。それでもウクライナの電力供給が持ちこたえたのは、欧米諸国の協力・支援があったからである。

二〇二二年三月一六日、ウクライナはヨーロッパ連合（EU）の広域送電網に接続を果たし、電力の安定供給を確保することに成功した[19]。生活インフラ強化の名目での広域送電網への参加は、NATOへの参加、EUへの加盟に比べると実施しやすかったという側面はあるが、二〇一四年のロシアによるクリミア侵攻の後、ただちにウクライナはEUが主導する広域送電網への参加手続きを進め、二〇一七年から検証作業を開始するなど、ロシアによる軍事侵攻を念頭において着実に準備を進めていた。

アメリカは、ロシアの軍事侵攻以降、二〇二三年二月までの間に、ウクライナの電力部門の修繕、維持、強化を支援するため、二億七〇〇〇万ドルを提供し、一月には一億二五〇〇万ドルの緊急追加支援を決定していた。ロシアによるウクライナのエネルギー・インフラに対する激しい攻撃にもかかわらず、ウクライナが何とか冬を越せたのは、欧米の支援があったからだとも言える。

ロシアは、ウクライナの鉄道輸送網も攻撃している。たとえば、二〇二二年四月二五日、ロシア軍はウクライナの鉄道駅を集中して攻撃した。ロシア国防省は同日、ウクライナ中部や西部の鉄道駅の変電所六か所を長距離兵器で破壊したとSNSで発表している[20]。ウクライナ鉄道のオレクサンドル・カムイシンCEOは同日、SNSに「ロシア軍がウクライナの鉄道インフラを体系的に破壊し続けている」と投稿した。その上で、ウクライナ中部と西部で五つの鉄道駅が攻撃を受け、列車計一九本に影響が出たと明らかにしている。

ロシアは、東部ドンバス地方のウクライナ軍に、これらの駅を通って外国からの武器が供給されていると主張しているが、鉄道は食料や日用品、その他の物資をウクライナ東部等の住民に輸送する手段でもある。ロシアのウクライナの鉄道に対する体系的な攻撃は、ウクライナの軍民両方の物資供給の遮断を狙ったものだと言える。その後も、ロシアは継続的にウクライナの鉄道網をミサイルやドローンで攻撃しているが、ウクライナの鉄道輸送を遮断するには至らなかった。ウクライナの鉄道が網の目のように張り巡らされていることや、ウクライナの修復の努力がその理由であるとされる。

おわりに——中国による台湾武力侵攻へのインプリケーション

ウクライナにおける戦争でロシアがハイブリッド戦の特徴を備えた戦い方をしていることから、アメリカが提起した本来のハイブリッド戦の概念は修正されるべきかもしれない。必ずしも通常兵力において圧倒的に劣る主体でなくとも、また、ロシアのような軍事大国であっても、その目的達成のために、伝統的・古典的な戦争の手段・形態に加え、それ以外の利用できるすべての手段を用いてそれぞれに異なる戦闘形態を創り出したからである。

ウクライナにおける戦争から得られる教訓は多くあるが、とくにハイブリッド戦について言えば、有事に備えた準備、多国間の協力、官民の連携ということになるだろう。たとえば、サイバー攻撃を防御する側の国だけでなく、サイバー攻撃を実施する側の国も、政府の公的機関だけでなく、民間の集団の協力を必要としている。グレーゾーンを含む現在の戦争においては、サイバー攻撃にしろ、サイバー防御にしろ、官民の協力が作戦の成否を左右する重要な要素となる。また、侵攻された当事国の努力だけでなく、他国との協力が不可欠であることは本章で示したとおりである。

二〇二二年四月二七日、マイクロソフト社は、民間人の生活や重要なサービスに直接影響を与える可能性のある攻撃から民間人を保護することに焦点を当てるとする「ウクライナにおけるロシアのサイバー攻撃活動の概要」という報告書を公表した(21)。同報告書は、ロシアのウクライナ侵攻直前から、ロシア政府に関連するとみられる六人の攻撃者が、ウクライナに対して少なくとも二三七回の作戦を実行したと述べている。そのうち約四〇件は、ウクライナの数十の組織にわたる数百のシステムファイルを消し去る破壊的な攻撃だったという。また、ロシアからのサイバー攻撃はウクライナの重要なサービスや機関に対する軍事作戦とタイミングをあわせているとも指摘した。

このような、マイクロソフトを始めとするビッグテックを中心に、ロシアのウクライナに対するサイバー攻撃の実態を公表する行為は、ウクライナやそれを直接支援するアメリカやイギリス等以外の、日本やその他諸国に対する啓蒙活動にもなっている。また、現段階では、いずれの国も、アメリカおよびアメリカのICT企業からの協力なしに、サイバー・セキュリティを実現することが難しい状況にあることを示すものでもある。

重要インフラに対するサイバー攻撃および物理的打撃による影響を最小限に抑え、さらに復旧させるためにも他国の協力と官民の連携が不可欠である。ウクライナ国内の電力供給が最低限確保されているのはEUの送電網との連接が実現したからである。そして、その背景には何年も前からロシアによるウクライナ侵攻に備えて、電力グリッドのロシア・ベラルーシ依存をなくそうとするウクライナの努力があった。それでも、大量のミサイル、ロケット、砲弾による攻撃を受ければ、大きな損傷を免れることはできないが、危険を顧みず修復に当たった企業の人員や日本や欧米各国による大規模な支援によって何とか持ちこたえた。

中国が台湾の武力統一を試みる場合にも、台湾を情報的に孤立させ、ライフラインや物流を遮断することを目的とした作戦を実施すると考えられる。その際、考慮しなければならないのは、台湾とウクライナの地理的条件の差異である。台湾は周囲を海で囲まれており、黒海に面する南以外の方向は陸上国境で隣国と接するウクライナに比べて孤立しやすい状況にある。

たとえば、中国が台湾を国際社会から情報的に孤立させようと思えば、サイバー攻撃よりも、海底ケーブルの切断および海底ケーブル陸揚げ局の破壊のほうが効果的である。台湾はデータ・音声通信の九五パーセントを海底ケーブル経由で送受信している。陸上国境で隣国と接するウクライナは、国外とつなぐデータ通信ネットワークを分散して配置することができたが、海底ケーブルは陸揚げ局に近づくにつれて集中せざるを得ず、また陸上ケーブルと異なり海底で埋設されているわけではない。

台湾につながる海底ケーブルは、二〇二二年四月現在、四か所で陸揚げされており、この四か所の陸揚げ局に海底ケーブルが集まっているのである。

台湾に向かう物流を止めるために、中国人民解放軍は台湾周辺に実質的な海上封鎖・航空封鎖をかけるだろう。アメリカのナンシー・ペロシ下院議長（当時）の台湾訪問に反発して、二〇二二年八月四日から実施された中国人民解放軍の演習は、設定された六つの演習海空域が台湾を取り囲む形で実施された。福建海事局は前日の三日に、同演習海空域に関する航行警報を発出している(22)。

もちろん、台湾は中国が情報および物流の遮断を図ることを想定し、これに対抗する準備を進めている。たとえば、台湾はインターネット接続の手段を増やすために新たなケーブルの建設を奨励しており、二〇二七年までに陸揚げ局を一～二か所増設するものとみられる。また、台湾海軍は、二〇二三年九月二八日、自主建造の潜水艦「海鯤」を進水させた。潜水艦は位置を秘匿できるため、台湾の潜水艦の姿が港から消えていれば、中国海軍艦艇は台湾周辺で活動する際につねに厳重な対潜警戒を敷かねばならない。台湾の新しい潜水艦は、アメリカロッキード・マーチン社製の戦闘システムを搭載するとされ、ほかにもイギリスを含む六か国が部品や技術、技術者を供給したという(23)。

台湾は潜水艦を自ら開発することについて、中国が台湾を包囲して侵攻しようとしたり、海上封鎖をしようとしたりするのをかわすのが目的だと説明している。欧米の技術的支援を受けた「海鯤」の高い性能は、中国海軍の作戦に対する一定の抑止力を持つと考えられるが、潜水艦は侵攻作戦に対抗するために最適化された兵器ではなく、中国の台湾侵攻を阻止する決定的な要素とはならないと考えられている。それでも、中国にとっては、台湾が欧米諸国の軍事的支援を受けているという政治的意味合いが大きいだろう。

地理的な条件は異なっても、ウクライナにおける戦争と同様、敵による情報および物流の遮断の試みに対抗するためには、欧米諸国の軍事支援等が不可欠である。先述のとおり、とくに、敵のサイバー攻撃等による情報の遮断に対抗するためにはアメリカ政府およびアメリカのビッグテックの支援が不可欠である。中国の海上・航空封鎖を解くためには、台湾独自の軍事力では不足であり、欧米諸国の軍事支援以外にも、日本を始めとする周辺国の協力が必要だ。アメリカおよびその同盟国、さらには国際社会が台湾を支援するというシグナルを送ることが、中国の台湾武力侵攻に対する抑止になるのである。

注

（1）「解説『グレーゾーンの事態』と『ハイブリッド戦』」『防衛白書 令和元年版』[http://www.clearing.mod.go.jp/hakusho_data/2019/html/nc007000.html]、二〇二三年八月二七日閲覧。

（2）"The National Defense Strategy of the United States of America," Department of Defense, p.6, March 2005 [https://history.defense.gov/Portals/70/Documents/nds/2005_NDS.pdf?ver=tFA4Qqo94ZB0x_S6uL0QEg%3d%3d], accessed on October 1, 2023.

（3）"Future Warfare: The Rise of Hybrid Wars," U.S. Naval Institute, November 2005 [https://www.usni.org/magazines/proceedings/2005/november/future-warfare-rise-hybrid-wars], accessed on August 27, 2023.

（4） "Cornerstones of Information Warfare," The U.S. Air Force, January 1, 1995, pp. 3-5 [https://apps.dtic.mil/sti/pdfs/ADA307436.pdf], accessed on May 1, 2024.

（5） "Defense Primer: Information Operations," Congressional Research Service, December 9, 2022 [https://sgp.fas.org/crs/natsec/IF10771.pdf], accessed on August 28, 2023.

（6） "Cognitive Warfare: Strengthening and Defending the Mind," NATO, April 5, 2023 [https://www.act.nato.int/article/cognitive-warfare-strengthening-and-defending-the-mind/], accessed on August 28, 2023.

（7） "Foundations of Effective Influence Operations: A Framework for Enhancing Army Capabilities," RAND Corporation, 2009, p. 2 [https://www.rand.org/pubs/monographs/MG654.html], accessed on August 28, 2023.

（8）「ロシアの侵攻前日、マイクロソフトが察知した異変　サイバー戦最前線」朝日新聞デジタル、二〇二三年一月一七日 [https://www.asahi.com/articles/ASR1D4QZ6R14UHBI014.html]、二〇二三年八月二八日閲覧。

（9） "Ukrainian Telecom Company's Internet Service Disrupted by 'Powerful' Cyberattack," Reuters, March 29, 2022 [https://www.reuters.com/business/media-telecom/ukrainian-telecom-companys-internet-service-disrupted-by-powerful-cyberattack-2022-03-28/], accessed on June 2, 2023.

（10）「ウクライナ侵攻開始から1年間のサイバー攻撃を振り返る」Trend Micro、二〇二三年三月二二日 [https://www.trendmicro.com/ja_jp/jp-security/23/c/securitytrend-20230322-01.html]、二〇二三年五月一一日閲覧。

（11）前掲「ウクライナ侵攻開始から1年間のサイバー攻撃を振り返る」。

（12）「ロシア、首都のテレビ塔砲撃　ウクライナ第二都市の中心部に巡航ミサイル攻撃」ＢＢＣ、二〇二二年三月一日 [https://www.bbc.com/japanese/60571213]、二〇二三年八月二八日閲覧。

（13）「ウクライナが守り抜く携帯接続、善戦の立役者に」The Wall Street Journal、二〇二二年三月二五日

[https://jp.wsj.com/articles/in-ukraine-war-keeping-phones-online-becomes-key-defense-11648168030]」二〇二三年八月二八日閲覧。

(14) "Ukraine War Effort Sustained by Unbroken Internet Lifeline," Nikkei Asia, April 26, 2022 [https://asia.nikkei.com/Politics/Ukraine-war/Ukraine-war-effort-sustained-by-unbroken-internet-lifeline], accessed on October 3, 2023.

(15) 前掲「ウクライナが守り抜く携帯接続、善戦の立役者に」。

(16) 前掲「ウクライナが守り抜く携帯接続、善戦の立役者に」。

(17) "New 'Prestige' Ransomware Impacts Organizations in Ukraine and Poland," Microsoft, October 14, 2022 [https://www.microsoft.com/en-us/security/blog/2022/10/14/new-prestige-ransomware-impacts-organizations-in-ukraine-and-poland/], accessed on October 3, 2023.

(18) "Ukrainian Officials Warn of Winter-Long Power Deficit," *REUTERS*, December 10, 2022 [https://www.reuters.com/world/europe/ukrainian-officials-warn-winter-long-power-deficit-2022-12-09/], accessed on October 3, 2023.

(19) 瀧口信一郎「ＥＵとロシアの『はざま』にあるウクライナ送電網」日本総研、二〇二二年三月二三日 [https://www.jri.co.jp/page.jsp?id=102320]」二〇二三年一〇月三日閲覧。

(20) 「ロシア軍、鉄道駅を相次ぎ攻撃　東部への『武器供給』を断つ狙いか」朝日新聞デジタル、二〇二二年四月二六日 [https://www.asahi.com/articles/ASQ4V2T0CQ4VUHBI006.html]」二〇二三年八月三〇日閲覧。

(21) "An Overview of Russia's Cyberattack Activity in Ukraine," Microsoft, April 27, 2022 [https://query.prod.cms.rt.microsoft.com/cms/api/am/binary/RE4Vwwd], accessed on August 28, 2023.

(22) 「闽航警21／22 军事演习和实弹射击航行警告」中华人民共和国海事局、二〇二二年八月三日 [https://www.msa.gov.cn/page/article.do?articleId=0E2ED04F-D449-4314-85C2-7FB38D6E7C31&channelId=7B084057-6038-

4570-A0FB-44E9204C4B1D]、二〇二二年八月五日閲覧。

(23)「台湾が初の自主建造潜水艦を披露　対中防衛を強化」ＢＢＣ、二〇二三年九月二八日 [https://www.bbc.com/japanese/66944160]、二〇二三年九月二九日閲覧。

第9章

軍民両用技術の活用
——新旧軍事領域への教訓

河上 康博

はじめに

カール・フォン・クラウゼヴィッツは、「戦場の霧」とは戦争における「摩擦」、「偶然」、「不確実性」、「あいまいさ」、「カオス」、「非線形性」といった性質、またはそれらの組み合わせのことであり、これは戦争に本質的に備わっている性質だと述べている。(1)「戦場の霧」の中で勝利するには、その一部を克服し、相手にとっては一寸先も見えない霧闇であっても、我が方にとっては見えるようにする能力を備えなければならない。

そのため、これまで多くの国の軍が、士官、兵士を教育し、部隊の士気を高め、時代に適合した組織編成を構成し、情報収集能力、部隊運用能力、後方支援能力、指揮通信能力などを高める努力を行ってきた。そして、いわゆるゲームチェンジャーといわれる軍事技術革新や新たな軍事領域を広げることにも注力している。たとえば、航空機を使用した偵察、宇宙での衛星を使用した偵察は、一寸先ではなく、霧闇を大幅に（劇的に）取り除くこととなったことから、ゲームチェンジャーの事例とされる。(2)

二〇二二年二月二四日に生起したロシア・ウクライナ戦争は、旧領域の戦いの復活に新領域を加えた戦いである。さらには、アメリカの宇宙開発企業スペースX社が保有する衛星インターネット・サービス「スターリンク」のウクライナへの無償提供など、軍民両用技術を活用した戦いでもある。しかしながら、こうした軍事領域の拡大や軍民両用技術の使用は、ロシア・ウクライナ戦争から始まったものではなく、これまで連綿と続いてきた軍事領域の拡大、軍民技術の向上が、戦争の生起によって顕在化したにすぎない。

一方、軍事領域の拡大や軍事技術の発展はつねに進んでいる。我が方の有利性を維持するため、これらを相手に認知されないよう秘匿化することは、軍事的常識である。相手よりも我の方が戦場で有利になるよう、新旧軍事領域において最新軍事技術を使用することを各軍は追求している。

本章では、新旧双方の軍事領域で生起した新たな動向のうち、軍民両用技術の範囲に限定して、ロシア・ウクライナ戦争におけるトレンドを分析する。その上で、このトレンドが有効であろう時期に限って、台湾海峡戦争を抑止するためのインプリケーションを導き出すことを課題としたい。さらには新技術の優位性のみならず、現存技術であっても戦いの勝敗に影響する要素について分析する。

　したがって、本章は陸・海・空領域、宇宙・サイバー・電磁波領域、軍事・民用技術の現代的特徴を分析した上で、ロシア・ウクライナ戦争において使用されているウクライナ軍の軍事・民用技術、武器等を中心にピックアップする。そして、それが戦争の勝敗にどのような影響を与えているのかを分析する。さらに、「台湾海峡戦争において、最も重要となる領域および軍事・民用技術は何か」という問いに答えたい。

1　旧領域と新領域の関係

　一般に「旧領域」とは、陸・海・空という従来の物理的な領域であり、「新領域」とは、宇宙・サイバー・電磁波といった新たな領域をいう。「新領域」と「旧領域」の関係については、二〇一八年、日本の防衛大綱が明確に示している。すなわち「新たな領域の利用の急速な拡大は、陸・海・空という従来の物理的な領域における対応を重視してきたこれまでの国家の安全保障の在り方を根本から変えようとしている」との認識のもと「新たな領域については、我が国としての優位性を獲得することが死活的に重要となっており、陸・海・空という従来の区分に依拠した発想から完全に脱却し、すべての領域を横断的に連携させた新たな防衛力の構築に向け、従来とは抜本的に異なる速度で変革を図っていく」、そして「全ての領域における能力を有機的に融合し、その相乗効果により全体としての能力を増幅させる領域横断（クロス・ドメイン）作戦により、個別の領域における能力が劣勢である場合にもこれを克服し、我が国の防衛を全うできるものとすることが必要である」との戦略的思考を述べている(3)。

これは現代戦において、「旧領域」に限定した作戦では勝利を得ることが難しく、「新領域」を含めた領域横断作戦の実行によって初めて勝利がもたらされるという考え方である。一方で、「新領域」のみで勝利を得ることもできず、また「旧領域」を旧式の領域として否定すれば勝利を得ることはできない。これは、ロシア・ウクライナ戦争がすでに証明している。

さらに、新旧領域において戦力を開発・整備し、運用する過程では、「敵と交戦しどのように勝利するか」の戦術が重要である。ロシア・ウクライナ戦争におけるロシア軍の当初作戦の失敗が戦争を長引かせていることを考慮すれば、現代戦においても戦術レベルの「現場での戦闘」に勝利することがきわめて重要な要素であることが理解できる。すなわち、各領域で個々に作戦を遂行していたのでは、戦争に勝利することはできない。あらゆる戦闘領域での偵察・監視情報を集約し、共通インテリジェンス状況図（Common Intelligence Picture: ＣＩＰ）、共通戦術状況図（Common Tactical Picture: ＣＴＰ）、そして、共通作戦状況図（Common Operational Picture: ＣＯＰ）を作成し、統合ＣＯＰに基づき各領域で統合された攻撃手段を使用し、かつ統合された方法により攻撃命令を下さなければ勝利は得られない(4)。

2　軍事技術と民用技術

（1）デュアルユース技術の生産と使用

「デュアルユース」技術という言葉は多義的であるが、「技術の軍民両用」の意味に限れば、同じ一つの技術が軍事的な用途と、非軍事的または民生的な用途をあわせ持つことを意味する。(5) 出口康夫は、「軍民のカテゴリーの区分」を、「目的の軍民区分」、「使用者の軍民区分」、そして「使用の軍民区分」の三つに区分している。(6) さらに軍民の区分が最初から混用している新領域利用の急速な拡大により、「デュアルユース」技術は、「混用態」や混用態がさらにボーダーレス化した「融合態」となってきていると指摘している。(7) その上で「混用態」を、①最初から軍事使用を目的とする軍事単用人工物分離可能兵器、②民生使用を目的とする民生単用人工物に分離区分できる分離可能兵器（例：核兵器、ミサイル、戦車、戦闘機など）、③最初に軍民両用人工物として生産し、後に軍事使用するものと民生使用するものに区分する軍民両用人工物とするもの（例：戦時徴用される民間車両、軍用偵察・攻撃ドローンなど）、そして、④軍民混用人工物混用兵器として生産し、軍民混用使用するもの（例：コンピューター、ネットワークなど）である。(8)

（2）新旧領域とデュアルユース技術

新旧領域での現代戦におけるデュアルユース技術を分析する場合、陸・海・空の旧領域に、宇宙・

サイバー・電磁波の新領域が加わった複雑性に加え、さらに軍事技術と民用技術という技術的要素とデュアルユースに係る国際法をも含めて、戦いを見る必要がある。

旧領域のみでの古典的な戦いは、分離可能兵器で対応するという単純なものであった。また、本格的な武力行使実行の蓋然性が低下したとみられていた冷戦期やポスト冷戦期において、分離可能兵器は核兵器に代表されるように、使用するための兵器というよりも、抑止のための兵器と捉えられる傾向が強かった。しかしながら、現代戦においては、分離可能兵器、軍民両用人工物、および軍民混用人工物混用兵器が生産され、その用途も軍用と民用が混在し、さらにそれらは抑止と対処の双方に対応するものとなっている。そして技術的見地のみをとっても、軍事的・非軍事的要素を統合した総合的な概念が求められている。

3　ロシア・ウクライナ戦争のインプリケーション

(1) ロシア・ウクライナ戦争での新旧領域とデュアルユース技術

ロシア・ウクライナ戦争では当初、ロシア軍は三方面からウクライナへ侵攻したが、首都キーウへの機動作戦の失敗により、東部および南部への殲滅作戦に戦力を集中させた(9)。この殲滅作戦は、重火器を主体とする火力戦であり、ウクライナ軍も自国保有、欧米支援による重火器で応戦した。またウクライナ軍は、ロシア軍の航空攻撃またはロシア航空機の飛行を抑止したスティンガー携帯対空ミサイルや、ロシア軍の戦車の多くを破壊した携帯対戦車ミサイル「ジャベリン」、さらには高機動ロケット砲システム「ハイマース」により対抗した。とくに「ジャベリン」は、最新兵器ではないもののゲームチェンジャー的能力を発揮した[10]。これらは旧領域での軍事単用人工物分離可能兵器が、現代においても侵攻、奪回を左右し戦争の主体となることを証明している。

また、軍事使用するものと民生使用するものに区分される軍民両用人工物を代表する無人航空機（UAV）、偵察・攻撃用ドローンも戦況を大きく左右している[11]。これらのUAVの中には、民用技術を基盤とするものや、民用品をそのまま活用しているもの、民用部品を流用しているものが含まれており、軍用UAVの拡散に民用技術が寄与していると推察できる[12]。

さらに軍民混用人工物混用兵器として開発した技術を軍民混用使用する戦いとして、ハイブリッド戦の一種であるサイバー戦がある。ロシア軍は、ウクライナ侵攻前から現在に至るまで、多くのサイバー戦を展開している。二〇二二年二月二四日の進攻前にロシアは、ウクライナに対して三波に及ぶサイバー攻撃を仕掛けた[13]。これは、ウクライナ国内の電力網や通信網などの重要インフラを麻痺させ、さらに政府機能を混乱させ、ウクライナ軍の継戦意思を失わせることが目的であった[14]。二月二四日に軍事侵攻が始まると、ウクライナ軍の指揮通信系統を標的として、これを寸断して麻痺させることを企図したサイバー攻撃が行われた。さらに軍事侵攻に付随して、ウクライナのインターネット基幹網、ウクライナ軍が利用するKA-SAT通信衛星に対するサイバーと電磁波を組み合わせた攻撃が行われた[15]。また、GPSに対する電磁波を用いた妨害も局所的に発生した[16]。これらの攻撃に対し、マイクロソフト社が発見、対処し、テスラ社イーロン・マスクCEOの支援によりスペースX社衛星インターネットおよび通信サービスであるスターリンクの使用と端末が提供されたこともあり、大きな影響はなかったとされている[17]。

ロシア軍およびウクライナ軍の電子戦部隊は、ともに双方の砲兵などの位置を特定するとともに砲弾やロケット弾の誘導を行っている。逆に両軍の対ドローンシステムによりGPS信号を妨害したり高出力マイクロ波により電子機器を損傷させ、UAVやドローンを撃墜している[18]。こうした新領域および旧領域の空域において互いに攻撃、けん制しあったことで、ロシア軍、ウクライナ軍双方とも、新領域における優勢および航空優勢がとれなかった。その結果、陸上戦闘主体の重火力、地雷などの旧領域の戦闘となり、軍事単用の人工物分離の可能な兵器主体の戦いがしだいに主戦場となっていった[19]。

(2) ロシア・ウクライナ戦争における新旧領域、軍事・民用技術に係る課題

以上で見たように、現代の本格的な戦いであるロシア・ウクライナ戦争において、新旧領域での戦いは相互に影響しあっている。たとえば、宇宙を含むサイバー、電磁波領域戦で両軍が相殺している場合には、旧領域での戦いが主体となり、さらに空域戦で両軍が相殺し、かつ海域戦が少ない場合、陸域での戦闘が主体となることが明らかとなった。逆に、一つでも脆弱な領域があれば、それが攻撃の対象となり、敗戦に向けての蟻の一穴となりうる。すなわち、新旧各領域戦および領域横断作戦に備えて、平時・有事を問わずバランスよく装備や兵力、さらには作戦計画を整備しておくことが重要である。また、新旧領域および領域横断作戦で使用される技術、装備、運用、人事管理、ロジスティクなどについても、バランスよく整備することが課題となる。さらにデュアルユース技術における三

つの技術の生産と使用についても、同じくバランスよく装備することが求められる。たとえばデュアルユース技術を発展させる国は、それを制限する国よりも勝利に近づく可能性が高くなる。それは、「戦場の霧」の中でデュアルユース技術を発展させる国が、それを制限する国よりも優位的視野を獲得することが期待できるからである。

もう一つの課題として、戦争における自律型・AI型無人機によって軍人および民間人が殺傷されることについて、人道国際法や道徳の課題がある。これらの課題は、自律型兵器が出現した時からの課題である。[20]これについては、自律型致死性兵器システム（Lethal Autonomous Weapon Systems: LAWS）の規制に関する特定通常兵器使用禁止制限条約（Convention on Certain Conventional Weapons: CCW）締約国会議の枠組みで長らく議論されているが、[21]自律型・AI兵器が本格的な戦争で使用されることとなったロシア・ウクライナ戦争により、その具体的な課題が顕在化している。

4　ロシア・ウクライナ戦争で表面化していない軍事・民用技術

ロシア軍にとっての「戦場の霧」であり、かつウクライナ軍にとってロシア軍より一寸先が見えている有利な「戦場の霧」の戦いは、戦況に大きな影響を与えている。しかしながら、表面化した軍民両用技術、たとえば陸戦での携帯用対戦車ミサイル「ジャベリン」や航空戦での無人航空機やドローン、さらにはアメリカ国防データ処理企業であるパランティア社のサービスには、両軍が対処するので、「戦場の霧」での両軍の優劣勢は換わることが想定され、戦争の長期化は避けられない。一方、ロシア・ウクライナ戦争を教訓とする世界各国の軍隊もまた、それぞれの領域での優勢獲得のため、技術開発を試みるであろうことは軍事的常識である。

ロシア・ウクライナ戦争のインプリケーションから、台湾海峡戦争を見た場合、中国人民解放軍をはじめ、アメリカ、日本などは表面化した各領域における戦闘能力向上を図っていると見積もられる。[22] たとえば、中国人民解放軍は、台湾周辺での日常の訓練から大規模演習に至るまで、ロシア・ウクライナ戦争の教訓を取り入れたと思われるミサイル攻撃、艦艇、各種航空機による演習、さらには無人航空機による演習やサイバー攻撃を想定したシミュレーションを活発化させている。[23]

そうしたなか、同戦争で表面化していない領域として、海領域がある。海領域では、ウクライナ軍が艦艇をほとんど保有していないか、ロシア軍に奪われないよう自ら沈没させたことから、ウクライナ軍によるロシア艦艇へのミサイル、無人水上艇での攻撃、そして相互の水上における浮流（浮遊）機雷事象などがあるのみである。[24] 海領域の中でもとくに水中領域での戦いがなく、同領域での軍民両用技術も表面化していない。

ロシア・ウクライナ戦争で表面化していない領域であり、台湾が島であることから台湾海峡戦争に大きな影響を及ぼす領域である水中領域は、中国人民解放軍にとって「戦場の霧」で優勢となりうる要素を持つ領域である。水中領域に係る軍事・民用技術として注目されるものとして、潜水艦、機雷、対潜戦・対機雷戦に係る艦艇、有人・無人航空機（ＵＡＶ、ドローン）、水中無人機（ＵＵＶ）などがある。中国人民解放軍が、台湾海峡戦争において、ロシア・ウクライナ戦争で表面化していない領域やその領域での軍事・民用技術に注目し、「戦場の霧」の中での優勢、すなわち不確実性を減退させることで「戦場の霧」を我が方のみ晴らす状態を獲得する意図を持つことには、軍事的合理性がある。

5　台湾海峡戦争で最も重要となる水中軍民両用技術

（1）米中の平時における軍民両用技術の戦い

米中間での軍民両用技術優位性獲得の戦いは、すでに始まっている。これは台湾海峡戦争にも大きな影響を与える。たとえば、アメリカ商務省産業安全保障局（BIS）が二〇二二年一〇月に実施した中国を念頭にした半導体関連の輸出管理の強化や、二〇二三年八月の半導体や量子技術、人工知能（AI）の中国企業への米投資制限に関するアメリカ大統領の署名などである[25]。中国もアメリカの措置に対抗し、半導体素材となるレアメタル、ゲルマニウム、窒化ガリウムの輸出規制を開始している[26]。これらの規制は、全新旧領域戦に係る半導体、量子技術、AIに関する軍事・民用技術に関し、相手を優位に立たせないための平時の戦いである。

（2）中国人民解放軍がとりうる領域（水中領域）と軍事・民用技術

戦術面において中国人民解放軍がとりうる水中領域での各種戦としては、潜水艦戦（潜水艦戦、対潜戦）と機雷戦（機雷敷設戦、対機雷戦）がある。

潜水艦戦のうち、核搭載可能な潜水艦発射弾道ミサイル（ＳＬＢＭ：ＪＬ－２：射程約七二〇〇キロ、ＪＬ－３：射程約一万二〇〇〇キロ）搭載のジン級戦略原子力潜水艦（ＳＳＢＮ）については、南シナ海などで核抑止パトロールを実施している。[27] このジン級戦略原子力潜水艦に対して、米軍のバージニア級等攻撃型原子力潜水艦が監視任務を行い、その米軍潜水艦に対し、中国は南シナ海のファイアリークロス礁等の人工島に大型港湾を建設し、対潜フリゲート艦や米原子力潜水艦の速力に追従可能なシャー級原子力攻撃潜水艦の補給等に使用していると思われる。潜水艦戦での優勢獲得上重要な技術は、その静粛能力と聴音能力となる。この両方の能力とも半導体をはじめとする軍民両用技術の優位性が勝敗を左右する。

台湾海峡は水深が二〇〇メートル程度と浅いため、潜水艦の行動海域は、台湾の北・東・南側海域となるが、その中でも台湾の東側水深は二〇〇〇メートル以上となり、潜水艦が優位を持つ海域である。中国は、アクセスが困難な浅海域に長時間潜水・潜伏可能な対艦巡航ミサイル（ＡＳＣＭ）プラットフォームとして設計され、かつ静粛性が優れるとされる国産のユアン級潜水艦などを量産している。[28] さらには、近い将来長距離大型ＵＵＶも上記海域に大量に配置すると見積もられる。これに対して、アメリカの各種攻撃型原子力潜水艦や日本および台湾の潜水艦、対潜水上艦艇、対潜航空機が対処することとなる。

これら米・日・台湾の潜水艦、艦艇、航空機に対抗するものが、近年、台湾東側での対潜訓練を含む活動を活発化させている中国の空母打撃群（潜水艦も含む）である。[29] また、台湾周辺の訓練において対潜航空機と行動をともにしているＵＡＶも米・日・台湾の潜水艦の対潜作戦に加わるものと推察できる。[30] これらの戦術において重要な能力（技術、人的能力、生産性能力など）が、レジリエンス（強靱性）である。たとえば、耐久性、対衝撃性、静粛性、精度の高い位置の把握、水中での慣性航法能力などの軍民両用技術である。したがって、米・日・台湾を中心に潜水艦戦およびそれに係る各領域能力ならびに領域横断能力のレジリエンスを高めることが、台湾海峡戦争抑止に貢献するものとなる。

機雷戦のうち、機雷敷設戦は、台湾の主要港湾付近に中・台軍双方がかく乱機雷原と防御機雷原を設定敷設することが見積もられる。[31] 台湾海峡においては、中国が、その北側および南側に台湾海峡封鎖のための機雷を敷設し、台湾海峡の海洋拒否（シー・ディナイアル）を設定することで、台湾海峡への彼の艦艇、商船の出入の封鎖を図ることが見積もられる。[32] このように台湾海峡の北側と南側にあたかも陸地が出現したような「仮想湖」とした上で、台湾海峡において揚陸艦、商船（ＲＯＲＯ船）を自由に航行させることが考えられる。[33] あわせて、台湾の北側・南側を中心とする台湾の主要港湾前面への機雷敷設が見積もられる。[34]

いったん機雷が敷設され、米・日・台湾が対機雷戦を実行するには、対空・対水上・対水中脅威から対機雷戦実施の艦艇および回転翼航空機を防護する能力が必要となる。対空・対水上・対水中優勢を比較的とりやすい港湾周辺においてはまだしも、広大な台湾海峡およびその南北海域において長期間対空・対水上・対水中優勢を獲得、維持するのは困難であることから、台湾海峡における対機雷戦の実行は、きわめて困難な作戦となる。これは中国による水中領域の優位性確保を意味する。[35]

一方、台湾軍が敷設した機雷原への中国の対機雷戦も同様のことが言えるが、中国には水深上、機雷敷設可能海域が中国本土に近いことに地理的利点がある。さらに中国は近年対機雷戦のＵＳＶ、ＵＵＶを量産しつつある。具体的には、ウォナン級（タイプ529型）ＭＳＩ（無人機雷艦艇）は、二〇二二年現在、すでに一五隻以上を保有している。[36] さらに軍民による民用船舶・航空機を活用した対機雷戦能力の急速な向上を図っている。[37] 以上のことから、ＵＳＶ、ＵＵＶおよび民用船舶・航空機を活用した中国の対機雷戦により、中国は台湾敷設の機雷の排除は可能となるが、米・日・台湾などは、中国が敷設した機雷を排除することは困難となる。したがって、機雷戦に関しては、台湾海峡での中国による大規模機雷敷設に至らないよう、衛星や航空機、ヒューミントなどあらゆる領域の手段により機雷準備情報を獲得するとともに、機雷敷設戦の弱点（大量機雷敷設には時間を要すること、大量機雷敷設を実施する艦艇等の脆弱性など）を分析し、機雷敷設を妨害する手段をあらかじめ整備しておくことが抑止につながる。

おわりに

ロシア・ウクライナ戦争を「戦場の霧」の視点から分析すると、新旧領域（陸、海、空、宇宙、サイバー、電磁波領域）における軍民両用技術が、一歩でも優位であれば、勝利に貢献することが明らかとなっている。そして、それは個々の領域で一歩優位になっていても意味がなく、統合的なものでなければならない。さらに他の領域において相手より我が方がパリティもしくはそれ以上優位という条件のもとで、一つの領域で一歩優位となっていなければ優位性は保てないことも明らかとなりつつある。これに加えて、相手が想定していない軍事・民用技術を使用することも優位性を保つことにつながる。

本章では、まず旧領域と新領域の関係性において、現代戦においては、新領域が旧領域よりも重要であるということはなく、新旧いずれの領域戦も重要であること、そして軍民両用技術を生産と使用の観点から四つに分類し、現代戦では、いずれの技術も必要であることを述べた。そうしたことから各国とも軍民を挙げてこれらの技術開発に力を注いでいる。一方、戦争における自律型・ＡＩ兵器の課題が、ロシア・ウクライナ戦争によって顕在化した。

ロシア・ウクライナ戦争での新旧領域と軍民両用技術について、戦争初期段階を中心に使用されたウクライナ軍の具体的な技術や兵器を分析することで、携帯用対戦車ミサイル「ジャベリン」など、ロシア軍が想定していなかった武器の使用は、ウクライナ軍にとって有効であったことが明らかとなった。ここから示唆を得て、ロシア・ウクライナ戦争で表面化していない領域で、かつ中国が台湾海峡戦争を想定して力を注ぐことが予測される水中領域に関わる軍民両用技術について分析し、台湾海峡戦争を抑止する方策についても論じた。

日本の海上自衛隊は、これまでも高い潜水艦戦（潜水艦戦、対潜戦）能力および機雷戦（機雷敷設戦、対機雷戦）能力を持っているとアメリカをはじめとする他国から評価されている。このことから、台湾海峡戦争の抑止について、日本は大きな影響力を与える要素をすでに持っており、戦術的にも「台湾有事」は「日本有事」であると言える。したがって、二〇二二年一二月に示された安保三文書に示される敵基地攻撃能力を中心とするスタンドオフ能力の向上のみならず、台湾海峡戦争で主要な領域となる海領域、とくに水中領域での潜水艦戦、対潜戦および機雷戦の向上も台湾海峡戦争の抑止と日本の防衛のため取り組むべき主要な戦略・戦術であると言える。

注

(1) クラウゼヴィッツ著、清水多吉訳『戦争論 上巻』中公文庫、二〇〇一年、一七二―一七三頁。高木耕一郎「研究ノート　新領域に広がる将来戦と『戦場の霧』――古典的用兵思想の視点から見た情報通信技術の発達と新領域（宇宙、サイバー、電磁波）における戦闘」『国際安全保障』四八巻三号、二〇二〇年、一〇七―一〇八頁。
(2) 井上孝司『現代ミリタリーのゲームチェンジャー――戦いのルールを変える兵器と戦術』潮書房光人新社、二〇二〇年、四四―四六頁。
(3) 「平成31年度以降に係る防衛計画の大綱について」平成三〇年一二月一八日、国家安全保障会議決定、閣議決定。
(4) 井上孝司『作戦指揮とAI』イカロス出版、二〇二三年、一三〇―一三一頁を参照した。
(5) 出口康夫「デュアルユースからミックスドユースへ」出口康夫・大庭弘継編『軍事研究を哲学する――科学技術とデュアルユース』昭和堂、二〇二二年、二九二―二九三頁。
(6) 同右、二九五―三〇〇頁。
(7) 同右、三〇八―三二〇頁。
(8) 同右、三一五頁。

（9）河上康博「ロシア軍のウクライナ侵攻の作戦術を分析する――目的、方法、手段の際立つアンバランス」笹川平和財団、二〇二三年五月一九日 [https://www.spf.org/iina/articles/kawakami_03.html]、二〇二三年八月九日閲覧。

（10）地形を熟知しかつ機動的人海戦術を有するウクライナ軍が、携帯対戦車ミサイル「ジャベリン」の射程を二〇〇〇メートル程度から二五〇〇メートルに改良して、通常の戦車砲の射程外から攻撃可能とし、かつ戦車の弱点である上部から攻撃したことで、ゲームチェンジャー的能力を発揮することができた。

（11）Joe Ritter, "Getting Drones Ready for Conventional War," War on the Rocks, June 20, 2022 [https://warontherocks.com/2022/06/getting-drones-ready-for-conventional-war/], accessed on August 9, 2023.

（12）鈴木拓海「デュアルユース技術の拡散――ウクライナの戦場での無人航空機（ＵＡＶ）」三菱総合研究所、二〇二二年八月八日 [https://www.mri.co.jp/knowledge/column/20220808.html]、二〇二三年八月九日閲覧。

（13）"Special Report: Ukraine An overview of Russia's cyberattack activity in Ukraine," Microsoft, April 27, 2022 [https://query.prod.cms.rt.microsoft.com/cms/api/am/binary/RE4Vwwd], accessed on August 10, 2023 を参照した。

（14）大澤淳「台湾有事とハイブリッド戦争」笹川平和財団、二〇二二年八月二四日 [https://www.spf.org/iina/articles/osawa_02.html]、二〇二三年八月一〇日閲覧。

（15）大澤淳「将来戦を見据えた新領域整備を」『正論』二〇二二年八月号、八四―九一頁。

（16）大澤「台湾有事とハイブリッド戦争」。

（17）二〇二二年二月に端末五〇〇〇台（三六六七台をスターリンク、残りをアメリカ政府機関の国際開発庁）を提供した。ウクライナは、二〇二二年一二月の時点で約二万二〇〇〇台のスターリンク端末を保有している。さらにアメリカ国防省が一万台をウクライナに提供する契約を結んだと発表した（Katherine Hamilton「ウクライナ軍向けスターリンク端末、アメリカがマスクのスペースXから購入」Forbes Japan、二〇二三年六月

五日［https://forbesjapan.com/articles/detail/63634］、二〇二三年八月一〇日閲覧。

(18) Bryan Clark, "The Fall and Rise of Russian Electronic Warfare: The Ukraine Invasion Has Become an Old-Fashioned Slog, Enabling Russia to Unleash Its Electronic Weapons," IEEE Spectrum, July 30, 2022 [https://spectrum.ieee.org/the-fall-and-rise-of-russian-electronic-warfare], accessed on August 10, 2023.

(19) 高木耕一郎「領域横断作戦の観点からロシア・ウクライナ戦争の教訓」『陸上防衛』二号、二〇二三年、七一九頁［https://www.mod.go.jp/gsdf/tercom/img/file2113.pdf］、二〇二三年八月一〇日閲覧を参照した。

(20) 岩本誠吾「国際法における無人兵器の評価とその規制動向」『国際安全保障』四二巻二号、二〇一四年、一五頁、岩本誠吾「標的殺害のための武装ドローンの使用に関する国際法的評価――国連人権理事会報告を素材として」『京都産業大学世界問題研究所紀要』三六巻、二〇二一年三月を参照した。

(21) 高井晋「自律型致死性兵器システム（LAWS）とJus Nascendi」『防衛法研究』四四号、二〇二〇年、一――一七頁。

(22) アメリカは、二〇二二年一〇月に国家安全保障戦略（NSS）、国家防衛戦略（NDS）を発表、中国は二〇二二年一〇月の中国共産党第二〇回全国代表大会において国防政策方針を発表、日本は二〇二二年一二月に国家安全保障戦略等三文書を発表し、それぞれロシア・ウクライナ戦争の教訓を反映していると思われる。

(23) 河上康博「人民解放軍による台湾の航空・海上封鎖作戦分析――軍事演習等からみえてくるもの」笹川平和財団、二〇二三年四月二六日［https://www.spf.org/japan-us-taiwan-research/article/kawakami_01.html］、二〇二三年八月一一日閲覧。

(24) ロシア軍の黒海における艦艇兵力については、二〇二二年二月一二日ロシア国防省発表によると黒海で戦闘艦艇三〇隻余りが演習を行い、そのままクリミアの基地にとどまっている。また黒海艦隊の潜水艦は七隻とされている。一方のウクライナ軍は、二月二四日以降、ロシア海軍に使用されることを防ぐため、大型戦闘艦をすべて自沈させた。シャヤン・サルダリザデフ、リオ・サンズ「巡洋艦『モスクワ』、沈没直前とされる画像

が浮上　黒煙上げ傾く」BBC News Japan、二〇二二年四月一九日 [https://www.bbc.com/japanese/61145738]、二〇二三年八月一一日閲覧。「ウクライナ軍の自爆型USVはユーリー・イワノフに到達、ロシア側の主張を否定」ブログ航空万能論、二〇二三年五月二六日 [https://grandfleet.info/european-region/ukrainian-suicide-usv-reaches-yuri-ivanov-denies-russian-claims/]、二〇二三年八月一一日閲覧。石井友梨佳「ロシア - ウクライナ戦争と黒海における民間船舶の航行」『週刊経団連タイムス』三五五二号、二〇二二年七月一四日 [https://www.keidanren.or.jp/journal/times/2022/0714_13.html]、二〇二三年八月一一日閲覧。「米政府『ロシアが黒海に機雷敷設』　穀物輸送船を標的か」日本経済新聞、二〇二三年七月二〇日 [https://www.nikkei.com/article/DGXZQOGN200P40Q3A720C2000000/]、二〇二三年八月一一日閲覧。

(25) "Commerce Implements New Export Controls on Advanced Computing and Semiconductor Manufacturing Items to the People's Republic of China (PRC)," Bureau of Industry and Security, October 7, 2022 [https://www.bis.doc.gov/index.php/documents/about-bis/newsroom/press-releases/3158-2022-10-07-bis-press-release-advanced-computing-and-semiconductor-manufacturing-controls-final/file] accessed on August 11, 2023. Jenny Leonard「バイデン氏、半導体など中国企業への米投資制限——大統領令に署名」Bloomberg、二〇二三年八月一〇日 [https://www.bloomberg.co.jp/news/articles/2023-08-09/RZ53TTDWRGG001]、二〇二三年八月一一日閲覧。

(26) 木内登英「中国の半導体素材の輸出規制が始まる——今後の拡大リスクを占う観点からその運用姿勢を見極める必要」野村総合研究所、二〇二三年八月一日 [https://www.nri.com/jp/knowledge/blog/lst/2023/fis/kiuchi/0801#:~:text=%E6%97%A5%E7%B1%B3%E3%81%B8%E3%81%AE%E5%A0%B1%E5%BE%A9,%E3%81%AE%E8%BC%B8%E5%87%BA%E8%A6%8F%E5%88%B6%E3%82%92%E5%A7%8B%E3%82%81%E3%82%8B%E3%80%82]、二〇二三年八月一一日閲覧。

(27) 『防衛白書　令和5年版』、六二頁 [https://www.mod.go.jp/j/press/wp/wp2023/pdf/R05zenpen.pdf]、二〇

二三年八月一一日閲覧。なお、同『防衛白書』では、「ＪＬ－３については、ジン級ＳＳＢＮにすでに搭載されているとの指摘もある」としている。

(28) 同右、六四―六五頁。Christopher P. Carlson, "Essay: Inside the Design of China's Yuan-class Submarine," U.S. Naval Institute, August 31, 2015 [https://news.usni.org/2015/08/31/essay-inside-the-design-of-chinas-yuan-class-submarine], accessed on August 12, 2023 および『世界の艦船』二〇二三年五月特大号、二八頁によれば、ユアン級潜水艦は、二〇二一年までに二〇隻が就役、さらに二五隻程度が追加建造されるとしている。

(29) 河上「人民解放軍による台湾の航空・海上封鎖作戦分析」。

(30) 同右。「即時軍事動態」中華民国国防部 [https://www.mnd.gov.tw/PublishTable.aspx?Types=%E5%8D%B3%E6%99%82%E8%BB%8D%E4%BA%8B%E5%8B%95%E6%85%8B&title=%E5%9C%8B%E9%98%B2%E6%B6%88%E6%81%AF]、二〇二三年八月一二日閲覧を参照した。

(31) 河上「人民解放軍による台湾の航空・海上封鎖作戦分析」。

(32) 同右。

(33) 武居智久「中国軍の台湾侵攻能力を進化させる民間輸送力――米年次報告書の評価を中心に」笹川平和財団、二〇二三年七月一一日 [https://www.spf.org/japan-us-taiwan-research/article/takei_01.html]、二〇二三年八月一二日閲覧。

(34) 河上「人民解放軍による台湾の航空・海上封鎖作戦分析」。

(35) これらの優位性を利用した、沿岸で活動する機雷戦には、現代戦に大きな影響を与える台湾の海底ケーブル切断・破壊も含むと見積もられる。

(36) Brian Waidelich and George Pollitt, "China Maritime Report No.29: PLAN Mine Countermwasures: Platforms, Training, and Civil-Military Integration," China Maritime Studies Institute, U.S Naval War College, July 21, 2023, pp. 5-6 [https://digital-commons.usnwc.edu/cgi/viewcontent.

cgi?article=1028&context=cmsi-maritime-reports], accessed on August 12, 2023.

(37)　Ibid., pp. 13-16.

第10章　戦争抑止に必要な安全保障枠組み

尾上　定正

はじめに

国際社会がロシアのウクライナ侵攻を許した要因は複合的だが、アメリカの対応の拙さが大きく影響したことは否定できない。ジョー・バイデン大統領は二〇二一年一二月八日、「NATO諸国に対する義務はウクライナには適用されない。ロシアのウクライナ侵略に対して、アメリカが単独で武力によって対抗するという選択肢は今のところない」と記者団に述べ、軍事関与しない意向を表明した(1)。筆者が二〇二二年九月に、在日米軍司令官経験者の空軍中将とワシントンDCで意見交換した際、なぜ抑止に失敗したと思うかという筆者の問いに、彼は「抑止が失敗したかどうか、そもそも抑止しようとしたかどうか、わからない」が、「対処はうまくやっていると思う」と答えた。バイデン政権は二〇二一年八月末にアフガニスタンから撤退し、二〇年に及ぶ戦争にようやく終止符を打ったばかりであり、アメリカの世論も、ロシアの侵攻直前に実施されたCBSニュースの調査では、五三パーセントがウクライナに「アメリカは関わるべきではない」と回答していた[2]。バイデン大統領、国防省・米軍、そしてアメリカ国民のウクライナへの関心は低く、戦争抑止に積極的に動こうとはしなかった。同様に、ヨーロッパの危機感や日本の関心の低さも抑止の破綻に影響したことは否定できない。また、国連は危機回避のみならず、ロシアの武力侵攻の停止にも無力であることが明らかとなった。

中国の台湾侵攻を抑止するためには、アメリカを始めとする国際社会が強い関心を持ち、ウクライナ戦争から得た教訓を活用して、危機回避に有効な取り組みを今から進めることが必要だ。本章では、まず台湾有事に関する国際社会の関心の程度を評価し、続いて抑止に有効な中台関係に関わる国際的および地域的取り組みについて考察する。最後に、想定される中国の対抗措置を分析し、中台関係をめぐる国際安全保障の枠組みを俯瞰したい。

1　国際社会の台湾海峡問題に関する関心の高まり

(1) アメリカにおける関心

台湾が米中の最も危険な争点として注目を集めるようになったのは、二〇二一年三月九日、アメリカのインド太平洋軍のフィリップ・デーヴィッドソン司令官が上院軍事委員会の公聴会で、「今後六年以内に中国が台湾を侵攻する可能性がある」と証言したことが大きい。(3) その直前の二月には、ロバート・ブラックウィル大使とフィリップ・ゼリコー教授という外交安全保障の専門家が、アメリカ外交問題評議会（CFR）から「アメリカ、中国と台湾——戦争抑止の戦略」という報告書を発表した。(4) 二人は、アメリカが備えるべき最も重要かつ危険な問題が台湾をめぐる米中衝突であり、それを避けるためには日本との緊密な事前協議と共同の準備が不可欠だと指摘した。さらにアメリカのシンクタンク戦略国際問題研究所（CSIS）は、二〇二三年一月に「次の戦争の最初の戦闘——中国による台湾侵攻のウォーゲーム」という報告書を発表した。(5) 二四回にわたって実施した机上演習では、中国の台湾併合は阻止できるが、中台は元より軍事介入する日米にも甚大な損害が出るとの結果に大きな反響があった。各国のメディアも台湾問題に強い関心を示すようになり、エコノミスト誌は二〇二一年五月、「地球上で最も危険な場所」という台湾海峡危機の特集を掲載し、(6) 以来定期的に台湾海峡情勢を報道している。

政治的には、二〇二一年四月の日米首脳会談の共同声明で「台湾海峡の平和と安定の重要性」が明記され、二〇二三年五月のG7広島サミットでも日米首脳が同様の認識を表明し、「両岸問題の平和的解決」を促している。くわえて、バイデン大統領は、中国による台湾侵攻があった場合、米軍が介入し台湾を防衛すると繰り返し表明している。(7)

(2) ヨーロッパ諸国の関心

北大西洋条約機構（NATO）もインド太平洋への関心を高め、二〇二二年六月末の首脳会合で採択された新たな「戦略概念」では、ウクライナへ侵略したロシアを「最も重大かつ直接の脅威」と位置づける一方、中国についても、「中華人民共和国が示した野心や強要的政策はわれわれの利益、安全保障、価値に挑戦している」と踏み込んで記述している。(8) その背景には、二〇一〇年代半ば以降に、ヨーロッパ各国で急速に悪化した対中認識がある。半導体産業における台湾の重要性に加え、中国の共産主義や人権抑圧と台湾の自由・民主主義を対置させ、後者への連帯の表明という側面も強い。(9) 事実、ナンシー・ペロシ下院議長の訪台以降、台湾を訪問するヨーロッパの議員や要人の数は急増している。さらに、二〇二三年七月のNATO首脳会議にはNATOが「AP4」と呼ぶ、アジア太平洋パートナー四か国（日豪韓NZ）が招待され、前年に続いて参加した岸田文雄首相は「インド太平洋の平和と安定は、欧州大西洋の安定と成長や、人々の暮らしとも直結している」と述べ、AP4とNATOとの対話や協力をいっそう深化させるとしている。(10)

ただし、NATOがインド太平洋地域において何を行うのか、中台問題にどう関与するのか等についてはいまだ不透明だ。同年四月に国賓として訪中したフランスのエマニュエル・マクロン大統領が「最悪なのは、台湾の問題について、アメリカの歩調や中国の過剰な反応に合わせヨーロッパの国々が追随しなければいけないと考えることだ」と述べ、アメリカや当のフランス国内からもこの発言への批判が噴出した。(11) NATO加盟国の対中認識には温度差があり、中国への警戒感と台湾問題への関与についてどこまで足並みをそろえられるか、また中国の分断工作に対抗できるかは、NATOの重要な課題である。

台湾問題に関する日米やNATOの関心の高まりは、中台統一は内政問題とする中国の主張を否定し、台湾海峡危機を地域的な問題からグローバルな安全保障の問題に位置づけるものであり、抑止力の強化につながる。

2　台湾海峡危機抑止に有効な国際的枠組み

(1) 国連の限界と台湾の位置づけ

国連は、ロシアの武力侵攻に対し、緊急特別総会でロシアを非難する強制力のない決議の採択という対応しかできていない（詳しくは第7章参照）。ロシアと同じく安保理常任理事国（P5）である中国の武力侵攻に際しても、国連が台湾防衛に機能することは期待できない。さらに台湾は、一九七一年一〇月二五日の国連総会決議二七五八号（アルバニア決議）の採択によって中国代表権を失って以来、国連を始めとする多くの国際機関から締め出されている[12]。この状態は、「台湾は中国の不可分の領土」であり、台湾統一は「内政問題」とする中国の主張の根拠となっている。事実は、中華人民共和国の成立は一九四九年一〇月一日であり、その時点で、台湾は「中華民国政府」によって統治されており、それ以降も中国共産党政府が台湾を統治・占有したことはない。しかし、中国は二〇二二年八月一〇日に発布した「台湾問題と新時代の中国統一事業」（以下、「台湾白書」と略）において、アルバニア決議を根拠に、中華人民共和国が国連における唯一の合法的な中国の代表であり、政治上も法律上も、手続き上も、台湾を含めた中国の代表権問題を徹底的に解決した、と主張している[13]。

一方、アルバニア決議から五〇周年の二〇二一年一〇月二六日、アメリカのアントニー・ブリンケン国務長官は台湾の国連組織への参加を支持する声明を発表した。声明は、台湾の民主主義の成熟や新型コロナウイルス感染症対策の成功例などから、「台湾の排除は国連と関連機関の重要な活動を弱らせる」と強調し、ほかの国連加盟国にも同調を呼びかけた。[14] それに先立つ二〇二〇年には、「台湾保証法（Taiwan Assurance Act of 2020）」を成立させ、台湾が国際組織に参与することを支持し、台湾が非対称戦能力と国防予算を引き上げることを求め、国務長官に議会報告を求めている。[15]

中国の「台湾白書」やアメリカの国内法は、国連および国際機関における台湾の地位と「一つの中国」に関する解釈をめぐる「法律戦」だと認識する必要がある。中国は巨大な軍事・経済力とP5の地位を駆使して親中国家を増やし、台湾と外交関係を持つ小国に断交を迫ってきた。[16] この台湾統一の地ならしともいえる中国の言動に対抗するためには、台湾の国際的な価値を高め、活動範囲の拡大を図り、国際社会において台湾が占める「スペース（空間）」を確保することが必要だ。中国の習近平国家主席は、一五の国連機関への関与を通じ、国連を中心とする国際秩序への影響力をさまざまな形で強化しようとしている。[17] その狙いは、「台湾問題や一帯一路などで中国に有利なルールを作るため」だと指摘されている。国連機関における中国の影響力を局限し、台湾の存在感を高めていくことが、間接的ではあるが台湾有事の抑止に寄与するであろう。

（2）法の支配による国際安全保障秩序

国際社会の秩序は、各アクターが既存の国際法や規範を遵守する「法の支配（Rule of Law）」によって維持されることが前提となっている。ところが、この前提が揺らいでいる。核拡散防止条約（N

PT体制）は、国際安全保障秩序の維持に重要な枠組みを提供しているが、ロシアがウクライナ侵攻で実践している「エスカレーション抑止（escalate to de-escalate）」戦略（核兵器の使用を含め、紛争を意図的にエスカレートさせることにより相手を萎縮させ、ロシア側が望む条件を強いる戦略）は、NPT体制のみならず、核抑止による安定を根底から覆す危険がある。中国が台湾侵攻に際し、同じ戦略でアメリカや日米同盟の介入を阻止しようとする可能性は十分にあり、NPT体制の主要メンバーはその存続をかけて両国の不当な主張を抑え込む必要がある。広島G7サミットにおいて「核軍縮に関するG7首脳広島ビジョン」採択を主導した日本は、台湾海峡の核抑止に直結する核秩序の維持に向けた取り組みを促進する必要がある。

「海の憲法」と称される国連海洋法条約（UNCLOS、一九八二年）は、各国が海洋の利用について立法・司法・執行の権限を行使する際の客観的な枠組みを設けるものである（一六八か国が締約）。中国はUNCLOSの締約国でありながら、自国の「核心的利益」を確保するために、UNCLOSに抵触する国内法を制定し、また、他の締約国とは異なるUNCLOSの解釈を採用し、その国内法を根拠に周辺国に圧力をかけている。具体的には、①中国領海法における外国軍艦の無害通航権の否定および接続水域への安全保障の管轄権の延長や②中国海警法による「中国の管轄海域」というあいまいな概念、外国軍艦や外国公船への強制措置および武器の使用基準のあいまいさが指摘されている(18)。

中国は、二〇一六年七月一二日の南シナ海仲裁判決が中国による九段線の主張を否定したことに対し、同判決を違法かつ無効とし、履行を拒んでいる。習近平は、「すべての国は国際法の歪みに反対し、『法の支配』の名のもとに他国の正当な権利と利益を侵害し、平和と安定を損なう行為に反対する権利を行使すべきである」と述べ、中国の利益が反映された国際法秩序の完成が必要との認識である[19]。さらに、中国の違法な海洋活動は、「違法・無報告・無規制（IUU）」に行われている漁業や海底ケーブルの切断など拡大・深刻化している。このような中国の現状変更行動に対し、国際社会は厳しい監視の目を光らせ、是正するよう働きかけていくことが必要だ。同時に、LAWS（自律型致死性兵器システム）等の新興技術や宇宙の軍事利用に関する新たな国際秩序のルール形成に中国を巻き込み、共通の「法の支配」を確立していくことが求められている。

(3) アメリカの軍事態勢

ロシア・ウクライナ戦争は「法の支配」を最終的に担保するのは軍事力であることを実証した。同時に、世界の安全保障秩序は、アメリカの軍事力による一極支配が終わり、戦争のリスクをはらむロシアや中国とのグローバルな対立へと変化した。中国、ロシア、北朝鮮、イラン等の権威主義独裁体制の国家群が反米を軸として連携することで、戦争は地域を越えて連動するようになっている。したがって、アメリカがどのような世界戦略を立て、それを支持する軍事態勢をどのように展開するかが、台湾有事の抑止に重要な意味を持つ。しかしアメリカは、ヨーロッパ・中東・アジアという三正面の危機に同時対処する能力も意思も失いつつあるのが現実だ。自由主義民主体制の諸国は、アメリカを慫慂《しょうよう》し、アメリカがグローバルな関与を継続しうる軍事態勢を積極的に補完する必要がある。そのためには、アメリカが掲げる統合抑止の旗のもと、日豪韓等アジアにおけるアメリカの同盟国がNA

TOを支援すると同時に、NATO諸国がアジアへの関与を強化することがますます重要となる。このアメリカを中心とするヨーロッパとアジアのグローバルな連携はまだまだ不十分であり、核抑止や宇宙・サイバー等の新たな作戦領域を含む「統合軍事態勢」の構築に向けて取り組む必要がある。

3　台湾海峡危機抑止に有効な地域的枠組み

(1) 域内の枠組み――アメリカの二国間同盟、ASEAN

台湾有事の抑止には、台湾が中国の武力侵攻に徹底抗戦し、アメリカが台湾防衛に軍事介入することが必要条件となる。アメリカは、四つの二国間同盟を中心とする安保体制（ハブ&スポーク）を西太平洋に構築してきたが、大西洋のNATO集団防衛体制と比べ、この構成は脆弱だ。地域の軍事バランスが中国優位に傾斜を強めるなか、中国を対象とする同盟関係の連携強化は喫緊の課題である。スティーヴン・ウォルトの「脅威均衡論」によれば、諸国家は最強の国家ではなく最大の脅威に対抗するために同盟を形成する。[20] アメリカが持つ二国間同盟にはそれぞれ特性があり、脅威対象も一様ではないが、ロシアの侵略によって台湾有事の現実味が増したことで、中国という脅威に対抗する同盟国の動きは同調しつつある。バイデン政権が目指す統合抑止の枠組みのもと、日豪・日比や日米韓等の二か国・三か国関係を強化し、ハブ&スポークの脆弱な同盟構造を、多国間連携で補強するウェブ構造に進化させる必要がある。

日米同盟は地域安全保障の礎石（cornerstone）と位置づけられ、台湾問題に関しても日米同盟の果たす役割は大きい。二〇二二年一二月に決定された日本の新戦略三文書に基づき、バイデン政権が指向する統合抑止（Integrated Deterrence）の強化が日米の課題となる。同時に、ブラックウィル＆ゼリコー論文やＣＳＩＳ報告が指摘するとおり、日米同盟に基づく在日米軍基地使用（日米安保条約六条）と日本の米軍支援および防衛作戦が、危機抑止と侵略阻止の成否を左右する重要な要素となる。

米韓同盟は北朝鮮を対象とする朝鮮半島での作戦運用を中心としており、台湾海峡危機への関与はほとんど想定していない。しかし、韓国は日本と同様台湾海峡等のシーレーンに大きく依存し、台湾海峡情勢が朝鮮半島情勢と連動した歴史的経緯を踏まえると、朝鮮半島を超えた地域安全保障への貢献が期待される。二〇二三年八月、日米韓の三か国首脳会談が開催され、安全保障協力を「新たな高みに引き上げる」ことで合意された意義は大きい[21]。

アメリカとフィリピンは、冷戦終結後休止状態であった米比相互防衛援助条約を再活性化するため、二〇一四年に防衛協力強化協定を締結した。南シナ海で人工島を建設し軍事拠点化する中国への対応が目的だが、二〇二三年四月、米軍が使用できる新たな拠点として、台湾に近い北部カガヤン州のカミロ・オシアス海軍基地とラルロ空港を含む四つの拠点を追加した[22]。これによって米軍はフィリピン国内の九拠点で、一時的駐留や装備の備蓄が可能となった。フィリピンは台湾有事に積極的に関与する意思と能力を持たないが、南シナ海における中国との緊張関係は継続しており、米比の対中安保協力は強化されても弱体化することはないだろう。米軍にとって、部隊を分散展開できる拠点を第一列島線に可能な限り多く確保することは台湾有事に備えた体制構築の最重要課題であり、台湾の南側にあるフィリピンに新拠点を確保した抑止効果は大きい。日本は、フィリピンに警戒監視用地上レーダーを輸出し、能力構築を支援するなど、防衛協力を強めており、日米比三か国の連携へと発展させることが可能だ。

オーストラリアは、軍の規模は小さいけれども、アメリカと最も緊密に共同してきた実績がある。ファイブアイズや米英豪安全保障枠組み（AUKUS）を展開し、日本とも「準同盟」関係を構築している。オーストラリアは、二〇二三年四月に「国防戦略見直し」報告書を発表し、地域における低強度の脅威に独力で対処することを念頭に置いた「大陸防衛（Defence of Australia）」から、大国間の競争から生じる脅威に対処する「国家防衛（National Defence）」への転換を表明した。[23] アメリカの力の相対的な低下と中国の軍事的伸張によって生じた安全保障環境の変化を踏まえ、中国の力による支配を食い止める「拒否的戦略」が必要と認識している。[24] この「国家防衛」概念は、中国の脅威増大を背景にアメリカ等と協力しつつ、より遠方で脅威の阻止を試みる点において、日本の戦略三文書のアプローチと共鳴する。南端のアンカーとなるオーストラリアを加えた、米日台比豪の「第一列島線同盟」を視野に入れ、中国との軍事バランスの回復と抑止力の強化を図るべきだ。

最後に、地域の重要な枠組みである東南アジア諸国連合（ASEAN）の少なからぬ加盟国は、米中対立によってどちらか一方の選択を強いられることを望んでおらず、台湾有事に巻き込まれることを恐れている。アメリカには、東南アジアを中国に対抗するための駒として扱わず、東南アジアの特質に基づいてこの地域と付き合うことが求められている。[25] そのためには、ASEAN諸国を一括りにせず、南シナ海で中国と領有権問題を有するフィリピン・ヴェトナム等との軍事協力や、シーレーンの安定に共通の利益を有するシンガポール、マレーシア等との海洋安全保障協力を強化する「ミニラテラル」な関係構築を進めることが望ましい。

（2）域外諸国の関与の枠組み——AUKUS、NATO、QUAD

増大する中国の脅威に対し、NATO諸国の中で最も積極的にインド太平洋への関与を強めているのがイギリスである。イギリスは二〇二一年に初めて外交安全保障戦略を示した「統合レビュー」を公表した際、中国を「体制上の競争相手」と表現したが、二〇二三年三月に発表した新統合レビューでは、「中国共産党率いる中国は、（略）時代を定義付ける体系的な課題」だと指摘し、「巨額の新規投資による急速かつ不透明な軍事的近代化を進め、領有権をめぐる問題がある南シナ海の島を軍事化し、台湾をめぐる目的を達成するための武力行使を放棄することを拒否している」と警告した[26]。イギリスは軍事行動でも積極的にインド太平洋に進出し、二〇一六年には英空軍戦闘機タイフーン、二〇二一年には英海軍の最新鋭空母クイーン・エリザベスを展開し、日豪韓との共同演習を繰り返している。

さらにイギリスは二〇二一年九月、オーストラリアの原子力潜水艦取得を英米が支援する枠組みとしてAUKUSを結成した。二〇二三年三月の英米豪首脳協議では、二〇三〇年代初頭にオーストラリアがアメリカからバージニア級潜水艦三隻を購入し、その後、英豪海軍向けの新型原潜（SSN-AUKUS）を設計・建造するという計画が公表された[27]。難事業だが、実現すれば、アメリカの潜水艦運用拠点であるグアムやハワイからの東方面のみならず、南方からも南シナ海へのアクセスが可能となり、中国に南シナ海での二正面作戦を強いることができる[28]。また、地域の軍事バランスが中国優位に傾斜する中で、潜水艦戦を中心とする水中優勢を日米豪が維持し続けることは、台湾有事の抑止にきわめて重要かつ有効である。

フランスは太平洋島嶼部に領土を保有し、インド太平洋地域に常続的に軍を配備する唯一のＮＡＴＯ加盟国である。海上自衛隊と日仏共同訓練（オグリ・ヴェルニー）を定期的に実施し、さらにフランス艦艇が台湾海峡を定期的に通過している。二〇二三年七月末にはフランス航空宇宙軍と航空自衛隊が共同訓練を行い、同軍参謀長ステファン・ミル大将も訪日した。ドイツも二〇二二年九月に空自とドイツ空軍の初の共同訓練を百里基地で実施、自ら訓練に参加したインゴ・ゲルハルツ総監は「ドイツ政府はインド太平洋地域を非常に重要視している。今後もドイツ軍はこの地域での関与を強化していく予定で、一回きりではなく、継続的に行っていく」と話した[29]。イタリアとは八月四日、イタリア空軍のＦ－35が初めて訪日し空自と共同訓練を実施、また、イタリア空軍の国際飛行操縦訓練課程（ＩＦＴＳ）に空自のパイロットが派遣され、訓練を受けている。さらに、空自Ｆ－２後継機を二〇三五年に導入することを目指し、日英伊で次世代戦闘機を共同開発する「グローバル戦闘航空プログラム（ＧＣＡＰ）」が始まっている。要約するとＮＡＴＯ主要国は、インド太平洋地域への関与、なかんずく、日本との軍事協力を積極的に進めており、共同訓練や部隊展開等の一時的な軍事協力のみならず、共同開発による安保関係の構造化が進んでいる。

さらに、ＮＡＴＯ自体も二〇二二年六月に一二年ぶりに改訂された「戦略概念二〇二二」において、中国の行動を「体制上の挑戦（systemic challenges）」と定義し、中国に対する脅威認識を露わにしている。同戦略概念は、「中華人民共和国が示した野心や強要的政策はわれわれの利益、安全保障、価値に挑戦している」、「中国は、自らの戦略や意図、軍備拡張については秘密を維持しながら、広範な政治的、経済的、軍事的ツールを使い、グローバルな存在感を高め、パワーを投影している」と明記している。[30] 同戦略概念を採択したＮＡＴＯマドリード首脳会合では、同年二月にウクライナに侵攻したロシアという「最も重大かつ直接の脅威に対する」集団防衛戦略が主要テーマだったが、同会合には、アジアの四つのパートナー諸国「ＡＰ４」（日本、オーストラリア、韓国、ニュージーランド）の首脳が招待された。ＮＡＴＯとしては、ロシアによるウクライナ侵攻にもかかわらず、グローバルな安全保障上の問題に関与し続ける意思と能力を有することを示したことになる。

ＮＡＴＯの集団防衛には地理的適用範囲の限定があり、アメリカに関してはアメリカ本土西海岸までと通常は理解されている。つまり、ハワイやグアムはＮＡＴＯの集団防衛の適用外だが、二〇二一年六月のＮＡＴＯ首脳会議では、宇宙空間もＮＡＴＯの活動領域に位置づけ、宇宙空間または宇宙からの攻撃が、集団的自衛権を行使する対象になりうると明記した。[31] また、ＮＡＴＯの「戦略概念二〇二二」は、中国が「透明性の向上や軍備管理、リスク低減への関与なしに核兵器を急速に増強し、より洗練された運搬システムの開発を進めている」として、中国の核戦力への懸念を示している。ＮＡＴＯがその抑止・防衛体制の中で中国をいかに位置づけるか、逆にアメリカが中国に対する統合抑止においてＮＡＴＯをどう位置づけるかは、いまだ議論になっていない。しかし、台湾有事には、宇宙からサイバーそして核へのエスカレーションというグローバルな米中衝突が当然想定され、早晩、俎上に乗せることが必要となるだろう。

このようなＮＡＴＯの動向に対して、中国は強く反発している。二〇二三年七月のヴィリニュスＮ

ATO首脳会議共同声明にも、「戦略概念二〇二二」に示された中国に対する強い懸念が盛り込まれたが[32]、これに対して、中国外務省の汪文斌報道官は、「冷戦思考やイデオロギー的偏見に満ちたもので、中国は断固反対だ」、「NATOは地域的な組織と自称しながら、条約で規定した範囲を突破し、アジア太平洋への進入を加速させている」と批判した[33]。ロシアとの連携を強める中国にとって、完全にロシアと敵対関係になったNATOが中国とも敵対化する事態は避けたいであろう。台湾海峡における抑止体制にNATOという要素を加え、習近平の戦略的な計算をより複雑にすることが、抑止力強化に有効である。

最後にインドは、日米豪の三か国とともに安全保障や経済を協議する枠組みQUADのメンバーであると同時に、BRICSの一員として中ロとの関係も重視している。しかし、ウクライナ戦争の結果ロシアからのサプライチェーンが滞り、インド軍が主用するロシア製兵器の維持整備が困難になりつつある。さらに、困窮したロシアが、インドが脅威と見なしている中国への依存を強める状況を踏まえ、ナレンドラ・モディ首相は二〇二三年六月の米印首脳会談で、中国を念頭に「地域の安定が米印のパートナーシップの中心的な懸念の一つとなった」と述べ、アメリカとの防衛協力強化に踏み込んだ[34]。

インドがQUADに積極的に対応することは合理的な判断だが、日米豪の関心は東シナ海や南シナ海の領土問題など中国との「海の争い」である。中国と「陸の国境」を争うインドがQUADに期待する利益とは必ずしも一致しない。台湾有事が実際に起きたとき、英仏独伊等のNATO諸国やインドが軍を派遣し、中国と直接対峙することはあまり期待できない[35]。しかし、これらの国々が台湾海峡危機をグローバルな安全保障問題として捉え関与を強めることは、危機抑止に一定の効果を持つ。日本は、アメリカと連携しつつ、これまでの良好な関係を活かして、各国との二国間協力を強化し、連携を深め、多国間軍事協力のネットワーク化を進めていくことが求められる。

4　中国の対抗措置——BRICS、上海協力機構、一帯一路

中国は、台湾統一を「中華民族の偉大な復興実現の必然的要請」と位置づけ、そのための武力行使を否定していない[36]。習近平は二〇一二年の国家主席就任以来、一貫して中国の夢の実現に不可欠な軍事力強化を推進してきた。二〇一五年には建国以来最大の軍改革を実施し、統合作戦能力向上と平素の態勢強化を図り、より実戦的な軍隊の建設を目指している。ウクライナの教訓を踏まえれば、習近平の誤算・楽観・誤認を防止することが重要であり、中国優位に傾斜する地域の軍事バランスを立て直すことが米台の喫緊の課題となっている。

中国にとっては、大きなリスクとコストを強いられる米軍介入を阻止することが最優先の目標である。中国の「一つの中国」原則を支持する、あるいは黙認する国が多ければ多いほど、国際社会やアメリカの世論は分裂し、軍事介入のハードルは上がると考えていよう。反米で一致するロシアとの共同はその柱である。

二〇二三年三月二一日の中ロ首脳会談後の共同声明は、「両国関係は歴史上最高のレベルに達し、着実に成長している」と述べ、中ロの緊密な関係を誇示した。また、台湾をめぐる情勢などを念頭に

「両国は冷戦思考に基づくアメリカのインド太平洋戦略がこの地域の平和と安定に及ぼす負の影響に留意する」と指摘し、対アメリカでの結束を鮮明にした(37)。国際政治学者のグレアム・アリソンは、両首脳の強固な個人的信頼関係に基づく「軍事同盟に等しい機能」は、アメリカの既存の同盟よりも重要になると主張している(38)。しかしながら、中国はロシアへの直接的な軍事支援にはこれまで一貫して慎重な姿勢を崩しておらず、台湾有事における中ロの軍事的な共同行動の可能性を過大評価してはならないであろう。

同様に、中ロは、ＢＲＩＣＳの拡大(39)や上海協力機構（ＳＣＯ）の強化を表明しているが(40)、ＢＲＩＣＳにせよ、ＳＣＯにせよ、これらの加盟国が台湾有事に直接介入することは想定しづらい。中国習近平主席肝煎りの一帯一路は、ユーラシアから中東・アフリカ、さらには南米まで広がり、中国の影響力を浸透させているが、「債務の罠」を仕掛けているとの批判や警戒感も高まっている。したがって、中国の国際的な連携は台湾統一への直接的な関与を期待するものではなく、国連等における正当性を主張する多数派工作と評価できるであろう。

おわりに

ロシアによるウクライナ侵略は、国際社会にあらためて戦争抑止の重要性と軍事力の役割を認識させた。武力による台湾統一が現実味を帯びる今、東アジアだけでなく国際社会全体で、台湾海峡情勢に対する関心は高まっている。しかし、アメリカの圧倒的な軍事力によって維持されてきた国際安全保障秩序は、中ロのハードとソフト両面からの現状変更の挑戦にさらされている。G7に代表される西側諸国は、国連憲章や国際法に基づく「法の支配」を維持、擁護するソフト面の取り組みに結束して当たる必要がある。だが、国際社会がロシアの侵略を抑止できなかった教訓を踏まえると、軍事力が台湾有事の抑止には不可欠であり、アメリカを中心とするグローバルな同盟関係を強化し、統合抑止力によって習近平の武力侵攻の決断を躊躇させることが必要だ。ウクライナを支援するNATOにアジア諸国が加勢し、台湾を支援するアメリカの二国間同盟をNATOが補強するグローバルな関係強化、そして東アジア域内および域外のアメリカ同盟関係のマルチラテラルな連携によってより強力な同盟網の構築を目指す必要がある。日米同盟はそれらの取り組みの礎石であり、日本が戦略三文書に基づき、日本自身の防衛体制の強化と日米同盟の抑止力・対処力の強化および同志国等との連携の強化を着実に進めることが、台湾有事の抑止には求められている。

注

（1）The White House, "Remarks by President Biden Before Marine One Departure," December 8, 2021 [https://www.whitehouse.gov/briefing-room/speeches-remarks/2021/12/08/remarks-by-president-biden-before-marine-one-departure-10/], accessed on September 25, 2023.

（2）Jennifer de Pinto, "Between Russia and Ukraine, Americans say either stay out or side with Ukraine -

CBS News poll," CBS News, February 11, 2022 [https://www.cbsnews.com/news/ukraine-russia-u-s-involvement-opinion-poll-02-2022/], accessed on September 25, 2023.

(3) Committee on Armed Services, United States Senate, "Hearing to Receive Testimony on United States Indo-Pacific Command in Review of the Defense Authorization Request for Fiscal Year 2022 and The Future Years Defense Program," March 9, 2021 [https://www.armed-services.senate.gov/imo/media/doc/21-10_03-09-2021.pdf], accessed on September 28, 2023.

(4) Robert Blackwill and Philip Zelikow, "The United States, China, and Taiwan: A Strategy to Prevent War," Council on Foreign Relations, February 2021 [https://www.cfr.org/report/united-states-china-and-taiwan-strategy-prevent-war], accessed on September 28, 2023.

(5) Mark F. Cancian, Matthew Cancian, and Eric Heginbotham, "The First Battle of the Next War: Wargaming a Chinese Invasion of Taiwan," CSIS, January 9, 2023 [https://www.csis.org/analysis/first-battle-next-war-wargaming-chinese-invasion-taiwan], accessed on September 28, 2023.

(6) "The Most Dangerous Place on Earth," *The Economist*, May 1, 2021 [https://www.economist.com/weeklyedition/2021-05-01], accessed on September 28, 2023.

(7) "Biden Says U.S. Forces would Defend Taiwan in the Event of a Chinese Invasion," Reuter, September 19, 2022 [https://jp.reuters.com/article/usa-taiwan-biden-idAFKBN2QJ0JU], accessed on September 25, 2023.

(8) "NATO 2022 Strategic Concept," NATO, June 29, 2022 [https://www.nato.int/nato_static_fl2014/assets/pdf/2022/6/pdf/290622-strategic-concept.pdf], accessed on August 16, 2023.

(9) 鶴岡路人「２０２２年戦略概念にみるＮＡＴＯの対露・対中戦略」日本国際問題研究所、二〇二三年三月二三日 [https://www.jiia.or.jp/pdf/research/R04_Europe/01-01.pdf]、二〇二三年八月一六日閲覧。

(10) 「『インド太平洋と欧州は直結』対中姿勢で温度差　事務所開設は不透明」産経ニュース、二〇二三年七月一

二日 [https://www.sankei.com/article/20230712-J5CUPBLXUFMSNB5XTLKF3UY42U/]、二〇二三年九月二八日閲覧。

(11) 「フランスのマクロン大統領 台湾をめぐる発言に批判の声」ＮＨＫ国際報道２０２３、二〇二三年四月一二日 [https://www.nhk.jp/p/kokusaihoudou/ts/8M689W8RVX/blog/bl/pNjPgEOXyv/bp/pkwxZz5eBA/]、二〇二三年八月一六日閲覧。

(12) この時、日本は、アメリカ等の提出した中華民国の議席も認める二重代表制決議案（共同提案国一九か国）および中華民国の追放を反対重要問題に指定する決議案（共同提案国二二か国）を共同提案したが、否決され、アルバニア決議案だけが賛成七六、反対三五、棄権一七、欠席三で採択された。『外交青書 昭和47年版』[https://www.mofa.go.jp/mofaj/gaiko/bluebook/1972/s47-2-4-1.htm]、二〇二三年八月一一日閲覧。

(13) 「中国が『台湾問題と新時代の中国統一事業』白書を発表」人民網日本語版、二〇二二年八月一〇日 [http://j.people.com.cn/n3/2022/0810/c94474-10133775.html]、二〇二三年九月二八日閲覧。

(14) 「米国の台湾シフト鮮明　国連参加支持、対中包囲網と同時進行」産経ニュース、二〇二一年一〇月二七日 [https://www.sankei.com/article/20211027-G5GL7MJWRRJC7F42GAGN3ODZPE/]、二〇二三年八月一一日閲覧。

(15) H.R.2002, "Taiwan Assurance Act of 2019, 116th Congress (2019-2020)," [https://www.congress.gov/bill/116th-congress/house-bill/2002/text], accessed on September 28, 2023.

(16) 台湾と外交関係を結んでいるのは大洋州四か国（ツバル、マーシャル諸島共和国、パラオ共和国、ナウル共和国）、ヨーロッパ一か国（バチカン）、中南米・カリブ七か国（グアテマラ、パラグアイ、ハイチ、ベリーズ、セントビンセント、セントクリストファー・ネーヴィス、セントルシア）、アフリカ一か国（エスワティニ）の一三か国。一方、二〇一七年以降に台湾と国交を断絶して中国との国交を樹立した国は、パナマ（二〇一七年六月一二日）、ドミニカ共和国（二〇一八年四月三〇日）、エルサルバドル（二〇一八年八月二〇日）、ニカラグア（二〇二一年一二月九日）、ホンジュラス（二〇二三年三月二五日）の五か国。

(17)「『国連利用』もくろむ中国」『読売新聞』二〇二三年七月一三日。

(18) 坂元茂樹「国連海洋法条約を侵食する中国――国内立法と解釈による歪曲」内閣官房、二〇二三年七月一一日 [https://www.cas.go.jp/jp/ryodo/kenkyu/senkaku/chapter04_column_01.html]、二〇二三年八月一四日閲覧。

(19) 张晓君「尊重国际法权威 维护国际秩序」求是網、二〇一八年一〇月一五日 [http://www.qstheory.cn/dukan/qs/2018-10/15/c_1123554602.htm]、二〇二三年九月二九日閲覧。

(20) スティーヴン・ウォルト著、今井宏平・溝渕正季訳『同盟の起源――国際政治における脅威への均衡』ミネルヴァ書房、二〇二一年、x―xi頁。

(21)「日米韓安保『新たな高み』」『読売新聞』二〇二三年八月一九日。

(22)「米軍新拠点　割れる地元」『読売新聞』二〇二三年八月一八日。

(23) "National Defence: Defence Strategic Review 2023," April 2023 [https://www.defence.gov.au/about/reviews-inquiries/defence-strategic-review], accessed on September 23, 2023.

(24) 小木洋人「AUKUSの先にあるインド太平洋の有機的同盟協力――日本は米豪のギャップを埋める存在に」Foresight、二〇二三年五月二二日 [https://www.fsight.jp/articles/-/49785]、二〇二三年八月一九日閲覧。

(25) Tommy Koh and Daljit Singh, "A message from South-east Asia to the US", *The Strait Times*, August 14, 2023 [https://www.straitstimes.com/opinion/a-message-from-south-east-asia-to-the-us], accessed on August 18, 2023.

(26) HM Government, "Integrated Review Refresh 2023 Responding to a more contested and volatile world," March 2023 [https://assets.publishing.service.gov.uk/government/uploads/system/uploads/attachment_data/file/1145586/11857435_NS_IR_Refresh_2023_Supply_AllPages_Revision_7_WEB_PDF.pdf], accessed on

August 19, 2023.

（27）「米英豪、原子力潜水艦の配備計画を発表　ＡＵＫＵＳ首脳会合」ＢＢＣ、二〇二三年三月一四日 [https://www.bbc.com/japanese/64936219]、二〇二三年八月一九日閲覧。

（28）小木「ＡＵＫＵＳの先にあるインド太平洋の有機的同盟協力」。

（29）「空自 ドイツ空軍と初の共同訓練 インド太平洋での連携強化図る」ＮＨＫ、二〇二二年九月二八日 [https://www3.nhk.or.jp/news/html/20220928/k10013840911000.html]、二〇二三年八月一九日閲覧。

（30）NATO, *Strategic Concept 2022*, adopted by the heads of state and government meeting at the North Atlantic Council in Madrid, 29 June 2022 [https://www.nato.int/nato_static_fl2014/assets/pdf/2022/6/pdf/290622-strategic-concept.pdf], accessed on September 29, 2023.

（31）「ＮＡＴＯ、露だけでなく中国を『脅威』に位置付け　宇宙空間も集団的自衛権の対象」読売新聞オンライン、二〇二一年六月一五日 [https://www.yomiuri.co.jp/world/20210615-OYT1T50068/]、二〇二三年九月二九日閲覧。

（32）Vilnius Summit Communiqué, Issued by NATO Heads of State and Government participating in the meeting of the North Atlantic Council in Vilnius 11 July 2023 [https://www.nato.int/cps/en/natohq/official_texts_217320.htm], accessed on September 29, 2023.

（33）「『偏見に満ちたもの』中国がＮＡＴＯの共同声明に反発」TBS News Dig、二〇二三年七月一二日 [https://newsdig.tbs.co.jp/articles/-/599357?display=1]、二〇二三年九月二九日閲覧。

（34）「米印首脳が会談、防衛などの連携強化で合意　関係発展を歓迎」ロイター、二〇二三年六月二三日 [https://jp.reuters.com/article/usa-india-idJPKBN2Y81JU]、二〇二三年八月二〇日閲覧。

（35）「台湾有事　欧州の世論調査では『中立』62％　距離置く姿勢」産経ニュース、二〇二三年六月八日 [https://www.sankei.com/article/20230608-K6WZXLQBCJOXHIKBJOAISGZBLM/]、二〇二三年八月二一日閲覧。

(36)「中国共産党第20回全国代表大会における報告（全文）」、二〇二二年一〇月一七日 [http://www.peoplechina.com.cn/tjk/20da/202210/t20221017_800310426_15.html]、二〇二三年九月二九日閲覧。

(37)「中华人民共和国和俄罗斯联邦关于深化新时代全面战略协作伙伴关系的联合声明」中国外交部、二〇二三年三月二二日 [https://www.fmprc.gov.cn/zyxw/202303/t20230322_11046188.shtml]、二〇二三年九月二九日閲覧。

(38) Graham Allison, "Xi and Putin Have the Most Consequential Undeclared Alliance in the World," *Foreign Policy*, March 23, 2023 [https://foreignpolicy.com/2023/03/23/xi-putin-meeting-china-russia-undeclared-alliance/], accessed on August 21, 2023.

(39)「ＢＲＩＣＳサウジなど６カ国が来年加盟　歴史的拡大と習中国主席」ロイター、二〇二三年八月二四日 [https://jp.reuters.com/article/brics-summit-ramaphosa-idJPKBN2ZZ0JI]、二〇二三年九月二九日閲覧。

(40)「露が国際安保会議　中印など90か国招待」『読売新聞』二〇二三年八月一六日。

第Ⅳ部　日本が取り組むべきこと

第11章
日本が「有事」を認定するとき
――防衛政策における課題

武居　智久

はじめに

二〇二二年一二月に閣議決定された日本の国家安全保障戦略など、いわゆる戦略三文書における重要なテーマは、強権主義的な外交政策を強める中国への安全保障上の対応であった。国家安全保障戦略は、中国による軍事活動の拡大と活発化、東シナ海や南シナ海での強圧的な現状変更の試みを、台湾海峡問題とともに「我が国と国際社会の深刻な懸念事項であり、我が国の平和と安全および国際社会の平和と安定を確保し、法の支配に基づく国際秩序を強化する上で、これまでにない最大の戦略的な挑戦」と位置づけた(1)。

ともに閣議決定された国家防衛戦略は、国家安全保障戦略を具体化する戦略である。したがって、中国の戦略的な挑戦に対応する防衛政策を示し、防衛体制や防衛力整備の方向性を具体的に記述するはずであるが、台湾海峡に関する限り、国家安全保障戦略の内容をほぼ踏襲するだけで、防衛政策への解釈にまでは踏み込んでいない。また、国家防衛戦略が重視する同志国等との多角的・多層的な連携の中にも台湾の名前はない。国家安全保障戦略が「台湾との関係については、我が国は、一九七二年の日中共同声明を踏まえ、非政府間の実務関係として維持してきており、台湾に関する基本的な立場に変更はない(2)」と明記していることから、台湾海峡問題に関する防衛政策は、たとえ有していたとしても記述できなかったと考えられる。

その一方で、岸田文雄総理大臣は戦略三文書の閣議決定後の記者会見で「防衛力強化を検討する際には、各種事態を想定し、相手の能力や新しい戦い方を踏まえて、現在の自衛隊の能力で我が国に対する脅威を抑止できるか。脅威が現実となったときにこの国を守り抜くことができるのか。極めて現実的なシミュレーションを行いました」と述べ、反撃能力の保有、宇宙・サイバー・電磁波等の新たな領域への対応、南西地域の防衛体制の強化の三点を防衛力強化の具体例として示した(3)。とくに南西諸島防衛体制の強化は東シナ海や台湾海峡における防衛上の事態を念頭に置いていることは明らかであって、公にされないまでも台湾は戦略三文書に組み込まれていると考えて間違いないであろう。このように、日本の防衛政策は、台湾を防衛問題の中心に据えながら、ことさら台湾を「無機質化」し、歴史的にも台湾の位置づけを明確にするのを避けてきた(4)。

中国共産党にとって台湾の統一は、蔣介石が国民党軍を率いて台湾に渡った時からの悲願であって、日本の防衛政策は台湾と台湾海峡の問題を主題として議論されて当然であった。しかし、日中国交正常化によって日本政府が中華人民共和国政府の主張を「十分に理解し、尊重し」（いわば台湾を切り捨て）、台湾との間では経済と文化を中心とする実務交流のみが維持されるようになってから、日台の防衛関係者の往来など基礎的な防衛交流が途絶え、以後、日本では台湾は国際情勢の一部として説明されても、防衛政策として説明されることはなかった。この背景には、日中国交正常化と中国による「平和統一」政策がセットであったこと、九〇年代まで台湾の軍事力が中国よりも優位にあると評価されていたこと[5]、またアメリカの対中関与政策と台湾関係法の存在が、日本の防衛関係者の目を台湾から遠ざけるように作用したことなどが指摘できる。

本章では、台湾海峡情勢をめぐる究極の事態、すなわち中国の武力による台湾統一に対して、日本が防衛力をもって対応する事態を分析し、今後の対台湾海峡政策のうち防衛政策に焦点をあて課題を論じていく。

1　中国の台湾軍事侵攻作戦

中国の台湾武力統一に使用される作戦を、アメリカ国防省の議会報告書を中心に分析してみる。

アメリカ議会は、一九九九年歳出予算案で国防長官に台湾海峡の安全保障状況の報告を求めた。提出された報告書は「台湾海峡の安全保障の状況」と題され、二〇〇五年までに中国人民解放軍（以下、

「中国軍」）が保有すると見積もられる能力を使用して台湾に軍事力を行使する選択肢として①台湾の海上交通の阻止と港湾の封鎖、②大規模なミサイル攻撃、③全面的な侵攻を挙げた。また、中国軍には着上陸侵攻作戦が不可避的にともなう間断のない長距離輸送支援、後方支援、航空支援など総合的な両用作戦能力が不足し、したがって台湾への着上陸侵攻は非常にリスクが高く最もあり得ない選択肢（most unlikely option）であって、台湾の全面降伏を強いる最後の手段としてのみ選択され、その場合には台湾への封鎖、通常ミサイル攻撃、特殊作戦など、さまざまな準備作戦が先行する可能性が高いと評価した(6)。

台湾の地政学的特性は不変である。軍事科学技術の進歩によって使用される武器や戦術に変化はあっても、中国軍がとりうる軍事的手段の選択肢に大きな変化はない。一九九九年の議会報告から約三〇年後の二〇二二年に、アメリカ国防長官の議会報告「中国をめぐる軍事力と安全保障の進展に関する年次報告書（以下、「中国軍事力年次報告書」）」は、中国軍が台湾に対してとりうる四つの軍事的な選択肢を示した。選択肢とは①航空・海上封鎖（blockade）、②限定的な軍事または強圧的手段、③航空・ミサイル攻撃行動、④台湾への侵攻であり(7)、一九九九年の報告書が列挙した選択肢に「限定的な軍事または強圧的手段」を加えたのみで、着上陸侵攻が困難とする評価も基本的に変わっていない(8)。限定的な軍事または強圧的手段は、さまざまな破壊的、懲罰的、殺傷的な軍事行動によって台湾当局の認識に影響を与え、台湾当局への住民の信頼を損なわせ正統性を低下させることを目的とする。情報戦、サイバー戦が経済的、政治的手段と併用して行われ、特殊作戦部隊がインフラや指導部を標的に攻撃を行う可能性がある。

アメリカ戦略予算評価センターのエヴァン・モンゴメリーとトシ・ヨシハラは、ウクライナ戦争緒戦の戦況を分析し、中国の指導者は台湾の屈服の可能性を高くするために作戦当初から三つの行動方針をとる有効性を学んだ可能性があると指摘した。(9) すなわち①作戦の当初から核による威嚇を行い、アメリカ政府を傍観させ、紛争を中台間に封じ込める、②軍事的、情報通信的に台湾を封鎖して物理的に孤立させる、③台湾の政治的・軍事的指導者を斬首し（decapitate)、目先の防衛力を麻痺させ、長期的な占領への抵抗を弱める、の三つである。台湾の封鎖は、防空ミサイルや対艦ミサイルなど、台湾海峡の戦術的バランスを中国にとって守勢に転じさせるような軍事物資の大量流入を作戦当初に阻止する目的を持っている。中国が台湾を軍事的に統一するにあたって、外部世界から台湾を孤立させる可能性を指摘する専門家は多い。(10)

以上を総括すると、中国の台湾軍事侵攻は、孤立、ハイブリッド戦、軍事侵攻の三つに類型化できるであろう。

孤立は、台湾を外部世界から物理的かつ情報通信的に遮断することである。孤立には平時の隔離から戦時の封鎖まで、標的とする目標、使用する手段、二次的な被害への許容度、作戦領域、作戦期間、地理的範囲などにおいて幅がある。平時の隔離は、台湾に入域する船舶や航空機を海上や上空で選別し、中国にとって不都合な船舶等の入域を阻止することである。実施の主体は、海空兵力と海警局が考えられ、通信情報領域や認知領域など非物理領域の作戦を併用できる。この作戦は、烈度は低いが長期化する可能性が高い。短期的な目的は外国政府からの軍事物資の流入阻止であるが、長期的には台湾住民を飢餓に追い込み、台湾当局への信頼感や正統性を低下させ、台湾当局を対中宥和に導くこ

表11－1　中国の台湾軍事侵攻の類型と特徴

侵攻の類型	地理的要素	時間的要素	軍事的要素
孤立（隔離～封鎖）	台湾周辺の海空域、情報通信領域、航行の自由が阻害される事態では南シナ海・東シナ海	長期間	隣接国の主権や主権的権利を侵害する可能性がある。台湾周辺の航行の自由・上空飛行の自由が阻害される。
ハイブリッド戦	台湾と台湾周辺の比較的狭い地域	短期間	台湾に隣接する地域が交戦区域に入る可能性がある。
軍事侵攻	中国大陸から外側に張り出したA2/ADの覆域内、物理的領域から非物理的領域までの全領域	比較的長期間（台湾の抵抗とアメリカの介入により長期化する可能性が高い）	尖閣諸島など隣接する戦略的要衝や米軍基地に波及し、交戦区域となる可能性がある。

出所：筆者作成。

とを目的とする。効果がないと判断すれば軍事侵攻に移行する。

ハイブリッド戦は、「中国軍事力年次報告書」が二番目に挙げた「限定的な軍事または強圧的手段」に該当する。軍事と非軍事の境界を意図的にあいまいにし、物的目標を台湾当局や住民に絞り、地理的な範囲は台湾に限定して、外部勢力の介入を可能な限り阻止するように奇襲的に行われる。特殊部隊による政治と軍事指導者の斬首作戦を併用する。

最後の軍事侵攻は、澎湖諸島と台湾本島に対する水陸両用作戦であり、孤立やハイブリッド戦では効果がないと考えられた場合に実施されることになる。作戦は十分に準備をして開始されるため、台湾側は迎え撃つことが可能で、防衛作戦と米軍の介入によって長期化する可能性が高い。南シナ海の島嶼や金門島、馬祖島などの離島はすでに戦略的な価値を失っているため、軍事侵攻は澎湖諸島や台湾本島を物的目標として行われると考えてよいであろう。[11] 中国は、太平洋に向かって広がった幾重ものミサイルの壁によってアメリカの介入を阻止しようとするため、交戦区域は南シナ海、東シナ海、太平洋の広域に及ぶ。いずれの場合も、核兵器による威嚇は作戦の早い段階で心理的な効果を狙って行われる可能性が高い。

2　台湾有事は日本有事

つぎに、中国の台湾への軍事的侵攻が日本に与える影響を検討する。

表11－1に示したように、台湾海峡の平和が崩れ、台湾とその周辺の海空域が交戦区域となった場合、複合的な要因によって戦争が日本に波及する可能性が高い。

まず、中国・台湾と日本の地理的な近さがある。中国本土と沖縄本島は約六四〇キロ、五島列島とは約六三〇キロ、台湾海峡中心部から沖縄ホワイトビーチ米軍基地は直線距離で約八四〇キロと近く、九州と南西諸島の全域は中国の保有する各種の弾道ミサイルと巡航ミサイルの覆域に入る。台湾は南シナ海と東シナ海の出入口にある。台湾への軍事侵攻や台湾海峡に起きる安全保障上の事態（以下、「台湾有事」）は海洋域における戦いとなるため、間違いなく海上交通を阻害する。

台湾有事は日米有事でもある。前述の三類型の軍事侵攻は、いずれもアメリカの「台湾関係法」第三項三が、アメリカ大統領および議会に憲法上の手続きに従って適切な行動を求める「台湾の人々の安全保障または社会・経済体制に対する脅威、およびそこから生じるアメリカの利益に対する危険」[12]

に該当する可能性が高く、アメリカは日米安保条約六条に基づき在日米軍基地から台湾へ軍事行動する。つまり、アメリカの介入は自動的に日米同盟による介入になる。

台湾有事の内容によって、日本政府が防衛力を使用する法的根拠は異なる。

自衛隊が日々従事する活動について、自衛隊法は対応が必要な事態の類型と自衛隊に付与する権限を行動別に列挙するいわゆるポジリスト形式で規定されており[13]、政府が自衛隊を使って防衛上の事態に対処しようとすれば、自衛隊の行動と権限付与を正当化する事態認定が必要になる。自衛隊に平素から付与されている権限は、部隊の保全・管理など必要最小限の範囲にとどまる。災害派遣から防衛上の事態まで、自衛隊を使用するニーズが生じた場合には、このような厳格な法律の規定に従って自衛隊に行動させるということである。したがって、台湾有事に際して、日本が自衛隊を使用する場合には、必ず現行法令に基づいて自衛隊を使用する正当性を示し、自衛隊の行動と権限を明示する手続きが必要となる。

台湾有事に関連して、自衛隊法に基づき自衛隊に付与される可能性がある行動は、防衛出動（第七六条）、国民保護等派遣（第七七条の四）、命令による治安出動（第七八条）、海上における警備行動（第八二条）、弾道ミサイル等に対する破壊措置（第八二条の三）、機雷等の除去（八四条の二）、在外邦人等の輸送（第八四条の四）、後方支援活動等（第八四条の五）などが考えられる。

これらの行動が想定される事態は、「武力攻撃等及び存立危機事態における我が国の平和と独立並びに国及び国民の安全の確保に関する法律（以下、武力攻撃事態法）」に基づく武力攻撃事態（予測事態）と存立危機事態、そして「重要影響事態に際して我が国の平和及び安全を確保するための措置に関する法律（以下、重要影響事態法）」に基づく重要影響事態である。ウクライナ戦争における国連特別総会の決議と同様の国連決議が台湾有事について採択された場合には、「国際平和共同対処事態に際して我が国が実施する諸外国の軍隊等に対する協力支援活動等に関する法律」の適用も可能となるが、日本が間接的であっても当事者となる台湾有事では、より広範囲の支援活動を規定している重要影響事態法を根拠にして関係国等への支援が行われることになろう。

3　台湾への軍事侵攻と日本の事態認定

つぎに、事態認定と中国の台湾への軍事侵攻との相関性について検討する。

武力攻撃事態法は、武力攻撃事態の定義を「武力攻撃が発生した事態又は武力攻撃が発生する明白な危険が切迫していると認められるに至った事態」（第二条の二）としている。存立危機事態は「我が国と密接な関係にある他国に対する武力攻撃が発生し、これにより我が国の存立が脅かされ、国民の生命、自由及び幸福追求の権利が根底から覆される明白な危険がある事態」（第二条の四）と定義し、武力による対処をしなければ、国民に我が国が武力攻撃を受けた場合と同様な深刻、重大な被害が及ぶことが明らかな状況に対して認定される。(14)

存立危機事態における「我が国と密接な関係にある他国」とは、国家を前提としている。日本は台湾を国家として承認していないが、台湾は歴史的経緯と地政学的要求によって公式には国家と広く世界に認知されていないだけで、国家が持つ権利と義務を規定した一九三三年のモンテビデオ条約の基準をすべて満たす、国家と呼んでも差し支えのない政治主体であり、二〇二四年現在一二か国と国交を結んでいる。また、日本は、台湾が中国（中華人民共和国）の一部であるとする中国政府の主張を中国が台湾問題を平和的に解決する限りにおいて尊重する立場であり、日本政府にとって台湾の国際法上の地位は未解決に置かれているとの解釈もある。[15] 政府は存立危機事態に関する質問主意書への答弁書（二〇一五年七月）で、「我が国と密接な関係にある他国」には「我が国が外交関係を有していない国も含まれ得る」との見解を示していることから、[16] 台湾有事が日本の存立を脅かすなどの事態であると認められたならば、存立危機事態と判断することを否定していない。

つぎに、重要影響事態は、「そのまま放置すれば我が国に対する直接の武力攻撃に至るおそれのある事態等我が国の平和及び安全に重要な影響を与える事態」（第一条）と定義され、米軍等に対する後方支援活動などによって、日本の平和と安全を確保する。重要影響事態が周辺事態から変更された主要な点は、支援を実施する範囲として「我が国周辺の地域における」という地理的な制限を削除したことである。防衛省によれば、ある事態が重要影響事態に該当するか否かについては、その事態の規模、態様、推移等を総合的に勘案して個別具体的に判断するものであるが、日本周辺の地域において武力紛争の発生が差し迫っている場合など、周辺事態に当たりうる事態を例示した六類型（政府統一見解「周辺事態について」一九九九年四月一六日）は重要影響事態にも適用可能である。[17] 六類型は事態様相に着目し、国家を前提としていないことから、台湾に生起した事態が日本の平和と安全に重要な影響を与えるならば、重要影響事態と判断される可能性がある。

したがって、台湾有事に適用される可能性のある事態は、重要影響事態、武力攻撃事態、存立危機事態であるが、中国の台湾侵攻の三類型との相関関係は次の通りとなろう。

まず、キューバ危機の際にアメリカがとったように、平時に武力行使以下の手段を用いて船舶や航空機を選別し入域を阻止する隔離（quarantine）は、現実には戦争行為である封鎖作戦とほぼ同じであり、その地理的範囲が、台湾から地理的近傍にある先島諸島や尖閣諸島など、日本の主権や主権的権利が及ぶ海空域に及ぶ可能性が高い。領域への侵害行為は、外交や海上保安庁など通常の手段で排除するが、海上における警備行動を発令して自衛隊を使用する場合もその権限は警察活動にとどまる。台湾支援のために米軍等が介入することになれば、重要影響事態の適用が可能となる。軍事力を使用する封鎖は、台湾にとっては武力攻撃となり、隔離と同様に中国の作戦区域が日本の領域に及ぶか、あるいは明白な危険がある場合に武力攻撃事態が適用可能である。

ハイブリッド戦は、作戦地域が台湾の領域に限定されるとともに短期間に終結するのであれば、いかなる事態認定も適用できない。ただし、交戦が長期化して日本に及ぶか、その明白な危険が出てくれば武力攻撃事態が適用可能となり、また事態が日本の存立を脅かすと判断されれば、前述のとおり存立危機事態が適用される可能性も排除されない。アメリカが軍事的に介入する場合には、重要影響事態が適用されるか、存立危機事態が適用される状況も想定できる。

台湾への武力侵攻は、日本の領域に波及する可能性が高く、またアメリカが台湾の防衛に介入する場合には西太平洋全域が交戦区域となって、武力攻撃事態または存立危機事態が適用されることになる。

4　台湾防衛の観点から見た日本の政策的課題

ここまで、想定される台湾有事と日本の事態認定の相関性を確認してきたが、ここでわかることは、日本が単独で存立危機事態を適用する可能性をゼロとはしないものの、基本的にアメリカが台湾防衛の行動を起こさない限り何もできないことである。また、日米間の協調に加え、台湾との間でも事態対処に必要な当局間のコミュニケーションがなされているかどうかさえわからない状態にあることである。国家防衛戦略は防衛目標を、①力による一方的な現状変更を許容しない安全保障環境を創出する、②力による一方的な現状変更やその試みを同盟国・同志国等と協力・連携して抑止・対処し、早期に事態を収拾する、③万が一、日本への侵攻が生起する場合、日本が主たる責任をもって対処し、同盟国等の支援を受けつつ、これを阻止・排除する、の三つとした。これらを達成するために、①日本自身の防衛体制の強化、②日米同盟による共同の抑止と対処、③同志国等との連携を行うとした(18)。これらのうち、日本の防衛体制の強化と、台湾有事に台湾関係法に基づいて介入する可能性があるアメリカとの共同は、台湾を中国の武力行使から防衛する上で柱になると思われる。

以下、日台間には国交がない状況が継続することを前提として、台湾を防衛し、台湾海峡の平和と安定を維持する観点から見た日本の政策的課題を三点述べてまとめとしたい。

(1) 戦役レベルの現実的なシミュレーションの実施

まず、国家防衛戦略が防衛力の抜本的な強化のために重視する七つの能力は、自衛隊に欠落するか不十分な能力である[19]。国家防衛戦略は、今後の防衛力強化にあたって相手の能力と戦い方に着目していくと述べていることから、台湾有事の事態様相を想定した防衛力の強化が行われていくことは間違いないであろう。その際、事態の勃発から終結まで、日本の総合的な体制を検証できる彼我対抗型の戦役レベルのシミュレーションを実施すべきである。

台湾への軍事侵攻が始まり、戦争の局面が変化すれば、適応可能な事態認定も変化するため、その都度、新たな情勢に最適な事態認定の手続きが必要となる。たとえば重要影響事態の認定にあたって、政府は認定の前提になった事実関係や、国民を守るためにほかに適当な手段がない理由などを対処基本方針にまとめて国会承認を得なければならない。重要影響事態法が規定する各種後方支援活動、捜索救難活動の権限をワン・パッケージで付与するわけではなく、情勢に応じ、被支援国の要請に合わせ、必要限度が付与され、情勢の変化への適応を繰り返すことになる。

自衛隊等を最も効果的に活動をさせるために、煩雑といえども事務手続きはきわめて迅速に行わなければならず、そのためには笹川平和財団の中村進が指摘するように、事態対処に当たる現場から最終的な決定を行う首相官邸のレベルまで、意思決定の手順やマニュアルへの習熟が不可欠である[20]。

モンゴメリーとヨシハラが、「政治的、軍事的な課題により早い段階で対応するためには、アメリカの指導者たちは当初から大きなリスクを負い、重要な決断をより速く下さなければならないだろう。逆に、不作為、優柔不断、あるいはなまぬるい対応は、中国が紛争を起こす条件を整えるのを助け、アメリカの選択肢を閉ざしてしまうことになりかねない[21]」と主張するように、速やかな政治決断はアメリカにも共通する課題である。

(2) 日米防衛当局間での台湾政策の整合

日米同盟体制は日本防衛の基軸である。その一方で、中国の著しい軍事力増強によって米中の相対的な戦力差は狭まり、また近い将来に戦略核兵器が均衡して相互確証破壊が成立すれば、日米が安全保障条約を締結してから最大の戦略的な転換点を迎える。米中間の大国間競争の焦点は、中国が「中国の核心的利益の核心[22]」と位置づける台湾の帰属と、台湾海峡の平和と安定の維持にあることは間違いない。ロシアはウクライナ戦争が長引くほどに国力と軍事力を消耗し、中国に引きずられる形で中国の台湾侵攻に加担する可能性が高まる。

二〇二三年一月の日米防衛当局者会議において、日米閣僚は、中国の行動は同盟国および国際社会全体にとって深刻な懸念であり、インド太平洋地域を越える最大の戦略的挑戦と位置づけ、継続的に同盟を近代化し、同盟の戦力態勢を最適化していくことに合意した[23]。このように、日米の防衛当局が、あらゆるレベルで継続的に意思疎通を強め、台湾有事を想定した図上演習と実動演習を日米共同で実施するなど、作戦計画を整合していくことが必要である。ただし、外交的配慮を忘れず、無用な刺激を避け、抑制しつつ進めることが必須となる。

(3) 日台防衛当局者の意思疎通の改善

台湾軍と自衛隊の交流は皆無である。台湾有事に際して、間接的にせよ日本が台湾の防衛支援を実施する可能性や、日本への波及事態に自衛隊が同じ戦域で作戦する可能性を考えると、現状は改善の余地がきわめて大きいと言わざるを得ない。日台間には公式の外交関係がなく、外務省の台湾における査証手続きといった実質的な外交窓口業務は日本台湾交流協会が行っているが、現役の自衛官が休職出向するまでには至っていない。こうした人事異動は日本の台湾に対する基本的立場を変更せずともできる。米台間にも国交はないが、台湾には約四〇名のアメリカの現役軍人と数名の軍属が駐留している(24)。台湾国防部との情報交換や交流の密度について、日米間で大きな差が生じていると見てよいだろう。

公式の防衛交流（トラック一）ができないのであれば、民間のシンクタンクによる交流（トラック二）を積み上げていくことも価値がある。この際、防衛当局が防衛交流のガイドラインを示すことができれば、トラック2はトラック一の機能を肩代わりすることができる。

おわりに

これまで、日本には台湾を中国の武力行使から防衛し、台湾海峡の平和と安定を維持するためにどのような政策を進めるべきかという観点が欠落していた。日本の国家安全保障戦略は中国を最大の戦略的挑戦と位置づけ、中国を震源とする防衛上の事態への備えを急速に固めようとしている方向性は正しい。ただし、政府が台湾に関する基本的な立場を変更しなくともできることがあるにもかかわらず、それさえも遅々として進んでいないのが現状である。将来はその基本的な立場を変更しなければ台湾海峡の現状を維持するのが困難になる事態も考えられる。さらに、ウクライナ戦争時に露呈した日本の安全保障全般にかかる制約にも切り込んでいくべきであろう。

習近平国家主席をはじめ中国政府高官は、台湾の統一にあたってあらゆる可能性を排除していない。もし、中国が台湾を力によって統一しようとするならば、日本は必ず巻き込まれることとなり、日本独自で、あるいは日米同盟に基づいて自衛隊による対応が必要となる。日本は防衛体制の強化を急速に進めるとともに、日米同盟を戦略環境に不断に最適化し、かつ近代化することを柱に、対応策を事前に作成し、準備しておくことが求められる。そしてそうした準備を、挑発を避けつつ中国にしっかりと見せていくことこそが、台湾有事を抑止することにつながるのである。

注

（1）内閣官房「国家安全保障戦略」二〇二二年一二月一六日、八―九頁［https://www.cas.go.jp/jp/siryou/221216anzenhoshou/nss-j.pdf］、二〇二三年九月五日閲覧。

（2）同上、一四頁。

（3）「新たな国家安全保障戦略、国家防衛戦略及び防衛力整備計画の閣議決定にあたって岸田内閣総理大臣記者

会見」自由民主党、二〇二二年一二月一六日 [https://www.jimin.jp/news/press/204860.html]、二〇二三年九月五日閲覧。

（4） 台湾大学の楊永明は新たな日米防衛協力指針（一九九七年）に基づいた周辺事態に台湾が含まれるかどうかについて、日米両政府は中国を刺激しないように周辺事態をあいまいな概念にした経緯を分析している。楊永明「安全保障の二重の三角形」『日台関係史　1945－2020（増補版）』東京大学出版会、二〇二〇年、一八六―一八七頁。

（5） 一九九九年において、アメリカ国防省は、中国の軍備は量的に台湾を圧倒しているが、軍備の質という点では、戦闘機や海軍のフリゲート艦をはじめとする新兵器システムの導入により、台北は北京より優位に立っていると評価していた。Office of the Secretary of Defense, "The Security Situation in the Taiwan Strait," February 1, 1999, p. 15 [https://s3.documentcloud.org/documents/23321290/2022-military-and-security-developments-involving-the-peoples-republic-of-china.pdf], accessed on September 5, 2023.

（6） Ibid., p. 16.

（7） Office of the Secretary of Defense, "Annual Report to Congress: Military and Security Developments involving the People's Republic of China 2022," November 29, 2022, p. 126 [https://s3.documentcloud.org/documents/23321290/2022-military-and-security-developments-involving-the-peoples-republic-of-china.pdf], accessed on September 5, 2023.

（8） Ibid., p. 127.

（9） Evan Montgomery and Toshi Yoshihara, "Leaderless, Cut Off, and Alone: The Risks to Taiwan in the Weak of Ukraine," War on the Rocks, April 5, 2022 [https://warontherocks.com/2022/04/LEADERLESS-CUT-OFF-AND-ALONE-THE-RISKS-TO-TAIWAN-IN-THE-WAKE-OF-UKRAINE/], accessed on September 5, 2023.

(10) たとえば、Robert D. Blackwill and Philip Zelikow, "Council Special Report No.90: The United States, China, and Taiwan: A Strategy to Prevent War," Council on Foreign Relations, February 2021, pp. 31-40 [https://www.cfr.org/report/united-states-china-and-taiwan-strategy-prevent-war], accessed on September 5, 2023.

(11) 二〇一九年六月まで台湾軍の参謀総長であった李喜明上将は、中国と台湾の双方にとって離島は戦略的な価値を失っていると見ている。李喜明「李喜明談台湾的勝算——以小制大的不対称戦略、全台湾人都應了解的整体防衛構想」美中故事匯、二〇二三年四月二七日 [https://meizhong.report/2023/04/27/lxm-63691/]、二〇二三年九月五日閲覧。

(12) Taiwan Relation ACT (Public Law 96-8 96th Congress), §3-3, American Institute in Taiwan, January 1, 1979 [https://www.ait.org.tw/taiwan-relations-act-public-law-96-8-22-u-s-c-3301-et-seq/], accessed on September 5, 2023.

(13) 安全保障上の事態の事態別シナリオと自衛隊の対応の概要と課題については、中村進「台湾危機と日米の対応（後編）——日本はどう準備・対応すべきか?」笹川平和財団、二〇二一年五月二八日 [https://www.spf.org/iina/articles/nakamura_05.html]、二〇二三年九月五日閲覧を参照。

(14) 「資料　衆議院及び参議院の『我が国及び国際社会の平和安全法制に関する特別委員会』に提出された政府統一見解等」参議院事務局企画調整室『立法と調査』三七二号、二〇一五年一二月、六五頁[https://www.sangiin.go.jp/japanese/annai/chousa/rippou_chousa/backnumber/2015pdf/20151214059.pdf]、二〇二三年九月五日閲覧。

(15) 一九七二年の日中共同声明第三項の解釈と我が国にとっての台湾の国際法上の地位については、次を参照。黒崎将広「台湾シナリオとグレーゾーン事態の国際法——日中共同声明の制約と域外サイバー行動の法的課題」『台湾有事のシナリオ——日本の安全保障を検証する』ミネルヴァ書房、二〇二二年、二五〇—二五五頁。

(16)「参議院議員水野賢一君提出存立危機事態に関する質問に対する答弁書」内閣参質一八九第二〇二号、二〇一五年七月二一日[https://www.sangiin.go.jp/japanese/joho1/kousei/syuisyo/189/touh/t189202.htm]、二〇二三年九月五日閲覧。

(17)「特集　平和安全法制をめぐる国会論議」『立法と調査』三七二号、二〇一五年一二月、六九―七〇頁[https://www.sangiin.go.jp/japanese/annai/chousa/rippou_chousa/backnumber/2015pdf/20151214059.pdf]、二〇二三年九月五日閲覧。

(18)「国家防衛戦略」、七頁。

(19)七つの能力とは、スタンド・オフ防衛能力、統合防空ミサイル防衛能力、無人アセット防衛能力、領域横断作戦能力、指揮統制・情報関連機能、軌道展開能力・国民保護、持続性・強靱性のこと。

(20)中村「台湾危機と日米の対応（後編）」。

(21)Montgomery and Yoshihara, "Leaderless, Cut Off, and Alone".

(22)たとえば、呉江浩駐日大使の発言。「日本記者クラブにおける呉江浩大使のスピーチ（全文）」中華人民共和国駐日大使館、二〇二三年五月四日[http://jp.china-embassy.gov.cn/jpn/dsgxx/202305/t20230504_11070061.htm#:~:text=台湾問題は中国の,干渉する権利がありません%E3%80%82]、二〇二三年九月五日閲覧。

(23)U.S. Embassy and Consulates in Japan, "Joint Statement of the Security Consultative Committee (2+2)," January 11, 2023 [https://jp.usembassy.gov/joint-statement-security-consultative-committee-2plus2/], accessed on September 5, 2023.

(24)アメリカ国防省の防衛マンパワーデータセンターによれば、二〇二三年一二月三一日現在、四一名の現役軍人と七名の軍属が台湾に駐留している。"DoD Personnel, Workforce Reports & Publications," Defense Manpower Data Center (DMDC) [https://dwp.dmdc.osd.mil/dwp/app/dod-data-reports/workforce-reports], accessed on May 9, 2024.

第12章　日本・台湾の科学技術協力
——経済安全保障への課題

西山　淳一

はじめに

日本では台湾海峡で紛争が起きる可能性への懸念が高まり、そうなれば日本への影響は必至であると考えられるようになってきている。たしかに、日本と台湾の間の距離は最も近い場所で約一〇〇キロしかなく、台湾有事は全く他人ごとだとは言えないのである。また、中国の経済力向上にともなう軍事力の増強、北朝鮮の核・弾道ミサイル開発、ロシアによるウクライナ侵略、そしてハマスによるイスラエル攻撃などにより、国際的な安全保障環境は劇的に変化し、台湾海峡において紛争が起きる可能性は高まっているようにも見える。

台湾の国際的な位置づけを考えてみると、第一に、日本は台湾の政府を承認していない。一九七二年の日中共同声明によると、中華人民共和国の台湾はその一部であるという主張に対して、日本は十分に理解し、尊重し、ポツダム宣言第八項に基づく立場を堅持するとしているが、それは台湾が中華人民共和国の一部であると承認する立場に立ったわけではなかった（第2章参照）。

第二に、国際社会には台湾の政府（中華民国政府）を承認している国がある。減少傾向にあるとはいえ、現在一二か国が台湾と外交関係を有している。[1] しかも、台湾と外交関係を失った主要国は、後述する日本を含めて事実上の在外公館に等しい組織を相互に設置している。これは何を意味しているのであろうか。中華人民共和国政府は、台湾は中国の一部であるとの原則を主張しているが、世界にはその原則を文字通り受け入れていない国が相当数ある。また、アメリカは「台湾関係法」を制定し、武器供与を含めた関係を台湾と構築しているという事実もある。

米中対立が深まり、科学技術が安全保障面できわめて重要となり、中国に重要技術が渡らないようにする傾向が西側諸国において強まってきた。さらに安全保障理事国であるロシアのウクライナ侵略が行われ、その中でも先端技術利用の重要性がいっそう大きくなっている。

このような国際安全保障環境の変化を踏まえ、日本政府は二〇二二年五月、経済安全保障推進法を成立させ公布した。[2] 経済安全保障法は、①供給網（サプライチェーン）の構築、②基幹インフラの安全確保、③先端技術の官民研究、④特許の非公開を四つの柱として構成されている。さらに、二〇二二年一二月、岸田内閣と国家安全保障会議は、安保三文書（国家安全保障戦略、国家防衛戦略、防衛力整備計画）により、安全保障に関する新たな戦略を策定した。その中でも、防衛産業の振興を含む形で、抑止力としての防衛力向上が求められている。

本章においては、このような現状と新しい動きの中で、研究・技術・産業の分野において、日本と台湾の共同事業活動はどこまで許容されるのか、安全保障に関わる経済関係を構築していく場合にどのような制約があるのか、その判断基準はどうなっており、今後はどうあるべきかについて検討していきたい。

1　日本と台湾の経済・研究協力関係

日本と台湾の間には正式な外交関係はないとはいえ、非公式ながら相互に窓口機関を置いている。日本は「日本台湾交流協会」の事務所を台北に置き、台湾は「台北駐日経済文化代表処」を東京に置き、それらは実質的に大使館の役目を果たしている。また日台間では相互的なビザなし渡航も許可している。さらに、日台間の友好協力活動機関として日華議員懇談会をはじめとする複数の議員団体、台北市日本工商会（二〇二三年三月時点で四九〇社が加入）、台湾日本人会（二〇二二年一二月時点で二六三社が加入）などがある。

人的往来の面を見ると、観光目的の相互訪問は活発に行われており、コロナ禍前の二〇一九年における日台間の人的往来は、訪台日本人が対前年比約一〇パーセント増の約二一七万人（台湾交通部観光局統計）、訪日台湾人も対前年比二・八パーセント増の約四八九万人（日本政府観光局統計）といずれも過去最高を更新した。また、この時点で、日台双方の人的往来を合計すると七〇〇万人を突破していた。(3) 台湾に駐在する日本人も多く、二〇二三年一〇月一日の時点で在留邦人は二万一一〇二人であった。(4)

ビジネス面を見ると、二〇二一年の台湾の貿易額は輸出総額四四六三億七九〇〇万ドル（約六五兆円）、輸入総額三八一四億九四〇〇万ドル（約五六兆円）である（すべて通関ベース）。日本との貿易額は、対日輸出額二九二億八〇〇〇万ドル（約四・三兆円）で全輸出額の六・五パーセント、対日輸入額五六一億三〇〇〇万ドル（約八・二兆円）で全輸入額の一四・七五パーセントを占めている。日本から台湾への主要輸出品目は、機械および電気機器、化学工業品、卑金属および同製品、日本の台湾からの主要輸入品目は、機械および電気機器、卑金属および同製品、プラスチック・ゴムおよび同製品、化学工業品である。(5)

台湾の主な輸出相手国（二〇二二年）は、中国（二五・三パーセント）、ASEAN10（一六・八パーセント）、北米（一六・三パーセント）、香港（一三・五パーセント）、ヨーロッパ（八・六パーセント）、日本（七・〇パーセント）順で、日本は第六位である。輸入相手国は中国（一九・六パーセント）、日本（一二・八パーセント）、ASEAN10（一二・六パーセント）、ヨーロッパ（一一・九パーセント）、北米（一一・二パーセント）などで日本は第二位である。(6)

投資先としても、多数の日本企業が台湾に進出し、現地法人を作り、工場を設置し製造を行っている。台湾の工業団地であるサイエンスパークが北部（新竹市）、中部（台中市）、南部二か所（台南市、高雄市）の計四か所にあり、これらの地域にはとくに多くの日本企業が進出している。台湾に進出している日本企業は、二〇二二年七月時点で三一二四社である。中国への進出企業数が一万二七〇六社であることと比べると、台湾への進出企業数はその約四分の一である。台湾に進出する企業の業種を見てみると、最も多いのは製造業の一二二四社で、全体の約四割を占める(7)。

台湾には製造業を中心としながらも、さまざまな業種の日本企業が進出している。たとえば、台南市の例をみると、台南市に進出する日本企業の業種の内訳は、製造業にあたる半導体関連（昭和電工、国際電子、日立先端科技など）が一〇社、工業製品（安川電機、東曹石英、大同特殊鋼、村田機械など）が五四社、化学製品（東洋インクなど）が一〇社、食品関連が五社であり、その他のサービス、飲食が一八社の計九七社である(8)。

一方、台湾からの日本への企業の進出は百数十社にとどまり、日本への進出の難しさを示している(9)。しかしながら、近年では台湾企業が日本の産業振興に寄与する事例も出てきている。たとえば、日本法人であるシャープの業績悪化を救ったのは台湾企業の鴻海精密工業で、シャープは、日本の大手電機メーカーとして初めての外資傘下の企業となった。日本の半導体製造事業の凋落が激しいなか、日本政府は半導体事業の重要性を認識し、台湾半導体ファウンドリーメーカーである台湾積体電路製造社（Taiwan Semiconductor Manufacturing Company：ＴＳＭＣ）の誘致に資金提供している。

研究分野では、台湾の財団法人工業技術研究院（Industrial Technology Research Institute：ＩＴＲＩ）が、応用分野で民間レベルの共同研究を進めている。ＩＴＲＩは中華民国経済部が一九七三年に設立した財団法人で、台北市、新竹市、新竹県、台中市、南投県、台南市などに研究地区やオフィスを有する。台湾科学技術の発展を主導するために、六〇〇〇名を超える人員を擁する台湾最大の産業技術研究開発機構である[10]。

ＩＴＲＩは、台湾半導体業界のパイオニアであるＴＳＭＣ、聯華電子（United Microelectronics Corporation：ＵＭＣ）、タイワン・マスク（Taiwan Mask Corp）、エピスター（Epistar Corp）、盟立自動化（Mirle Automation Corp）、タイワン・バイオマテリアル（Taiwan Biomaterial Co.：ＴＷＢＭ）などの企業を設立し、その育成に力を注いでいる。また、ＩＴＲＩは一九八七年には日本事務所を東京に設立し、日本との連携を図っている[11]。

ＩＴＲＩが日本との間で行っている共同活動は表12－1のように進展してきた。この表からもわかるように、ＩＴＲＩは日本の研究機関、民間企業との共同研究を重視し、推進している。また、台湾・南投県に建設されたＩＴＲＩの経済部中台湾創新園区の中核研究施設は日本の建築・デザイン事務所によって設計されていることを特筆しておきたい[12]。

宇宙利用の分野について、台湾では二〇二三年一月に国家宇宙センター（Taiwan Space Agency：ＴＡＳＡ）が設立された。これは、一九九一年に設立された国家宇宙計画局（National Space Organization：ＮＳＰＯ）を発展させた組織である。このＴＡＳＡのミッションとして、①国家宇宙技術計画の策定と実行、②宇宙技術の研究開発、技術移転および付加価値応用の推進、③宇宙技術における国際協力と交流の促進、④宇宙産業の発展を支援、産業技術の指導と高度化などが掲げられている[13]。

台湾の宇宙利用は、フォルモサット１電離層観測衛星（一九九九年）、フォルモサット２地球観測衛星（二〇〇四年）、フォルモサット３地球観測衛星（五機、二〇〇六年）、台湾初の国産衛星である

表12－1　ITRIが関係した日本産業界との共同活動

時期	共同活動	備考
2015年	三井金属鉱業株式会社は台湾リサイクル企業（金益鼎企業股份有限公司）との資本業務提携契約を締結し、株式を取得した[1)]。	
2017年	産業技術総合研究所（Advanced Industrial Science and Technology: AIST）とITRIの「研究連携スペース（産総研に設置）」の開所式が行われた[2)]。	両者の連携は2003年から行われている。
2019年	株式会社つくば研究支援センターはITRIと革新的技術を活用した企業間の交流を促進することを目的として「相互協力に関する覚書を締結」した[3)]。	両者は、2016年度より「地域間交流支援事業（RIT事業）茨城県つくば市-台湾メカトロニクス産業」を実施。
2020年	ITRIはユニバーサル マテリアルズ インキュベーター（UMI）株式会社と戦略的パートナーシップを締結した。台湾とのシナジーを生み出すことにより新事業創出プラットフォームとしての地位の強化を目指している[4)]。	
2021年	株式会社トクヤマは次世代半導体薬液の計測技術の共同開発を開始した[5)]。	トクヤマは、2018年から台湾に研究所を開設、ITRIとの技術交流を進めていた。
2022年	信越化学工業株式会社はミニLEDディスプレイ封止材の共同開発を行い、市場向けにサンプル出荷を開始した[6)]。	

注：1）「台湾リサイクル企業（金益鼎企業股份有限公司）との資本業務提携について」三井金属、2015年9月30日 [https://www.mitsui-kinzoku.com/Portals/0/resource/uploads/topics_150930.pdf?TabModule950=0]、2024年5月19日閲覧。
2）"ITRI-AIST R&D Collaboration Space," ITRI, October 13, 2017 [https://www.itri.org.tw/english/ListStyle.aspx?DisplayStyle=01_content&SiteID=1&MmmID=617731531241750114&MGID=746244473245150040];「台湾工業技術研究院（ITRI）研究連携スペース開所式および第6回AIST－ITRI合同シンポジウム、2017年度トピックス、産総研」[https://www.aist.go.jp/aist_j/information/kokusai/topics_2017/index.html]、2024年5月19日閲覧。
3）「台湾の工業技術研究院産業サービスセンターと相互協力覚書を締結」つくば研究センター [https://www.tsukuba-tci.co.jp/info/2019/02/21/7550]、2024年5月19日閲覧。
4）「台湾ITRIと戦略的パートナーシップを締結」UMI、2020年2月28日 [https://www.umi.co.jp/topics/release/post-20200228-2/]、2024年5月19日閲覧。
5）「株式会社トクヤマと台湾工業技術研究院、次世代半導体薬液の計測技術の共同開発を開始」株式会社トクヤマ、2021年3月18日 [https://www.tokuyama.co.jp/news/2020/2021031801.html]; "ITRI and Tokuyama Jointly Promote Development of Next-Generation Semiconductors," ITRI, [https://www.itri.org.tw/english/ListStyle.aspx?DisplayStyle=01_content&SiteID=1&MmmID=1037333533651512530&MGID=1125602221224227611]、2024年5月19日閲覧。
6）「台湾ITRIとミニLEDディスプレイ封止材を共同開発」BtoBプラットフォーム業界Ch、2022年7月6日 [https://b2b-ch.infomart.co.jp/news/detail.page?IMNEWS1=3389173]、2024年5月19日閲覧。
出所：注の資料をもとに筆者作成。

フォルモサット5地球観測衛星（一機、二〇一七年）、フォルモサット7地球観測衛星（六機、二〇一九年）など、低軌道小型衛星による実験目的の衛星打上げが中心である。[14] また、超小型実験衛星であるキューブサット（CubeSat）[15] も打上げている。衛星の打上げはアメリカのＮＡＳＡまたはヨーロッパのアリアン・スペース（Ariane Space）に依頼しており、台湾自身に人工衛星の打上げ能力はない。ロケットとしては小型の観測ロケット（Sounding Rocket）があり、一九九七年から打上げが行われている。今後は、フォルモサット8地球観測衛星（光学、六機、二〇二五年以降に打上げ予定、国産開発）[16]、フォルモサット9合成開口レーダー（Synthetic Aperture Radar：SAR）衛星（二機、二〇二七年・二〇二九年打上げ予定）が計画されている。

また、日本と台湾の間では宇宙関係研究者間の協力が行われている。東海大学は台湾高解像度地球観測衛星フォルモサット2のデータを熊本にある東海大学宇宙情報センターで受信し、データ解析の共同研究を行っていた。二〇一四年に東海大学は台湾ＮＳＰＯと研究・協力交流に関する合意書を締結した。[17] 二〇一九年、京都大学も台湾ＮＳＰＯと学術交流協定を締結した。京都大学は大気圏・電離圏の研究について、台湾国立中央大学や台湾国立成功大学と長年にわたって交流してきた経験があった。[18] 二〇二〇年、東京大学は台湾開発のキューブサット（サイズ6Ｕ）開発に参画することになった。[19]

これらに加え、台湾の通信衛星「ＳＴ－2」を三菱電機社が製造し納入している。これはシンガポール・テレコム社（SingTel）と台湾の中華電信社が共同所有する商用通信衛星（静止衛星）で、日本にとって初めての海外からの商用衛星受注であった。[20] 衛星はヨーロッパ・アリアンロケット5によりフランス領ギアナ宇宙センターから打上げられ、二〇一一年五月に静止軌道へ投入されて、[21] 現在も運用中である。

日本は基礎科学である素粒子物理学分野でも台湾との研究協力を行っている。二〇一〇年、台湾の財団法人国家同歩輻射研究中心（National Synchrotron Radiation Research Center：ＮＳＲＲＣ）[22]の台湾放射光研究センターは第三世代放射光施設（Taiwan Photon Source：ＴＰＳ）の建設を行うため、電子蓄積リングの高周波加速にＫＥＫ（高エネルギー加速器研究機構（つくば）[23]）で開発されたＫＥＫＢ型超伝導加速空洞の採用を決めた。その加速器は三菱重工社が製造し、二〇一二年に完成納入している。[24]

また、新興技術協力においては、日本科学技術振興機構（ＪＳＴ）の国際科学技術協力基盤整備事業「日本－台湾研究交流」の一環で、日台の大学（九州大学と台湾師範大学、龍谷大学と成功大学、関西大学と中興大学）[25]はそれぞれ「ＡＩシステム構成に資するナノエレクトロニクス技術」分野の共同研究を進めている。

その他、学術・教育の分野では、研究機関レベルでの共同研究を行っているほか、日本から台湾の大学へ多くの学生が留学しており、日本の大学も台湾からの留学生を受け入れている。[26]また、学術レベルでも多くの交流がある。たとえば、国立天文台（すばる望遠鏡に関する科学協力）、防災科学技術研究所（自然災害による被害の軽減を目的とした包括的な研究協力協定）[27]も研究協力協定を締結している。さらに、台湾を縦断する新幹線である台湾高速鉄道（Taiwan High Speed Rail：ＴＨＳＲ）の建設には、国際入札が行われ日本のシステムが採用された。この高速鉄道の車両は日本の車両と基本的には同じであり、二〇〇七年の完成後、これまで順調に運行されている。台湾の大型インフラプロジェクトを日本が受注し、成功させた例である。

このように研究・技術・産業の分野においては、日台間で非常に幅広い協力が行われている。こうした実態に加え、安全保障の分野では、笹川平和財団、日本国際問題研究所などが台湾のシンクタンクである国防安全研究院、遠景基金会、国策研究院などと安全保障に関する共同研究やシンポジウムなどを行い、相互参加による継続的な戦略的対話を行っている(28)。次の段階として検討しなければならないのは、産業や技術とその開発のうち安全保障に直結する領域での日台協力が、どの程度までなら可能なのかということであろう。

2　経済安全保障につながる日台研究協力の可能性

宇宙利用の分野における研究者間の連携については前述したが、さらなる協力の実現性における課題を抽出してみる。ＴＡＳＡは日本（ＪＡＸＡ）との連携を希望している。ＪＡＸＡ－ＴＡＳＡの連携は日本側として政府機関の連携ということになると考えられるが、何か問題が考えられるだろうか。前述したように、日本の大学とＮＳＰＯ（現ＴＡＳＡ）の間ではすでに協力関係がある。日本側は国立大学法人で、台湾側は政府機関である。つまり、宇宙分野においては、研究協力であれば現状で台湾の政府機関との連携が許されていると理解できる。

衛星製造については、前述したように、二〇一一年にシンガポール・台湾共同使用の通信衛星を三菱電機社が製造し納入している。発注者はシンガポールと台湾の合弁会社であるが、台湾が使う民間衛星を日本企業が製造している実績になる。それでは、台湾が単独で日本へ発注した場合、同じような契約は可能なのであろうか。台湾政府機関発注の場合と民間企業発注の場合の二つのケースが考えられるが、民間企業が発注するということであれば、この事例を前例とすることにより、実現は可能なのではないだろうか。

衛星打上げについては、台湾の政府機関や企業が民間契約として日本企業に衛星打上げを発注する場合、どのようなことになるのか。ロケット打上げには射場として種子島を使うことになり、JAXAの関与が必要となる。その場合、政府の許可が必要となると考えられるが、許可されるのであろうか。

半導体製造技術の分野においては、半導体製造の微細化のためにより高い周波数の光源が必要であり、加速器技術応用による新たな露光光源の研究が一つのテーマとなることが考えられる。[29] 超電導加速器技術を利用することにより、さらに高い周波数のFEL－EUV光源を発生させ、より細い光源を得ることが可能となろう。超電導加速器を日本が台湾に納入していることもあり、その光源を半導体製造に利用するための基礎的な共同技術研究を日台間で行うことは可能なのではないだろうか。

今日、海底ケーブルは全世界の通信のためになくてはならない基盤的なインフラになっている。世界の主要な海底ケーブルシステムと陸揚げ局を網羅するオンライン地図である「海底ケーブル地図（Submarine Cable Map）」を眺めると、[30] 日本周辺では日本、中国、韓国、台湾の間で海底ケーブルが張り巡らされているのがわかる。日本と台湾の間で協力できることとして、海底ケーブルの保全、管理の協力は言うに及ばず、南西域における海底地形データ収集共同研究、通信用海底光ファイバーケーブル利用による水中物体探知の共同研究などが考えられる。技術的には海洋研究開発機構（JAMSTEC）が運用を停止した通信用光海底ケーブルを再利用し、海底長期観測システムを構築した事例[31]があり、この技術を使った共同研究を考えることもできよう。本章においては技術的側面から共同研究の可能性について言及しているが、これらは防衛に直結した技術であり、共同研究を行うにしても外交・防衛戦略の観点からの検討が必要であろう。

さらに安全保障に直結する分野について考えると、ミサイル探知情報の共有が考えられる。台湾楽山（標高二六二〇メートル）には弾道ミサイル探知用のレーダーが設置されている[32]。そのレーダーはアメリカ製のペイブポーズ（Pave Paws）という長距離ミサイル探知レーダーである。アメリカの資料によれば、このレーダーは弾道ミサイルを約五五〇〇キロ[33]で探知できるとされている。図12－1は楽山設置レーダーの探知距離を二〇〇〇キロと仮定し、一面で一二〇度探知できるアンテナが二面あるので大陸方向の二四〇度の範囲を示している。レーダーがアメリカ製ということもあり、情報を共有する場合にはアメリカを介した日米台の情報共有ということになると考えられる。防衛情報共有のメリットは自明だと思うが、国としてこのような情報共有にどう取り組むのかが大きな課題である。ペイブポーズ・レーダーは宇宙空間の物体の探知も可能であり、防衛に限定しない宇宙利用、すなわち宇宙デブリ（宇宙ゴミ）[34]探知も可能であり、宇宙の安全確保のために有用であると米空軍のチャールズ・サタースウェイト氏は指摘している[35]。近年、宇宙利用は急激に拡大し、民間企業であるスターリンク社が低軌道の衛星コンステレーションを構築し、高速インターネット通信を提供している。これにともない現在衛星数は六三五〇機にのぼり、将来的には四二〇〇〇機が計画されており、宇宙の

図12－1　楽山レーダー探知範囲（推定）

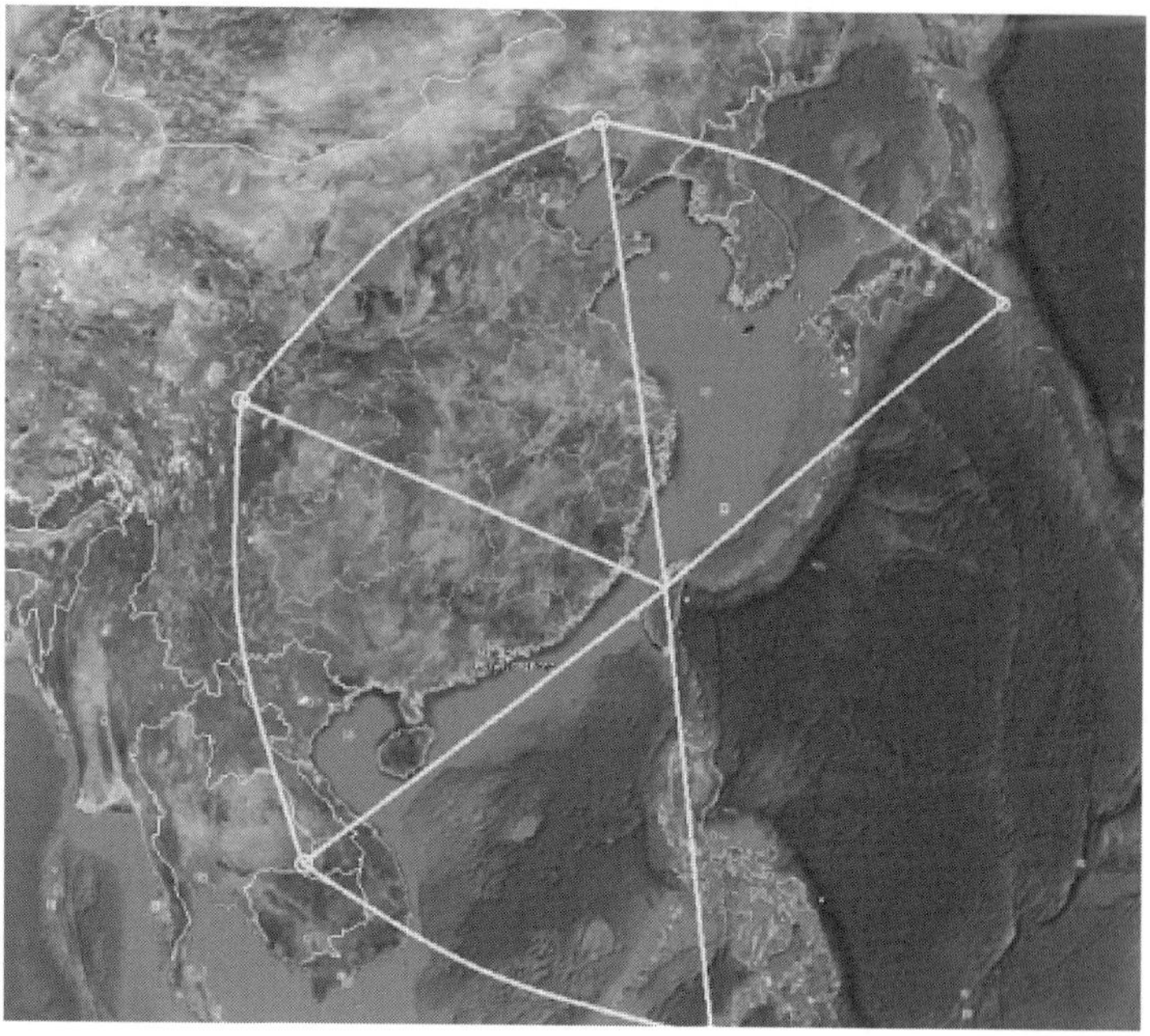

注：アンテナ2面で240度2000キロの探知範囲の場合
出所："A Dossier on the Pave Paws Radar Installation on Leshan, Taiwan 樂山," p. 51.

混雑状態に拍車をかけている[36]。

このような状況により、宇宙の安全で安定的な利用のための宇宙状況把握（Space Situational Awareness: ＳＳＡ）は喫緊の課題であり、宇宙監視のための望遠鏡やレーダーなどセンサーの不足に直面している。ペイブポーズ・レーダーのデータはすでに使われているかもしれないが、防衛専用ではない使い方も考慮に値するであろう。

おわりに

日本と台湾の間に正式な外交関係はないが、経済、学術、観光等の分野で密接で良好な関係を築いている。日本は経済安全保障の視点を考慮するのであれば、台湾海峡情勢の安定化のためにも台湾とさらなる協力体制を築くことが重要であろう。日本と台湾の間では、安全保障上の信頼関係の構築が必要である。民間企業間の協力関係は進展しているので、それを拡大していくことが第一段階である。とくに台湾から日本への民間企業の参入を推進することが、日台産業界のいっそうの連携を深めることになろう。

第二段階は科学技術交流・協力である。素粒子物理学などの基礎科学を含めた先端技術分野、新興技術、宇宙技術分野における共同研究・事業の拡大である。これからますます発展していく宇宙利用分野における協力を目に見える形で実行することが喫緊の課題である。

そして、将来的には第三段階として安全保障面に関わる領域にも連携を広げていくことである。まずはソフト面の協力として情報の交換から行い、宇宙の安全で安定的な利用のためにSSAの情報共有から始めるのが現実的であろう。SSAは民間の宇宙利用にも直接影響し、防衛・安全保障だけのものではない。SSA協力を進めていく場合、アメリカを加えた三者間の連携という形で、情報共有を進める必要があると思われる。

すべての科学技術は基礎科学がベースになっている。基礎科学の連携をさらに強化、拡大し、それが半導体技術開発、宇宙技術協力へつながっていく。その上で、さらに遠い未来の課題として、安全保障にも関わる領域における協力を検討することが可能となる。このような順序で、着実に科学技術や産業面での日台協力を進めていくことが、将来的には台湾海峡の平和と安定を担保することにつながると考えられる。つまり、日台間に現存する研究・技術・産業の分野の協力や協働は、科学技術による紛争抑止として機能し、経済安全保障における大きな要素になると信ずるものである。

注

（1）「台湾（Taiwan）基礎データ　外交関係のある国（計12か国）」外務省 [https://www.mofa.go.jp/mofaj/area/taiwan/data.html]、二〇二四年五月一八日閲覧。
（2）「経済安全保障推進法の制定経緯・趣旨」内閣府 [https://www.cao.go.jp/keizai_anzen_hosho/index.html]、二〇二四年五月一九日閲覧。
（3）「令和元年度／2019年度 日台関係の動向」（二〇二〇年度以降はコロナ禍により往来が激減しているので、二〇一九年度のデータを示した）公益財団法人日本台湾交流協会 [https://www.koryu.or.jp/publications/relation/trend/2019/]、二〇二四年五月一九日閲覧。
（4）「海外在留邦人数調査統計」外務省領事局政策課、二〇二三年一〇月一日 [https://www.mofa.go.jp/mofaj/files/100436737.pdf]、二〇二四年五月一五日閲覧。
（5）「台湾　概況・基本 統計（基礎的経済指標）」JETRO、最終更新日：二〇二三年七月一九日 [https://www.jetro.go.jp/world/asia/tw/basic_01.html]、二〇二四年五月一九日閲覧。
（6）台湾貿易・輸出の基礎知識（二〇二四年更新）[https://boueki.standage.co.jp/taiwan_export_basic/]、二〇二四年五月一九日閲覧。
（7）日本企業の「台湾進出」動向調査（2022年）、帝国データバンクのデータ、二〇二二年八月二四日 [https://www.tdb.co.jp/report/watching/press/p220810.html]、二〇二四年五月一九日閲覧。

(8)「台南にある日系企業リスト」台南市日本人協会 [https://tainan-jp.com/nikkeilist/]、二〇二四年五月一九日閲覧。

(9)「(日本進出の) 台湾の企業一覧」Wikipedia [https://ja.wikipedia.org/wiki/%E5%8F%B0%E6%B9%BE%E3%81%AE%E4%BC%81%E6%A5%AD%E4%B8%80%E8%A6%A7]をもとにカウント。「台湾企業の日本進出――日本市場進出の難しさ」DottedSign 公式ブログ、二〇二三年九月二一日 [https://www.dottedsign.com/ja/blog/culture/taiwan_japan_market]、二〇二四年五月一九日閲覧。

(10) ITRI [https://www.itri.org.tw/english/index.aspx], accessed on May 19, 2024.

(11)「工業技術研究院 日本事務所」ITRI [https://www.itri.org.tw/english/ListStyle.aspx?DisplayStyle=20&SiteID=1&MmmID=1037353606222302274&MGID=62016656134542576], accessed on May 19, 2024.

(12)「注目のデザイナー noiz 2014 Industrial Technology Research Institute, Taiwan」JDN [https://www.japandesign.ne.jp/kiriyama/259_noiz/itri/]、二〇二四年五月一九日閲覧。

(13) TASA Introduction and Mission, TASA [https://www.tasa.org.tw/en-US/about-tasa/introduction], accessed on July 24, 2024.

(14) TASA Space Mission, TASA [https://www.tasa.org.tw/en-US/missions/cards-mode/on-going-missions], accessed on July 24, 2024.

(15) CubeSat は基本形を10×10×10センチメートル（1U）とした大学の研究室などが製作する数キログラム程度の超小型実験衛星である。「CubeSat」Wikipedia [https://ja.wikipedia.org/wiki/CubeSat]、二〇二四年五月一九日閲覧。

(16) "FORMOSAT-8," Taiwan Space Agency [https://www.tasa.org.tw/en-US/missions/detail/FORMOSAT-8], accessed on May 18, 2024. "First Formosat-8 satellite could be launched late 2025: TASA," Focus Taiwan, April 11, 2024 [https://focustaiwan.tw/sci-tech/202404110012], accessed on May 18, 2024.

(17)　「台湾の国家実験研究院宇宙機構と研究・協力交流に関する合意書を締結しました」東海大学、二〇一四年四月一九日 [https://www.u-tokai.ac.jp/news-section/19824/]、二〇二四年五月一九日閲覧。

(18)　「台湾国家宇宙センター（ＮＳＰＯ）と国際学術交流協定を締結しました」京都大学生存圏研究所、二〇一九年三月 [https://www.rish.kyoto-u.ac.jp/news/nspo-mou20190625/]、二〇二四年五月一九日閲覧。

(19)　「台湾国家宇宙センターとの連携による6U超小型衛星開発への参画：航空宇宙工学専攻　中須賀真一　教授ら」東京大学大学院工学系研究科、二〇二〇年一二月二八日 [https://www.t.u-tokyo.ac.jp/press/foe/press/setnws_202012281322014745028138.html]、二〇二四年五月一九日閲覧。

(20)　「ＳＴ－２（国産初、海外から受注した商用通信衛星）」三菱電機 [http://www.mitsubishielectric.co.jp/society/space/satellite/communication/st2.html]、二〇二四年五月一九日閲覧。

(21)　「シンガポール SingTel 社と台湾中華電信社向け　商用通信衛星『ＳＴ－２』の静止軌道への投入に成功」三菱電機、二〇一一年五月二七日 [http://www.mitsubishielectric.co.jp/news/2011/pdf/0527.pdf]、二〇二四年五月一九日閲覧。

(22)　「科教資源／圖像(Aerial View of NSRRC 2018 (國家同步輻射研究中心鳥瞰圖))」ＮＳＲＲＣ [https://www.nsrrc.org.tw/chinese/photo1.aspx?uid=9]、二〇二四年五月一九日閲覧。

(23)　高エネルギー加速器研究機構（ＫＥＫ）[https://www.kek.jp/ja/]、二〇二四年五月一九日閲覧。

(24)　「台湾放射光施設ＴＰＳの蓄積リングにＫＥＫＢ超伝導空洞の採用が決定」ＫＥＫ、二〇一〇年九月一五日 [https://www2.kek.jp/accl/legacy/topics/topics100915.html]; "SRF modules for TPS (Taiwan Photon Source)" [https://www.nsrrc.org.tw/english/organizationDetail.aspx?Dept_UID=30], accessed on May 19, 2024.

(25)　「国際科学技術協力基盤整備事業「日本－台湾研究交流」における新規課題の決定について」ＪＳＴ、二〇二二年四月二八日 [https://www.jst.go.jp/inter/program/announce/20220228.html]、二〇二四年五月一九日閲覧。

(26)「台湾中央研究院 天文及天文物理研究所とすばる望遠鏡に関する科学協力覚書を締結」国立天文台、二〇二一年八月二四日 [https://www.nao.ac.jp/news/topics/2021/20210824-mou.html]、二〇二四年五月一九日閲覧。

(27)「韓国、台湾の研究機関と研究協力協定を締結 ── 防災科学技術研究所」つくば科学万博記念財団、二〇〇七年一二月一〇日〜二〇〇七年一二月一六日 [https://www.tsukuba-sci.com/cms/?p=6257]、二〇二四年五月一九日閲覧。

(28)"President Tsai meets Japanese delegation to Fifth Taiwan-Japan Strategic Dialogue," Office of the President (Taiwan), May 14, 2018 [https://english.president.gov.tw/News/5391]; "The 10th Japan-Taiwan Strategic Dialogue," The Japan Institute of International Affairs, July 25, 2023 [https://www.jiia.or.jp/en/eventreport/2023/07/20230725-01.html], accessed on May 19, 2024.

(29)ＦＥＬとはFree Electron Laser（自由電子レーザー）を意味し、ＥＵＶとはExtreme Ultra Violet（極端紫外線）の意味である。

(30)Submarine Cable Map, TeleGeography [https://www.submarinecablemap.com/], accessed on May 19, 2024.

(31)「東海沖において海底ケーブルを再利用した海底長期観測システムを構築」JAMSTEC、二〇〇七年五月一八日 [https://www.jamstec.go.jp/j/about/press_release/20070518/]、二〇二四年五月一九日閲覧。

(32)"A Dossier on the Pave Paws Radar Installation on Leshan, Taiwan 樂山," March 8, 2013, p. 51 [https://man.fas.org/eprint/leshan.pdf], accessed on May 19, 2024.

(33)"Space Surveillance Sensors: The PAVE PAWS and BMEWS Radars," Mostlymissiledefense, April 12, 2012 [https://mostlymissiledefense.com/2012/04/12/pave-paws-and-bmews-radars-april-12-2012/], accessed on May 19, 2024.

(34) 宇宙デブリとは、何らかの有用な機能を喪失した後も地球軌道上にとどまっている人工物体。多くは使用済みとなった人工衛星、ロケットの一部、それらの破片等である。

(35) Charles P. Satterthwaite, “Charles P. Satterthwaite, Space Surveillance and Early Warning Radars: Buried Treasure for The Information Grid,” DTIC, June 1, 2000, p. 12 [https://apps.dtic.mil/dtic/tr/fulltext/u2/a468199.pdf], accessed on May 19, 2024.

(36) Elizabeth Howell and Tereza Pultarova, “Starlink satellites: Facts, tracking and impact on astronomy,” Space.com, August 29, 2024 [https://www.space.com/spacex-starlink-satellites.html], accessed on September 8, 2024.

第13章
中国・台湾問題の本質と台湾海峡の未来
――「考えられないことを考える」

兼原　信克

はじめに

冷戦初期、中国は分断国家となった。「一つの中国」という法的な擬制のもとに、事実上中華人民共和国と中華民国という「二つの中国」が生まれ、両者が中国を代表する合法政府の座を争っていた。西側諸国の多くは、もともと中華民国を、中国を代表する合法政府として承認していた。ところが、一九七〇年代の国連での中国代表権喪失、日中・米中国交正常化（＝日華・米華断交）およびそれに続く多くの国の対中国交正常化によって、中華民国政府は国際社会において中国代表としての立場を失い、中華人民共和国政府が中国を代表するという状況が急速に固定化していった。

あれから約半世紀が経つ。その間に台湾は、李登輝総統のもとで血を流すことなく民主化を達成して自由の島となり、現在に至る。国民党独裁のもとで押さえつけられていた台湾人（本省人）のアイデンティティが政治の表面に流れ出始めた。他方で中国は、一九八九年の天安門事件を経て民主化運動が弾圧された後、今や習近平主席のもとで統制色、イデオロギー色の強いデジタル監視国家となった。その中国が今やアメリカの背中を追いかける超大国となっているのである。

台湾海峡の現状維持を担保してきたアメリカの国力、なかんずく軍事力は、中国の大軍拡の前に、絶対的な優位を失いつつある。戦後初めて、われわれは「台湾有事のリアル」を考える時代を迎えている。台湾有事をどのように抑止すべきか。万が一起きた場合にどのように対処すべきか。さらには、有事が起きたらどのように終わらせるのか、その後の西太平洋の地域安全保障の体制はどのようにあるべきかまで、想定しなければならない段階に至っている。本章は、序章で示された「考えられないことを考える」という趣旨のもと、中国・台湾問題の本質と、台湾有事が起きた場合の未来を検討する。

1　「分断国家」中国の誕生

（1）中国の分裂から米中国交正常化へ

第二次世界大戦後、ワシントンＤＣとモスクワを二つの磁極として世界中に東西冷戦の強い磁場がかかった。その結果、第二次世界大戦後に力の真空となったいくつかの国々が、無残にも二つに割れた。同一民族でありながら、分断された国家が次々と生まれた。その代表例が、東西冷戦の最前線に位置した中国、朝鮮、ヴェトナム、ドイツである。このように分断国家が世界規模で陸続として生まれる現象は、世界史的にとても珍しい現象である。

朝鮮では、朝鮮民主主義人民共和国（北朝鮮）と大韓民国（韓国）の二つのコリアが生まれた。ヴェトナムは南北に分裂したが、北ヴェトナムが統一を果たした。ナチス・ドイツは、国家としていったん完全に消滅し、そのままドイツは東西に分裂したが、冷戦の崩壊とともに再統一を果たした。

これらの国々と同じように、中国もまた、分断国家（divided nation）となった。第二次大戦後、蔣介石は、中華民国政府が日本から接収した台湾に撤退し、その一方で中国大陸では、一九四九年一〇月、マルクス・レーニン主義を掲げる毛沢東の中華人民共和国が成立した。台湾に陣取った中華民国と、大陸を制覇した中華人民共和国という分断中国が成立したのである。

ところが、毛沢東も蔣介石も、中国はあくまで一つであり、我こそが（すなわち、中華人民共和国こそが、あるいは中華民国こそが）中国の代表であるとの立場を崩さず、両者とも「二つの中国」という分断国家とみなされることを拒否した。それ以降、分断中国に関する限り、中国という国家は一つであり、中華人民共和国政府（北京）と、中華民国政府（台北）のいずれを合法政府として承認するかという理論的な整理がなされることになった。

しかし、筆者は、中国の分断国家化という客観的現実を見れば、この段階の中華人民共和国は、国際法上、正確に言えば、未承認政府ではなく、未承認国家と位置づけることが正しいと考える。分断国家となった中国の説明には、国際法上の政府承認の論理が借用されることが多いが、政府承認の法理は、一つの国家内で起きたクーデターや反乱に際して、内政干渉を試みる第三国の過早《かそう》な新政府承認が、国際の平和と安定を乱すことを排除するためにしばしば使われる法理である。[1]「一つの中国」の主張は、中国の正統政府を主張する毛沢東と蔣介石による政治的な主張であり、分断が固定された国家の客観的な姿を法的に評価するには十分とは言えない。典型的な分断国家となった中国に政府承認の法理を借用することは、とりうる唯一の選択肢ではなく、むしろ他の選択肢も開かれている。台湾の独立国家性について肯定的な学説もあれば、台湾を準国家として扱う学説もある。[2]

台湾が、国家としての実体を備えているのであればそれを未承認国家として扱うことも可能となる。未承認国家という点では、対中国交正常化前の中国の地位に関しても同様である。日本政府は、「二つの中国」という立場をとったことはないし、アメリカは、そのような立場をとらないと明言している。しかし、台湾を国家として承認しないからといって、台湾が中国の領土の一部であり、中国が武力併合する権利を認めるということにはならない。それは論理の飛躍である。台湾は、一九四九年以来七五年もの間事実上独立しており、中華人民共和国の統治を一度も受けたことがないからである。台湾は、国家承認が欠けているだけで、①永久的住民、②明確な領域、③政府、④他国と関係を取り結ぶ能力（独立）等国家として持ちうる基本的な国際法上の要件を満たしていると考えるべきである。[3]

一九七〇年代に実現した米中接近と、その後の国交正常化は、六〇年から続く中ソ対立に苦しむ中国と、ヴェトナム戦争で国力を消耗していたアメリカのいわば「手打ち」であった。冷酷な国際政治の場では、敵の敵は往々にして味方となる。イデオロギー的対立も国家の生存本能の前には色褪せる。

ヘンリー・キッシンジャー国家安全保障担当大統領補佐官の演出した米中接近は、まさにソ連の脅威への対応という米中の共通利益に着目した没価値的な権力政治の産物であった。日本では、田中角栄首相が後を追い、本格的な交渉開始からわずか二か月で国交正常化を果たした。

中国は対米・対日国交正常化を焦っていた。一九七二年の周恩来首相と田中首相の会談記録は、日本側から全文が公表されている。周恩来首相は、首脳会談の初日から、日中国交正常化は「一気呵成にやりたい」と述べていた(4)。中国側の焦りが伝わってくる。一九六九年、毛沢東は、中ソ国境のウスリー川の中州であるダマンスキー島（珍宝島）上のソ連側実効支配地域を攻撃した。毛沢東は、モンゴルで増強されていくソ連陸軍の機械化師団に恐怖したはずである。中国・モンゴル国境から北京は数百キロ離れているが、天然の障害が少なく、首都を防衛するのは困難を極める。中国側の対日、対米国交正常化の動機は、北京を蹂躙しかねないソ連軍に対する恐怖であった。

それでは、米中国交正常化における台湾の地位はどうなったのであろうか。一九七二年二月、米中国交正常化の地ならしとなったリチャード・ニクソン大統領訪中時の周恩来首相との上海コミュニケにおいて、アメリカは、「台湾海峡の両側のすべての中国人が、中国はただ一つであり、台湾は中国の一部分であると主張していることを認識している。米国政府は、この立場に異論をとなえない。米国政府は、中国人自らによる台湾問題の平和的解決についての米国政府の関心を再確認する」と述べている(5)。

この文章は、北京政府と台北政府という二つの政府が存在しており、その両方が中国は一つであって、その中国とは自分のことだと主張しており、かつ、台湾は自分のものと主張しているという事実を、アメリカ政府は承知している（acknowledge）と述べているだけであって、台湾が中華人民共和国の領土であり、北京政府が台湾を併合するために武力行使をしてもいいとは決して認めていない。アメリカは、あくまでも台湾海峡の現状維持を前提にして、北京政府を中国の唯一の合法政府として承認しただけなのである。そして米華同盟は終了し、米軍は台湾から撤収した。この上海コミュニケからほぼ半年後、周恩来首相は、田中角栄首相との首脳会談において、この玉虫色の文章は「キッシンジャーの傑作だ」と讃えている[6]。

日本もまた、国交正常化の際の日中共同声明において、中華人民共和国政府を中国の唯一の合法政府であることを承認した。しかし、「台湾が中華人民共和国の領土の不可分の一部である」という中国の主張に対しては、「中華人民共和国政府の立場を十分に理解し、尊重し、ポツダム宣言第八項に基づく立場を堅持する」と記すにとどめている。

ポツダム宣言第八項には、「カイロ宣言の条項は履行せらる」べしと記されており、カイロ宣言には、米英中の連合国の目的が「満洲、台湾及び澎湖諸島の如き日本国が清国人より盗取したるいっさいの地域を中華民国に返還することに在り」と記されている[7]。この文章は、戦時中の連合国間の仮合意であるカイロ宣言、ポツダム宣言の経緯を述べている。しかし、実は、日本はサンフランシスコ平和条約によって「台湾及び澎湖諸島に対するすべての権利、権原及び請求権を放棄」しており、これが最終的な領土処理であるので、その後になってその帰属先について「何ら物を申すべき立場にない」というのが日本政府の法的な立場である[8]。

結局、アメリカは、米中国交正常化以降も、アメリカ議会が制定した台湾関係法のもとで、台湾の防衛にコミットし続けることとなった。日本も、日中国交正常化後も引き続き、日米安保条約を通じて台湾の平和と安全に寄与し続けることになった。上海コミュニケがキッシンジャーの傑作だとすれば、日中共同声明は、若き日の栗山尚一元外務次官が課長時代に戦後日本外交に残した傑作である。[9]

(2)「自由台湾」というアイデンティティの登場

李登輝政権期の一九九四年、主に台湾地域で全面改選された国民大会は憲法を改正して、台湾の総統を有権者の直接選挙制に変えた。[10] 台湾が民主化して以降、アメリカ議会の雰囲気は大きく変わった。台湾支持派は、共和党のみならず、ナンシー・ペロシ元下院議長のような民主党の人権活動家を加えて超党派の勢力となっている。習近平が、一九八四年の英中共同声明と一九九〇年の香港基本法で定められた「一国二制度」をいとも簡単に反故にして、香港の自由を弾圧した（二〇二〇年）ことも、アメリカ議会の台湾傾斜に拍車をかけた。[11]

台湾人自身も大きく変わった。世論調査によると、一九九一年時点では「中国人でもあり、台湾人でもある」と答える人が七割以上を占め、「台湾人である」と言いきる人は一三・六パーセント、「中国人だ」と言いきる人が一三パーセントであった。二〇〇六年になると、「台湾人だ」と言いきる人が四四・一パーセントになり、「中国人であり、台湾人である」と答える人が四四・四パーセント、「中国人である」と言いきる人は六・二パーセントに減少している。[12]

また、民主化後三〇年近く経ったことで、若い世代を中心に自由な台湾、民主主義の台湾しか知らない台湾人が増えている。二〇一四年、対中経済傾斜を強める与党国民党が、立法院の連席会議で

「両岸（中台）サービス貿易協定」の審議を強制的に終了した際には、数多くの学生たちが立法院になだれ込んで議場を占拠してしまうという事態が発生した。これが世にいう「ひまわり学生運動」である。(13)

そもそも、中国大陸の王朝が初めて台湾を支配したのは、台湾に撤退して明朝の復興を企図した鄭《てい》成功《せいこう》の政権を清朝が平定した一七世紀後半からである。それまでは、台湾はマラヨ・ポリネシア系先住民が暮らし、一七世紀前半にオランダやスペインによって一部が通商目的で統治されていたにすぎなかった。清の台湾支配は一六八三年から始まるが、日清戦争敗戦までのわずか二〇〇年余りであった。かつ、台湾平定後、その併合をためらった清の統治の浸透程度には格差があり、まだらな統治であった。

日本の台湾統治は、当初、台湾原住民の激しい抵抗を鎮圧せねばならなかったが、(14)その後は欧米諸国が他の地域で実施したモノカルチャー、プランテーション型の植民地支配と異なり、衛生、教育、産業振興を重視し、台湾の急速な近代化を図り、台湾の歴史に大きな足跡を残した。

また、台湾人は、一九四九年に生まれた共産党一党独裁体制の中国を実体験としては全く知らない。言い換えるなら、日本時代と合わせ一世紀以上大陸の中国とは異なる経験を持つ社会なのであり、ずっと中国大陸に暮らしていた中国人とアイデンティティが異なるのは当然である。

中国政府は、台湾の変貌、すなわち、血統を主とするエスニック・アイデンティティではなく、自由民主主義を受け入れた台湾のシビック・アイデンティティの登場に危機感を強めた。二〇世紀後半、統治の正統性を人々の自由意思に基づく同意に求めるという自由主義的な考え方が地球的規模で広がった。台湾人（本省人）は人口の大部分を占める。民主化した台湾人（本省人）には、侵入勢力である国民党が持ってきた中華民国という看板よりも、自由を実現した台湾こそ真の台湾であるという意識が根付き始めていた。中華民国の国民としてではなく、台湾人としての民族自決の萌芽が見られ始めているのである。

これに対して中国は強い危機感を持った。独裁色を強める中国自身は、少数民族を包摂する近代的なシビック・アイデンティティの確立に失敗し、いまだに国民国家になりきれていない。毛沢東時期の共産党による極端な圧政は、中国の少数民族の抵抗をほぼ完全に抑圧したが、改革・開放時期になって一定の少数民族政策が復活した。一方で、一九八九年の天安門事件で見られたように、共産党の独裁的統治の正統性が薄れ始め、統治が弛緩し始めた。そこで中国共産党は自らの統治の求心力を高めるために愛国主義教育宣伝を強化し始めた。

これは事実上、漢族中心の中国ナショナリズム動員であり、少数民族問題を悪化させる原因となった。習近平の中国は、現在、少数民族問題にさらに強権をもって対処しようとしており、人権を蹂躙した強制的な漢民族への同化政策が進められている。少数民族問題に苦しむ中国からすれば、台湾人の新しいアイデンティティの主張は決して容認できない。それは中国分裂の引き金となるかもしれないからである。ソ連の分裂と崩壊は、中国共産党指導部に、いまだ生々しく記憶されているはずである。台湾が自由民主主義を奉じ、中国人とは異なる独自のアイデンティティを持ち、独立を実現するならば武力行使を排除しないと中国が主張するのは、国家分裂、共産党の支配の正統性喪失という実存的な危険が具現化しうるからである。

また、習近平にとって、台湾との統一は個人的野心を超えて、中国共産党の正統性維持のためにやり遂げねばならない目標である。すでに、中国共産党は、金権腐敗や経済成長の鈍化などによって支配の正統性の劣化が進んでいる。台湾併合ができないという風評が広がれば、共産党も、習近平も、統治の正統性がさらに劣化することになる。抗日戦争勝利神話や建国神話が中国共産党による一党独裁政治に正統性を与えている以上、共産党がそのナラティブ（言説）の最終章である台湾の併合を諦めることはできないのである。

これまで台湾海峡の現状が維持されてきたのは、上海コミュニケや日中共同宣言によって台湾の地位をうまく処理できたからだけではない。むしろ圧倒的なアメリカの国力が、中国にその野望の実現を許さなかったからである。ところが、習近平はこれまで台湾併合に失敗してきた歴代指導者とは異なり、自分なら台湾を併合できるかもしれないと思い始めている可能性が高い。中国が軍事的にも、経済的にも強大になったからである。こうして、台湾有事のリスクが大幅に高まったのである。

2　台湾有事のリアル

西側諸国が団結していれば、中国の武力を使った現状変更を総合力で抑止することは可能である。ヨーロッパ諸国に日・米・韓・台・豪ニュージーランドを加えれば、その経済規模の総体は中国の二倍以上ある。他方中国は、少子高齢化、人口減、賃金の上昇等の制約から、すでに経済力はピークアウトしており、かつての勢いを失っている。すでに、日本経済の大きさに迫りつつあるインドは、二〇二三年、人口で中国を抜き、しかも、中国より平均年齢が一〇歳も若い（日本より二〇歳も若い）。ＡＳＥＡＮ諸国もすでに日本の経済規模の七五パーセントに達している。双方ともに二〇三〇年代までに日本のＧＤＰを抜き去っていく。こうして考えると、西側の団結に、インドやＡＳＥＡＮを何らかの形で加えることは必須の課題である。

米軍単体でも、その総合力は依然として中国軍に勝ると考えてよい。それに加え、アメリカは中国が持たない地球的規模の同盟網を誇る。アメリカを中心として糾合される同盟国・同志国等の軍事力は巨大であろう。したがって、もしも中国が、台湾併合とは、団結した西側諸国と正面衝突することであり、勝ち目がないと当初から理解していれば、台湾有事は抑止され続ける。

ところが、それでもなお、台湾有事が実際に起こるかどうかは、独裁者となった習近平の腹一つで決まる。習近平が台湾侵攻のために中国軍に動員をかければ、中国の侵攻をただちに止めるだけの圧倒的な軍事力は、もはやアメリカにもない。習近平は、台湾をめぐる戦争で最終的にはアメリカに勝てないかもしれないが、短期決戦でなら勝てると考えて（すなわち誤解して）戦争を始めることはありうるのである。いったん戦争が始まれば、前線国家である日本が、台湾同様に深刻な被害を受けることは必至となる。

米日中は、世界第一位、四位、二位の経済大国である。台湾もまた、Ｇ20に入ってもおかしくない経済規模である。台湾有事が始まれば、直接攻撃の対象となる台湾のみならず、日本、アメリカ、フィリピン、ひいては韓国も巻き込まれる可能性が高い。台湾と日本は、サイバー攻撃、ミサイル攻撃を受け、国内の工場は操業を停止し、重要インフラは破壊される。中台間の貿易や投資はもとより、日中、米中の貿易や投資も途絶する。日米中韓台間に張り巡らされたサプライチェーンの供給網も断絶する。半導体の在庫は世界的規模で払底するであろう。日中台の株式市場はもとより、世界市場で株価は暴落するであろう。日本円もニュー台湾ドルも暴落するであろう。この規模の円暴落を阻止するだけの外貨準備高は日本政府にはないと思われる。

ただし、台湾有事の最終局面で、中国が台湾を完全に制圧し、併合することは容易ではない。台湾は、玉山（日本時代の新高山）のように標高三〇〇〇メートル級の山々がそびえる岩島である。台湾東海岸は、天然・人工の障害が多く、上陸適地は限られる。台湾の兵力は約一七万五〇〇〇人（予備兵力一六五万人）であり、彼らが着上陸地点を死守するであろう。兵法の常道に従えば、攻めるほうは三倍の兵力が要る。三倍とまでいかなくても、たとえば五〇万の兵力に、二〇〇キロメートル近くある台湾海峡を渡らせ、補給を続けることは容易ではない。中国は、ノルマンディー上陸作戦のような大作戦を、米軍が介入するであろう環境で行わなければならない。

ここが台湾武力統一作戦における中国最大のアキレス腱である。中国のA2AD（接近阻止・領域拒否）政策によって第一列島線から遠ざけられた米軍は、爆撃機や長距離ミサイルや潜水艦を駆使して、また日本の南西諸島に配備した各種ミサイルなどを使い、中国軍の台湾海峡渡海の阻止を試みるであろう。そのすべてを完全に遮る能力は中国軍にはない。最終的には、中国軍が台湾島を征服できないままに停戦状態になる可能性が高い。

台湾有事に際して、日本がとりうる行動としては、理論的には、①日米安保条約第六条に従ってアメリカに施設および区域を使用することを許し、日本国内の基地等からの直接戦闘作戦行動の同意を与える、②重要影響事態法に従って、米軍に対して後方支援を行う、③存立危機事態を認定して、自衛隊に防衛出動を下令し、集団的自衛権を行使する、の三つの選択肢がある。

日米同盟の抑止力を最大限に上げるためには、③の存立危機事態の認定と防衛出動の下令による集団的自衛権の行使をつねに可能にして、即応体勢をとれるようにしておく必要がある。逆説的であるが、抑止とは耐えがたい痛みをもたらす反撃を敵に予想させることであり、緊張を高めるほうが、抑止が効いて安定がもたらされるのである。

なお、台湾有事が日本に波及すれば、④ただちに、自衛隊法上の武力攻撃事態（日本が侵略された事態）と判断して、自衛隊に防衛出動を下令し、日本防衛のために個別的自衛権行使に移ることになる。つまり、台湾有事は日本有事となる。

上記①から④のいずれの選択肢をとるにせよ、中国に対して、日本本土を直接攻撃対象にすることを思いとどまらせるためには、まず緒戦において日本が中国のサイバー攻撃やミサイル攻撃に対して、同等の反撃力を有していることが不可欠である。それがなくては緒戦の段階から抑止が効かない。残念ながら能動的サイバー防衛、反撃力（中距離ミサイル能力）に関しては、本章執筆時点（二〇二四年五月）で日本の能力はきわめて低く、可及的速やかな増強が必要である。反撃力に関しては、現在導入が検討されている巡航ミサイルに加えて、弾道ミサイル、極超音速ミサイルの導入が急がれる。また、二〇二三年以来、サイバー防衛、反撃力に限らず、岸田政権が「五年間での防衛費倍増」を掲げて進めている自衛隊戦力の総体的強化は、アメリカの拡大抑止を補完し、日米同盟の抑止力を大きく高めることになる。

また、ウラジーミル・プーチン大統領がロシア・ウクライナ戦争で行ったように、習近平が、核兵器による恫喝を行う危険がある。日本政府の腰が砕ければ、米軍は西太平洋での戦闘に大きな制約を受け、台湾は失われる可能性が高まる。かつて米ロ間には中距離核戦力全廃条約の制約があったため、西太平洋地域におけるアメリカの地上配備型中距離核戦力はゼロである。米国はまた、海上配備の中距離核ミサイルの配備も止めてしまっている。他方で中国はこうした制約がなく、むしろ中距離核戦力、つまり日本を含む西太平洋の第一列島線から第二列島線への中国大陸本土からの核攻撃能力では、中国が優位に立つ。この地域には米中間に大きなミサイルギャップが存在するのである。このミサイルギャップへの対応について、日米の協議は焦眉の急である。今般、日米両国政府が核問題の閣僚級協議に踏み切ったことは、遅きに失したとはいえ歓迎すべきことである(15)。

台湾有事の際、この核ミサイルギャップが、中国の核の恫喝によって日米離間に利用されることが懸念される。ただし、その対抗策として狭隘《きょうあい》な日本の領土に地上配備型の中距離核戦力を配備することは困難が予想される。国民に核兵器に対するアレルギーがなく、三八度線の陸上国境を挟んで北朝鮮の核戦力と地上軍に直面する韓国には、空中落下型や、地上配備型の中距離核ミサイルが有益であろうが、島国の日本にとってそれらは不可欠な兵器ではないであろう。むしろアメリカが海上配備型の低出力の中距離核戦力を再開発し、攻撃型原子力潜水艦に再配備し、日本等の同盟国を守ると宣言するほうが望ましい。敵国は、対日核攻撃と同時に、西太平洋のどこかからアメリカの中距離核ミサイルが飛んでくると覚悟しなければならなくなるからだ。

日本政府は、いまだに佐藤栄作政権時代の非核三原則を墨守しているが、真に必要がある場合は、かつて民主党政権の岡田克也外務大臣が「日本国民の安全が危機的状況になったとき、原理原則をあくまで守るのか、例外を作るのかは、その時の政権が判断すべきことであり、今将来にわたって縛るわけにはいかない」(16)と言及したことを踏まえて、いずれかの時点で閣議決定をもって、非核三原則を修正し、「持ち込み」を是認することが必要である。(17)アメリカでは、すでに海洋核の復活が真剣に議論されている。遠くない将来、この問題が日本に突き付けられることになるであろう。「持たず、作らず、持ちこませず」の佐藤非核三原則は「持たず、作らず、撃ち込ませず」の新三原則に変える必要がある。

3　台湾有事の出口戦略と米中大国間競争の未来像

台湾有事の終結は、仮に台湾側が勝利するとしても、中国を大陸に押し戻すだけで終わる。さらに大陸沿岸の金門、馬祖は奪われるであろうし、南シナ海の太平島や東沙群島も奪われるであろうし、状況によっては澎湖諸島も危ういだろう。破壊された台湾が台湾政府の手元に残り、台湾政府は、戦闘停止の瞬間から、戦後復興と中国の再侵略に備えねばならない。

中国では、台湾有事の後、中国軍が大きな損害を受け、その基地の一部は覆滅されているであろう。しかし、中国の国家機構や経済自体はおおむね無傷で残るはずだ。これは巨大な継戦能力が残存することを意味する。したがって台湾は、今日のウクライナのように、日米同盟を中心とする西側諸国が支え続けなければ、再度、中国に攻め込まれる危険がある。

それは、逆に言えば、中国が台湾侵略を諦めるまで、日米を中心とする西側諸国が、自由の島である台湾を支援し続けねばならないことを意味する。それは、朝鮮戦争の休戦後に、米軍が韓国に駐留し続けていることと同じであり、おそらく戦後のウクライナに西側が与える「長期的な安全保障の確約」と同じことになる。中国が、台湾侵略を事実上諦めるチャンスは、中国が民主化する日に初めて訪れるかもしれない。つまり、中国に大きな政治的変動が起きるまでは、台湾を支え続けなければならなくなるのである。

台湾有事の暗雲が垂れ込め始めた今日、ポスト台湾有事の出口戦略について、知恵を絞っておく必要がある。以下、主要な論点を述べる。なお、台湾有事が米中戦争であるという前提から出発すると、これは第一次、第二次世界大戦の戦後構想に匹敵するほど発想の大転換を必要とする。

第一に、米中核パリティの成立後のアメリカの「戦略的あいまいさ（台湾有事に際しての介入の有無を明らかにしないという政策）」の放棄である。米国国防省によると二〇三五年までに、中国は約一五〇〇発の核弾頭をそろえるという[18]。ウクライナ戦争で一時効力を停止しているが、新START条約（戦略核兵器削減条約）下でアメリカの核弾頭配備は一五五〇発に限られている。もしも中国が懸念されている通りのペースで核軍拡を進めるなら、米中は米ロのような相互確証破壊の段階に入ることになる。

核の対峙は当事国に極度の緊張を強いる危険な状況である。冷戦末期の米ソ間の核軍縮・軍備管理交渉のように、最低限の信頼関係と透明性を確保するために、核兵器をめぐる軍備管理・軍縮の枠組みや、相互査察の仕組みが不可欠になる。相互確証破壊の段階に入れば、最低限の信頼関係の確保のために、いっさいのあいまいさを排除しなければならない。透明性と信頼が相互核抑止の基盤である。アメリカの意図にあいまいさが残れば、中国は、アメリカが核戦争へのエスカレーションに恐怖を感じて台湾有事に介入しないと「誤解」し、自らが有利な通常戦力で勝負に出てくるかもしれない。アメリカは、台湾に関する「戦略的あいまいさ」を捨て、日本、韓国、フィリピンに対するのと同様に、台湾防衛のために核の傘を提供するべきである。そうなれば、台湾海峡に核対峙のもとでの「冷たい平和」が成立する。

第二に、停戦後の台湾の地位である。最初に述べたように、事実上、太平洋戦争後、中華人民共和国と中華民国という「二つの中国」が生まれている。それが「一つの中国」という法的擬制が覆う真実の中国の姿である。大日本帝国の支配を外れた台湾は、新しく入城した蔣介石率いる国民党のもと、戦後一貫してアメリカの勢力圏下にあった。「一つの中国」という中国政府の主張は、キッシンジャーが上海コミュニケに書き込んだとおり、台湾海峡の両岸の中国人がともに望んだ「虚構」なのである。

その「虚構」を日米両国が受け入れるのは、台湾海峡の現状が維持され、平和と安全が維持される限りにおいてである。その前提を一方的な武力行使で踏みにじられれば、日米ともにこの法的な「虚構」の縛りから解き放たれる。まず、台湾有事では、中華人民共和国と中華民国の正規軍が正面からぶつかり、ただちに国際人道法の適用が始まるのであり、内政問題として中国が何をやってもよいことにはならない。

仮に台湾有事が勃発するとすれば、あらかじめ戦後の問題を検討しておく必要がある。とくに、二度目の台湾侵攻を防ぐ手立てが急務となる。中国の台湾侵略が失敗し、停戦合意が成立するか、あるいは、事実上の停戦が実現するような場合になれば、日米を始めとする西側諸国は、台湾を国家承認し、独立国家として防衛する腹を固めねばならないかもしれない。いったん、実際に台湾有事が勃発すれば、筆者は台湾有事の終結後の北東アジアの安全保障環境を整え、かつ、台湾有事再来の危険を排除するために、その可能性を検討する必要性があると考える。

西側諸国が台湾防衛に関与し続けることは、台湾有事がもたらすであろう対中関係の断絶が固定されることを意味し、中国と西側の経済関係、貿易関係、複雑に入り組んだサプライチェーンは途絶したままとなり、停戦後も中国と厳しい軍事的敵対関係が続くことを意味する。和平交渉あるいは停戦交渉の内容如何では、最終的には完全な台湾防衛のコミットメントとは異なる折衷的なアレンジメントになるかもしれないが、台湾の安全を保障する何らかの軍事的政治的枠組みがなければ、中国による台湾再侵攻のリスクは排除されない。

台湾侵攻の失敗が中国共産党指導部に与える衝撃は大きいであろうし、また、西側諸国との断絶がもたらす政治的、経済的コストは非常に大きいであろう。したがって共産党指導部にとって台湾再侵攻のハードルは高いであろうが、それでも時の中国の指導者が、捲土重来を期さない保証はない。台湾への安全の保証とは、口先だけではなく、中国の台湾再侵攻を阻止する実力に裏付けられたものでなくてはならない。

中国による台湾再侵攻の危険を排除するには、米台（華）同盟の復活あるいは何らかの米台間の安全保障のアレンジメントだけではなく、日米台豪、さらには、ニュージーランド、イギリス等、台湾有事に加わったすべての国を加えた北西太平洋地域での安全保障のための枠組みを創設する必要が生じるであろう。NATO（北大西洋条約機構）のように正規の事務局を備えた地域集団安全保障機構とすることも考えられる。そうでなくても台湾とアメリカおよびアメリカの主要太平洋同盟国との間で安全保障上の何らかの取決めを行う必要があるであろう。そうなれば、台湾有事後、台湾をめぐる中国と西側諸国との対立は構造化され、先に述べた核の対峙のもとで、長い冷たい平和が訪れることになる。それは、いつの日か中国が民主化するまで続くことになるであろう。

おわりに

現在、アメリカの地域の同盟国に対する庇護が揺らぐほどに、中国の軍拡はすさまじい勢いで進行中である。戦後、日本は、米軍に基地を提供することで、台湾海峡の平和と安全に間接的にコミットしてきた。しかし、これからは、それだけでは足りなくなるだろう。米軍の総合力はまだ中国よりも上であるが、日韓豪比およびタイからなるアメリカの太平洋同盟網はNATOに比して圧倒的に弱い。日米が中心になって、同盟・準同盟のネットワーク拡充を進める必要性はますます高まっている。

本章は、あえて最悪の事態、すなわち中国による武力統一を目的とした台湾有事が実際に起こった場合、何が起きるのか、またどのような戦略が必要なのか、という従来あまり議論されたことがなかったテーマに取り組んだ。その結果、ほとんどすべての関係国・地域にとって深刻な未来が待っていることを見通すことができた。

日本は台湾有事の「前線国家」である。台湾有事は、すぐに日本を巻き込んで、日本有事に転化するであろう。そうなれば、天災だった二〇一一年の東日本大震災の数倍、数十倍の被害が出るかもしれない。台湾有事を始めさせるわけにはいかない。そのために、日本は、外交、情報、経済、軍事のすべてを包含した統合的な大戦略を持つべきである。それを日本国民とアメリカなど同盟国・有志国、そして何らかの形で台湾とも共有しなければならない。私たちに残された時間は限られている。

注

(1) 現在では、政治的に運用が難しいとしてイギリスなどのようにすでに政府承認制度それ自体を廃止している国もある。岩沢雄司『国際法（第二版）』東京大学出版会、二〇二三年、一四四―一四五頁。

(2) "Chapter 4 Evolution of Taiwan Statehood," Lung-chu Chen, *The U.S.-Taiwan-China Relationship in International Law and Policy*, Oxford University Press, 2016; Yael Ronen, "Part I-Statehood and Recognition: 1-Entities that Can Be States but Do Not Claim to Be," Duncan French ed., *Statehood and Self-Determination: Reconciling Tradition and Modernity in International Law*, Cambridge University Press,2013, pp. 26-27 を参照。

(3) 岩沢『国際法（第二版）』、一二九―一三〇頁。なお、台湾に関しては、事実上分断国家の片割れとなった中華民国を、未承認政府として認識するべきか、未承認国家として認識するべきかという問題に加えて、昨今では民主化以降に表面化した台湾人（本省人）のシビック・アイデンティティが、台湾の地位に関して独立色の強い主張がある。後者は、長く独裁を敷いた外省人主体の国民党により押さえ込まれていた台湾人の民族自決に関わる主張という問題と絡んでおり、中国を強く刺激している。

（4）「田中総理・周恩来総理会談記録　第一回首脳会談記録」一九七二年九月二五日、データベース「世界と日本」[https://worldjpn.net/documents/texts/JPCH/19720925.O1J.html]。

（5）「上海コミュニケ（ニクソン米大統領の訪中に関する米中共同声明）」（一九七二年二月二八日）データベース「世界と日本」[https://worldjpn.net/documents/texts/docs/19720228.D1J.html]。

（6）「田中総理・周恩来総理会談記録　第三回首脳会談記録」一九七二年九月二七日、データベース「世界と日本」[https://worldjpn.net/documents/texts/JPCH/19720925.O1J.html]。

（7）「カイロ宣言（一九四三年一一月二七日『カイロ』において署名）」内閣府 [https://www8.cao.go.jp/hoppo/shiryou/pdf/gaikou06.pdf]。

（8）たとえば、外務省条約局外務参事官伊達宗起による台湾の帰属先に関する国会答弁である。「第七五回国会衆議院外務委員会議録」（一九七五年二月二八日）、国会会議録検索システム [https://kokkai.ndl.go.jp/#/detail?minId=107503968X00719750228&current=1]。

（9）栗山尚一自身による日中国交正常化プロセスの解説については、栗山尚一「日中国交正常化」『早稲田法学』第七四巻四号、一九九九年五月、三九―五七頁を参照。

（10）台湾の民主化プロセスについては、若林正丈『台湾の政治――中華民国台湾化の戦後史（増補新装版）』東京大学出版会、二〇二一年、一七一―二六九頁を参照。

（11）二〇一九年から二〇二〇年にかけて、香港では、「逃亡犯罪条例改正案」等を契機として、民主化を求める抗議デモが続いたが、習近平政権は香港の自由を一気に弾圧して「一国二制度」に終止符を打った。

（12）若林『台湾の政治（増補新装版）』三五九頁を参照。

（13）ひまわり学生運動の優れたドキュメンタリーとして台湾映画「私たちの青春、台湾」（二〇一二年）がある。

「私たちの青春、台湾オフィシャルサイト」[http://ouryouthintw.com/]。

(14) 日清戦争後の台湾併合、および、初期統治に際しての台湾住民の抵抗に関しては、伊藤潔『台湾』中公新書、一九九三年、七一―八〇頁を参照。伊藤氏によれば、日本軍は日清戦争終了後、割譲された台湾平定に際して、清軍が逃走した後も台湾住民の抵抗は激しく、また、統治開始に至っても土匪の抵抗が続いたとされている。

(15) 「核含む同盟国防衛、日米閣僚級の協議新設、防衛相に聞く」『日本経済新聞電子版』二〇二四年五月二日 [https://www.nikkei.com/article/DGXZQOUA241NY0U4A420C2000000/]、参照。

(16) 「衆議院議員鈴木貴子君提出有事の際の我が国への核持ち込みに対する政府の見解に関する質問に対する答弁書」衆議院、二〇一四年二月一九日 [https://www.shugiin.go.jp/internet/itdb_shitsumon.nsf/html/shitsumon/a186043.htm]。

(17) さらには、アメリカの核の傘（拡大抑止）のコミットメントをより強化することを目的として、米海軍の低出力の中距離海洋核を海上自衛隊の潜水艦に搭載して、アメリカ人クルーとともに運用してもよい。それが可能となれば日本型の核シェアリングへの道が開ける。

(18) U.S. Department of Defense, "Military and Security Developments Involving the People's Republic of China 2022, Annual Report to Congress," U.S. Department of Defense, 2022, p. 98 [https://media.defense.gov/2022/Nov/29/2003122279/-1/-1/1/2022-MILITARY-AND-SECURITY-DEVELOPMENTS-INVOLVING-THE-PEOPLES-REPUBLIC-OF-CHINA.PDF].

終章

台湾海峡における現状変更は抑止できるのか？

福田 円

1 「今日のウクライナは明日の東アジア」を防ぐ

本書は、「台湾海峡における力による現状変更を抑止するために、日本は何をすべきなのか」という問いに答えるべく、さまざまな角度から台湾をめぐる安全保障環境や政策の歴史的経緯と現状について、分析と検討を行った。

本論でも繰り返し言及がなされているように、台湾海峡における中国人民解放軍（以下、解放軍）の軍事攻勢やグレーゾーンの工作は近年急速に強まった。中国が二〇一六年前後から、台湾本島周辺で盛んに空軍機や海軍艦の活動を展開するようになった理由や目的は、実ははっきりとはわかっていない。中国の習近平政権は表向き、「台湾独立」や「外部勢力の干渉」に対する抗議を繰り返し、台湾海峡での軍事攻勢は抗議の意を示すためのものであると表明している。しかし、中国が求めた「一つの中国」の前提に台湾の蔡英文政権が立っていれば、あるいはアメリカが台湾への支援を強化しなければ、現在のような軍事活動は展開されなかったのかどうかは不明である。

中国の能力の高まりと、台湾への武力行使を示唆するような行動に直面し、アメリカでは国防・安全保障関係者を中心に習近平が台湾への軍事侵攻を実行するのではないか、その際にアメリカは単独では台湾を防衛できないのではないかという懸念が強まった。とくに、二〇二一年三月にアメリカのインド太平洋軍のフィリップ・デーヴィッドソン司令官（当時）がアメリカ上院軍事委員会の公聴会で中国の台頭に警鐘を鳴らし、中国が「六年以内に台湾侵攻」する可能性を示唆したという報道は、アメリカ国内のみならず、国際社会においても重く受け止められた。こうした懸念に対し、バイデン政権は、単独での中国に対する警告や台湾への関与強化に加え、日本をはじめとする地域の同盟国や同志国と歩調をそろえて、中国の力による現状変更を抑止しようとするようになった。

こうした文脈の中で、二〇二一年四月の菅義偉首相（当時）訪米では、日米両国が「台湾海峡の平和と安定の重要性」に加え、「両岸問題の平和的解決を促す」ことを確認する共同声明を発表した。さらに、二〇二二年二月にロシアがウクライナを侵攻すると、岸田文雄首相は「今日のウクライナは明日の東アジア」となる可能性に繰り返し言及するようになった。つまり、台湾海峡においても同様の事態が起き、日本もそれに巻き込まれることが懸念されるようになったのである。

こうした状況の中で編成された本書の執筆陣は、どうすれば「今日のウクライナは明日の東アジア」となることを防げるのかを、おのおの得意分野を活かして検討した。本書のまとめにあたるこの章では、各章における議論を踏まえた上で、台湾海峡における現状変更を抑止できるのか、そのために日本ができることは何なのかを検討したい。

2　各章のインプリケーション

第Ⅰ部では、そもそも東アジアにおいて日本が守るべき利益や価値は何で、回避すべき事態とはどのようなものなのか、米台関係、日台関係、およびインド太平洋地域における台湾の戦略的価値という視点から分析を行った。台湾の防衛に最も深く関与している第三国がアメリカであることは論を俟たない。第1章で振り返ったように、中華民国（台湾）との外交関係断絶後、アメリカの台湾防衛への関与は国内法である「台湾関係法」で担保されるにとどまったが、アメリカの歴代政権は有事の際に介入するともしないとも明言しない「戦略的あいまいさ」を保つことで、台湾海峡における紛争勃発を抑止してきた。そのアメリカが台湾防衛において、最も大きな協力を期待する同盟国が日本である。しかし、第2章では、台湾防衛に対する歴史的な立場や法的根拠は、日本とアメリカでは大きく異なることを分析した。そして、これらを引き継ぐ形で、第3章ではより広いグローバルな視点から、台湾の地政学上の価値を分析した。

これらの分析から言えることは、中国が台湾へ軍事侵攻するということは、第二次世界大戦後の国際社会の中で、中国自身が諸国と築いてきた関係をすべて白紙に戻すほどのインパクトがあるということである。この地域における台湾は、たとえ多くの国が外交関係を持たないとしても、経済的繁栄や民主主義などの価値を体現し、共有する存在である。また、一九七〇年代以降のアメリカや日本は、台湾海峡の現状が力によって一方的に変更されることはないという前提に立って、中国との外交関係を正常化し、経済を含む重層的な関係を築いてきたのであった。いま、アメリカや日本が「台湾海峡の平和と安定」の重要性に繰り返し言及している理由は、こうした信頼が損なわれるようなことがあれば、アメリカや日本は中国との関係をも根本的に損なうこととなり、それは絶対に回避しなければならないからでもある。

「台湾海峡の平和と安定」を保持したいのであれば、まずは現在の軍事的な情勢を正確に理解する必要がある。第Ⅱ部では、ロシア・ウクライナ戦争の勃発や戦況を念頭に置きつつ、現在の台湾海峡における軍事情勢を分析した。第4章は、軍事的な見地から、中国が台湾に対してとりうる軍事作戦を分析し、中国の対台湾軍事作戦遂行にともなうコストとリスクを浮き彫りにした。軍事侵攻の可能性に対し、台湾も無策なわけではない。第5章は、中国と対峙する歴史の中で、台湾が培った防衛戦略とその課題を分析した。そして、第6章では、台湾の国際法上の位置づけを紐解き、紛争が勃発した場合、あるいは紛争が差し迫る場合において、台湾の位置づけが変化しうるのかを検討した。

ここからわかったことは、中国が「統一」を目標とする台湾への軍事侵攻を行う際のコストは現時点においてもきわめて高いということである。くわえて、中国から台湾海峡情勢を見る場合もまた、台湾の防衛、抵抗、および反撃の能力と意思、国際社会がそのような台湾をどう見なすのかなど、不確定な要素が多いことがわかる。翻れば、これらの不確定な部分で中国に誤ったシグナルを与えないことが、中国の軍事侵攻へのコストを高め、抑制することにつながるということである。近年、アメリカが台湾への武器売却を増やし、部分的に台湾との共同訓練などを始めたことには、こうした意図があると言えよう。

第Ⅲ部では、ロシア・ウクライナ戦争の教訓を踏まえた上で、この戦争で注目されたハイブリッド戦、認知戦、軍民両用技術などに焦点を当てた分析がなされた。第7章は、ロシア・ウクライナ関係と中国・台湾関係の異同を整理し、中国の対台湾着上陸侵攻はロシアのウクライナ侵攻に比べハードルが高いものの、ウクライナを支援するＮＡＴＯ（北大西洋条約機構）に比べ、アメリカおよび日米同盟による台湾支援は不透明かつ限定的であることを示した。その上、ロシアがウクライナに対するよりも、中国のほうが台湾に対して多様な手段をとりうることもわかった。これを受けて、第8章は軍事力が優勢にある主体がハイブリッド戦を志向するケースとしてロシア・ウクライナ戦争を捉え、中国の台湾侵攻へのインプリケーションを引き出した。また、第9章は戦争の新（宇宙、サイバー、電磁波）旧（陸、海、空）両領域において、軍民両用技術の活用で優位に立つことが現代の戦争においては重要であり、台湾海峡においては海上や水中に関わる軍民両用技術で優位に立つことがとりわけ有効であることを示した。さらに、第10章ではアメリカがロシア・ウクライナ戦争の勃発を抑止できなかったという教訓を踏まえ、台湾海峡での軍事紛争を抑止するために必要な国際的な安全保障枠組みについて整理した。

第Ⅲ部の分析からは、台湾海峡における戦争の勃発を抑止し、万が一戦争が勃発した場合に備えるために、日本が何に取り組むべきなのか、具体的な課題が浮き彫りになった。そして、それらは意外にも、日本の既存の防衛・安全保障から逸脱することなく可能だということもわかった。日本がとるべき政策の大きな方向性としては、本書の序章や第7章が示すように、中国が台湾への軍事侵攻を行うに際してのコストとリスクを拡大し、指導者の決断を猶予させるような状況を作ることである。また、第10章が示すように、そのコストとリスクは、日本が「法の支配」の重要性を他の民主主義諸国と共有し、アメリカのグローバルな同盟関係による統合抑止力を背景に「台湾海峡の平和と安定」への関心を示し続けることで拡大される。さらに、ハイブリッド戦や軍民両用技術については、官民の協力や国際社会において志を同じくする主体との協力を行いつつ、日本の能力を向上させていく必要があるだろう。

こうした課題を念頭に置きつつ、第Ⅳ部では「台湾海峡の平和と安定」を維持するための日本の外交・安全保障政策を再検討した。第11章は、安倍晋三元首相が述べた「台湾有事は日本有事」の本当の意味——つまりアメリカの台湾海峡への介入は自動的に日米同盟による介入になること——を示した上で、日本政府が防衛力を使用する法的根拠となる「事態認定」と台湾海峡において想定される事態との相関関係を詳細に論じた。続く第12章は、平時から可能となる台湾との協力として、科学技術分野における日台協力の現状と課題を論じた。ここからは、既存の日台民間ベースでの科学技術協力が、双方の経済安全保障を強化する重要な取り組みとなっていることがわかる。そして、第13章は再び幅広い視野に立ち、中国の国力増大と習近平という指導者の出現により「台湾有事」の可能性が高まっていることを確認し、「有事」が起きた場合の日本外交の課題を論じた。

上記の各章は基本的には各執筆者の責任によって書かれたものであるが、各章から導かれるインプリケーションは一定の方向性を共有している。それは、台湾海峡の現状変更を抑止することは可能であるが、日本はこれまでよりも主体的に現状維持に働きかける必要があるという方向性である。

3　日本に「できること」と「できないこと」

最後に、各章のインプリケーションを受け、第Ⅳ部の内容を敷衍して、日本がより主体的に台湾海峡の現状維持に関わるために「できること」は何かを考えてみたい。そうすると、日本が「できること」はすでに実践され始めているものが多いことがわかる。他方で、日本が依然として「できないこと」や「すべきではないこと」は何なのかも確認できる。

本書の序章が論じているように、中国の歴代政権は、武力行使による現状変更のコストを計算し、不利になれば引き延ばし戦略に切り替えてきた。あるいは、冷戦期の二度の台湾海峡危機や中越戦争のように、いったん武力を行使しても、やはり不利であると判断したり、所定の政治的目的を達成したと判断したりすると、武力行使を止めて引き揚げた事例もある。つまり、現時点でそうであるように、中国が力によって台湾海峡の現状を変更するコストが高いと判断する状況を維持できていれば、それが起きる可能性は大幅に下がる。各章の論考は、中国にとってのコストがしだいに低くなりつつあることに警鐘を鳴らしつつも、日本は単独の努力、およびアメリカやその同盟国・同志国と協調することで、今後もそうしたコストを維持ないしは高められることを示唆している。

上記のような視点から、台湾海峡の現状を維持するために日本に「できること」を考えると、それらは、①日本自身の防衛能力を高めること、②日米同盟の対応能力を強化すること、③経済をはじめとする台湾との実務関係を拡大し強化すること、④中国と対話し、対中外交上のバーゲニングパワーを向上させることに分けられる。

第一に、中国の台湾への武力行使が日本にも波及する可能性や、アメリカが介入する際に日本の基地を使用する可能性に鑑みれば、日本自身の防衛能力を高めることで、中国が台湾に武力を行使するコストは大きく高まる。本書の各章で繰り返し言及されているように、二〇二二年末に岸田内閣と国家安全保障会議が決定した安保三文書（国家安全保障戦略、国家防衛戦略、防衛力整備計画）は、日本の周辺地域において中国が力による現状変更を行うことをあきらめさせようという意思を強く示すものであった。安全保障研究の第一人者である神保謙が指摘するように、日本の新たな戦略は、軍事力における対中劣勢を前提とした上で、相手が軍事的手段では一方的な現状変更を達成できず、「生じる損害というコストに見合わない」と認識するような拒否能力の取得を繰り返すことで、長期的には中国と競争することを目的とするものとなろう(1)。

第二に、中国に対する抑止力を高めると同時に、万が一紛争が発生した場合に備えることも中国にとっての武力行使のコストを高めることにつながる。それは、台湾海峡において軍事紛争が起きる場合も想定しつつ、日米同盟の対応能力を強化することを意味している。本書の第11章が論じているように、日本が個別的または集団的自衛権を行使して防衛力を使用するには、その法的根拠に関する「事態認定」が必要となる。しかし、この「事態認定」の具体的な手続きやそれに要する時間などは必ずしも明確ではない。現在、さまざまなシンクタンクや官公庁で行われている「台湾有事」に関するシミュレーションには、これらの不明確な部分を洗い出し、日本国内でのさらなる議論や状況改善の土壌を形成するという意味があろう。並行して、自衛隊と在日米軍の部隊連携をより円滑にするための指揮統制に関する議論と取り組みも、日米の間では行われつつある。

第三に、台湾海峡における力による一方的な現状変更という意味では、伝統的な軍事侵攻に加え、ハイブリッド戦争の可能性や、現在のように中国から台湾に対するグレーゾーンの攻勢が続くことも考えなければならない。これらの課題には、経済関係をはじめとする台湾との実務関係を拡大、強化するというアプローチで取り組むことが可能であろう。ハイブリッド戦争やグレーゾーン作戦が関係する領域は多岐にわたるが、これまでの日台関係の経験をとくに活かせる領域としては、経済安全保障に関連する分野と情報や認知に関する分野が挙げられる。経済安全保障に関しては、経済的威圧への対応における助け合いや、半導体をはじめとする戦略物資のサプライチェーン強化における協力などの関係がすでに構築されつつある。また、情報や認知の分野に関しても、互いの経験や実情についての相互理解が進み、官民の垣根を超えて協働することが期待される。そして、こうした取り組みを通じて、この地域において台湾が孤立感を深め、現状変更に対して抵抗する意欲をなくすようなことを防ぐ必要がある。

最後に、中国に対するバーゲニングパワーを向上させつつ、中国との対話を行うような外交は、日本にとって強力な抑止力になりうる。つまり、日本が中国に「日本と争うのは苦しい」、「日本と戦争しても勝てない」と思われるような国であり続けることが肝要である。そのためには、ここまでに論じてきたような物理的な抑止力、対応能力、日台協力の強化も重要であるが、やはり中国との経済関係や人的交流を強化し、高レベルの政治対話を維持する必要がある。中国にとって日本は、アメリカに続く第二位の貿易相手国（二〇二三年）で、シンガポールと韓国に次ぐ第三位の対内直接投資国（二〇二二年）でもある。[(2)] それにもかかわらず、近年の中国外交全体の中で、対日関係の優先順位は決して高くないように見える。日本は周辺諸国との関係を戦略的に構築しながら、中国に向き合い、中国を振り向かせる必要がある。

上記を考慮すれば、日本に「できないこと」、ないしは「すべきではないこと」は自明であろう。それは、日本自身がこれまで台湾海峡の現状を維持してきた枠組みから主動的に逸脱することと、逸脱するのではないかという懸念や期待を中国、台湾、さらにはアジアの周辺諸国に抱かせることである。日本では自覚されにくいが、中国、台湾およびアジアの周辺諸国において、そのような懸念や期待は思いのほか強い。そのため、中国・台湾との関係については、一九七二年の日中共同声明や一九七八年の日中平和友好条約をはじめとする日中間で積み上げられてきた合意に立脚することを確認しつつ、現在の状況にいかに対応していくのかを構想すべきである。その際に、中国との信頼関係を維持することに加え、台湾の孤立感緩和に努めつつも過剰な期待を与えないよう心がけるべきであろう。また、アジアの周辺諸国に対しては、日本が台湾海峡の現状変更を望んでいるのではないということを正確に伝達した上で、台湾における民主主義や繁栄の価値を訴え、共感を促していく必要がある。

注

（1）神保謙「『防衛3文書』対中劣勢で打つ拒否・競争戦略の本質」地経学ブリーフィング、二〇二二年一二月二六日［https://apinitiative.org/2022/12/26/42887/］、本章でのウェブサイト閲覧日はすべて二〇二四年八月一日。

（2）「中国経済・日中経済概要（令和6年6月）」外務省［https://www.mofa.go.jp/mofaj/files/000007735.pdf］。

あとがき

本書は笹川平和財団安全保障研究グループの研究プロジェクトの成果である。メンバーは、中国・台湾情勢の研究や日本の安全保障政策に関わってきた研究者や実務家であり、二〇二二年四月から約二年間、定期的な研究会やアメリカおよび台湾のシンクタンクとの交流を通じて、台湾海峡の平和と安定を維持するために日本の外交・安全保障政策はどうあるべきなのかを検討した。本書にはそうした活動を経た各メンバーが、右記の問いに答えるべく、それぞれの得意分野を活かして現状を分析したり、政策提言を行ったりした論考が収録されている。

本論の中でも繰り返し言及されているが、二〇二一年三月、米国インド太平洋軍のデーヴィッドソン司令官はアメリカ上院軍事委員会の公聴会で、中国が国際秩序においてアメリカにとって代わろうという野心を強め、その野心の目標の一つが台湾であり、以後六年から一〇年の間に彼らがその目標に近づきつつあることが明らかになろうと述べた。同司令官の発言は、中国が「六年以内に台湾侵攻を行う可能性」を示唆した発言として大きく報じられた。また、その直後に日米の外務、防衛閣僚が行った協議（2プラス2）の共同声明は、「台湾海峡の平和と安定の重要性を強調」した。そして、同年四月の日米首脳会談は、日米共同声明としては五二年ぶりに「台湾海峡の平和と安定」への関心を表明した。

右記の状況に、二〇二二年二月に勃発したロシア・ウクライナ戦争も相まって、日本では「台湾有事」をめぐる議論が急速に活発化した。こうしたなか、笹川平和財団安全保障研究グループは二〇二二年四月、「日米台安全保障研究」事業を立ち上げた。事業の目的は、台湾海峡の軍事的な緊張をこれ以上高めることなく、同地域の平和と安定を維持するために、日本がアメリカや台湾と連携しつつ、何ができるのかを分析し検討することにあった。また、これまでも安全保障関係の政策提言を行ってきた笹川平和財団の実績を生かして、アメリカの戦略国際問題研究所（ＣＳＩＳ）、台湾の国防安全研究院（ＩＮＤＳＲ）とトラック二・〇あるいはトラック一・五として連携し、情報共有や政策提言を行うことも目指した。

このような目的のもと、「日米台安全保障研究」事業に加わったメンバーは、定期的な研究会で研究報告や意見交換、外部から実務家を招いた勉強会を行ったほか、ワシントンＤＣや台北を訪問して、ＣＳＩＳやＩＮＤＳＲをはじめ多くのシンクタンクの専門家と意見交換を行った。それらの活動の記録は本事業ホームページ（アーカイブサイト）に記載されている通りである（https://www.spf.org/japan-us-taiwan-research/）。こうした活動を通じて、メンバーは日本の安全保障政策に関わるさまざまな領域やアクターのみならず、台湾やアメリカの視点からも台湾海峡の現状がどのように変更を迫られつつあり、それを食い止め、さらなる変更を防ぐためには何が必要なのかについての議論を深めていった。

二年間の活動が終盤に差しかかるころ、プロジェクトではこの間の研究成果をもとに、日本側研究会メンバーを中心とし、台湾国防安全研究院のメンバーも加えて、成果をまとめることとなった。編者が大まかな構成と執筆者の分担を決め、各執筆者がグループ（部）ごとに草稿を持ち寄って議論し、それらを最後に編者がまとめてできあがったのが本書である。序章にも記したように、各章の内容はそれぞれ執筆者の責任によるものであるが、右記のようなプロセスで全体のバランスや統一すべき部分を調整した。

本書の出版に至るまでの過程で、御礼を申し上げるべき方は多岐にわたる。一名ずつお名前を挙げることはとてもできないが、とくに研究会や意見交換でご協力くださった日本、アメリカ、台湾のシンクタンク、専門家・実務家の皆様に感謝をお伝えするとともに、今後も共に台湾海峡の平和と安定を守るための議論や協力を続けていけることを願っている。そして、本書の出版を手がけてくださった勁草書房、全体に目を配りながら、辛抱強く編集をご担当くださった上原正信氏なくしては、本書の完成はあり得なかった。

日本における「台湾有事」をめぐる議論は、それがいかなる状況を示し、具体的にどのようなことが起きるのかという定義があいまいなまま、「恐ろしいことに巻き込まれる」というイメージだけが先行しているように見える。安倍晋三元首相の「台湾有事は日本有事であり、日米同盟の有事でもある」という発言は、日本国内ではその「巻き込まれ」を防ぐために抑止力や対応能力を高める必要性を訴えるための危機感の発露として受け止められた。ところが、中国や台湾など中国語圏において、この発言は日本がついに台湾防衛に直接関与する意思表明をしたものと捉えられている。つまり「台湾有事」に対する日本の向き合い方については、日本の内と外では全く異なる理解がなされているのが現状である。
本書は、台湾海峡において現実問題として起きていること、関係諸国がこれから行う可能性のあることを軍事面も含めて可能なかぎり具体的に分析した。また、日本に限らず、中国、台湾、アメリカ、地域の安全保障枠組み、国際法など多様な視点からこの問題を捉え、台湾海峡における力による現状変更を防ぐためには何が必要なのかを検討した。このような本書が、「台湾有事」をめぐる議論において、イメージと実態のギャップ、日本の内と外のギャップを埋め、現実に基づき冷静な議論を進めることに、わずかでも貢献できれば幸いである。

二〇二四年八月九日

編者一同

著者紹介（執筆順）

松田 康博（まつだ やすひろ）〔編者、序章・第1章〕
慶應義塾大学大学院法学研究科博士課程単位取得退学、同大学院より博士（法学）を取得。防衛庁（省）防衛研究所主任研究官などを経て、現在は東京大学東洋文化研究所教授。専門は東アジア国際政治、中台関係論。主著として、『台湾における一党独裁体制の成立』（慶應義塾大学出版会、2006年、発展途上国研究奨励賞、樫山純三賞受賞）、『現代台湾の政治経済と中台関係』（晃洋書房、2018年、共編著）など。

福田 円（ふくだ まどか）〔編者、第2章・終章〕
慶應義塾大学大学院政策・メディア研究科後期博士課程単位取得退学、同大学院より博士（政策・メディア）を取得。国士舘大学准教授などを経て、現在は法政大学法学部教授。専門は東アジア国際関係、中台関係。主著として、『中国外交と台湾――「一つの中国」原則の起源』（慶應義塾大学出版会、2013年、アジア・太平洋賞特別賞受賞）、『入門講義 戦後国際政治史』（慶應義塾大学出版会、2022年、共編著）などがある。

石井 正文（いしい まさふみ）〔第3章〕
東京大学法学部卒業後、外務省入省。本省では地球規模課題審議官、国際法局長など、海外では駐ベルギー大使兼NATO日本政府代表、駐インドネシア大使などを歴任。現在は学習院大学特別客員教授などを務める。雑誌・新聞に投稿・インタビュー多数。テレビでのコメンテーター出演も多い。

本松 敬史（もとまつ たかし）〔第4章〕
防衛大学校およびアメリカ陸軍指揮幕僚大学を卒業。陸上自衛隊に入隊後は、第8師団長、統合幕僚副長、国連平和維持活動として第3次ゴラン高原派遣輸送隊長（シリア・イスラエル）、西部方面総監などを歴任。現在は日油株式会社顧問を務める。雑誌・新聞に投稿・インタビュー多数。

沈 明室（しん めいしつ）〔第5章〕
台湾・国防大学政治研究所で博士号を取得。淡江大学准教授、国防大学准教授・同大学戦略研究所所長などを経て、現在は台湾・国防安全研究院副執行長代理・国家安全研究所長。専門は、国家安全保障、国防組織など。主著として、『台灣防衛戰略三部曲』（天空數位圖書有限公司、2012年）、『中国軍事思想的中西戦略伝統』（天空數位圖書有限公司、2009年）、などがある。

竹田 宏生（たけだ ひろき）（第5章翻訳）
台湾国立政治大学日本研究プログラム修士課程を修了。現在、一般企業に勤めるかたわら、アジア太平洋青年協会日本政情観察室研究員も勤め、日台の国会議員や地方議員などの通訳を担当している。

北川 慶（きたがわ けい）〔第5章翻訳〕
台湾嘉義県南華大学国際事務および企業学科卒業後、国立台湾大学国家発展研究所修士課程を修了。現在、アジア太平洋協会日本政情観察室副室長。

黒﨑 将広（くろさき まさひろ）〔第6章〕
東京大学大学院総合文化研究科博士課程単位取得退学。防衛大学校准教授などを経て、現在は防衛大学校総合安全保障研究科教授。専門は国際法。主著として『防衛実務国際法』（弘文堂、2021年、共著）, *Strengthening the U.S.-Japan Alliance: Pathways for Bridging Law and Policy*, (Columbia Law School, 2020, co-editer) などがある。

尾上 定正（おうえ さだまさ）〔第7章・第10章〕
防衛大学校卒業。アメリカハーヴァード大学ケネディ大学院修士課程およびアメリカ国防総合大学戦略修士課程を修了。航空自衛隊で航空自衛隊幹部学校長、北部航空方面隊司令官、航空自衛隊補給本部長などを歴任。退官後はハーヴァード大学アジアセンター上席研究員を経て、現在は防衛大臣政策参与、笹川平和財団上席フェロー。主著として『自衛隊最高幹部が語る 令和の国防』（新潮新書、2021年、共著）、『自衛隊最高幹部が語る 台湾有事』（新潮新書、2022年、共著）などがある。

小原 凡司（おはら ぼんじ）〔第8章〕
防衛大学校卒業。筑波大学大学院地域研究研究科修士課程を修了。海上自衛隊に入隊後、防衛省海上幕僚監部情報班長、第21航空隊司令などを歴任。退官後はIHS Jane'sアナリスト兼ビジネス・デベロップメント・マネージャー、東京財団研究員を経て、現在は笹川平和財団上席フェロー。専門は外交安全保障、現代中国。主著として『中国の軍事戦略』（東洋経済新報社、2014年）、『台湾有事のシナリオ――日本の安全保障を検証する』（ミネルヴァ書房、2022年、共編著）などがある。

河上 康博（かわかみ やすひろ）〔編者、第9章〕
防衛大学校卒業。放送大学修士課程を修了。海上自衛隊入隊後、国際掃海訓練（ペルシャ湾）派遣部隊指揮官、掃海隊群司令部幕僚長、防衛省内部部局・海上幕僚監部勤務、防衛大学校教授などを歴任。現在は笹川平和財団安全保障研究グループ長兼主任研究員。専門は、軍事的安全保障、海洋安全保障。主著として「米海軍における対機雷戦能力開発の現状と問題点」『戦略研究』28号(2021年)、『中国年鑑 2022年』（明石書店、2022年、共著）などがある。

武居 智久（たけい ともひさ）〔第11章〕
防衛大学校卒業。筑波大学大学院地域研究研究科修士課程を修了。海上自衛隊で大湊地方総監、横須賀地方総監、海上幕僚長などを歴任。退官後はアメリカ海軍大学教授兼アメリカ海軍作戦部長特別インターナショナルフェローを経て、現在は三波工業株式会社特別顧問、笹川平和財団上席フェローなどを務める。専門は海洋安全保障、防衛力整備。主著として、『自衛隊最高幹部が語る 令和の国防』（新潮新書、2021年、共著）、『自衛隊最高幹部が語る 台湾有事』（新潮新書、2022年、共著）などがある。

西山 淳一（にしやま じゅんいち）〔第12章〕
北海道大学大学院工学研究科修士課程修了。三菱重工業株式会社でミサイル技術者として、国産ミサイル開発、ペトリオットシステム、ミサイル防衛などの導入に携わり、航空宇宙事業本部副事業本部長などを歴任。現在は未来工学研究所研究参与。専門は防衛産業、防衛宇宙関連技術。主著として『岐路に立つ日本の安全――安全保障・危機管理政策の実際と展望』（北星堂書店、2008年、

共著)、『経済安全保障の深層』(日経BP、2023年、共著) などがある。

兼原 信克(かねはら のぶかつ)〔第13章〕
東京大学法学部卒業後、外務省入省。欧州局参事官、国際法局長などを歴任し、第二次安倍政権で内閣官房副長官補、国家安全保障局次長を務める。専門は国際法、安全保障。現在は笹川平和財団常務理事、同志社大学特別客員教授など。著書に、『安全保障戦略』(日本経済新聞出版、2021年)、『日本人のための安全保障入門』(日本経済新聞出版、2023年) などがある。

索　引

ア　行

カ　行

サ　行

タ　行

ナ　行

ハ　行

マ　行

ヤ　行

ラ　行

「台湾有事」は抑止できるか　日本がとるべき戦略とは

2024年10月20日　第1版第1刷発行
2025年3月20日　第1版第2刷発行

編　者　松《まつ》　田《だ》　康《やす》　博《ひろ》
福《ふく》　田《だ》　　円《まどか》
河《かわ》　上《かみ》　康《やす》　博《ひろ》

発行者　井　村　寿　人

発行所　株式会社　勁《けい》　草《そう》　書　房

112-0005 東京都文京区水道2-1-1 振替 00150-2-175253
（編集）電話 03-3815-5277／FAX 03-3814-6968
（営業）電話 03-3814-6861／FAX 03-3814-6854
堀内印刷所・松岳社

ISBN978-4-326-35193-0　　Printed in Japan